21世纪经济与管理应用型规划教材

国际经济与贸易系列

国际服务贸易

International Trade in Services

蔡宏波 主编

北京大学出版社
PEKING UNIVERSITY PRESS

图书在版编目(CIP)数据

国际服务贸易/蔡宏波主编. —北京:北京大学出版社,2012.4
(21 世纪经济与管理应用型规划教材 · 国际经济与贸易系列)
ISBN 978 - 7 - 301 - 20392 - 7

Ⅰ.①国…　Ⅱ.①蔡…　Ⅲ.①国际贸易:服务贸易 - 高等学校 - 教材　Ⅳ.①F746.18

中国版本图书馆 CIP 数据核字(2012)第 043007 号

书　　　名:国际服务贸易
著作责任者:蔡宏波　主编
策 划 编 辑:张　燕
责 任 编 辑:马　霄
标 准 书 号:ISBN 978 - 7 - 301 - 20392 - 7/F · 3117
出 版 发 行:北京大学出版社
地　　　址:北京市海淀区成府路 205 号　100871
网　　　址:http://www.pup.cn
电　　　话:邮购部 62752015　发行部 62750672　编辑部 62752926　出版部 62754962
电 子 邮 箱:em@pup.cn
印　刷　者:三河市博文印刷有限公司
经　销　者:新华书店
787 毫米 × 1092 毫米　16 开本　13.75 印张　271 千字
2012 年 4 月第 1 版　2015 年 8 月第 3 次印刷
印　　　数:6001—9000 册
定　　　价:27.00 元

丛书出版前言

《国家中长期教育改革和发展规划纲要(2010—2020年)》指出,目前我国高等教育还不能完全适应国家经济社会发展的要求,学生适应社会和就业创业能力不强,创新型、实用型、复合型人才紧缺。所以,在此背景下,北京大学出版社响应教育部号召,在整合和优化课程、推进课程精品化与网络化的基础上,积极构建与实践接轨、与研究生教育接轨、与国际接轨的本科教材体系,特策划出版"21世纪经济与管理应用型规划教材"。

"21世纪经济与管理应用型规划教材"注重系统性与综合性,注重加强学生分析能力、人文素养及应用性技能的培养。本系列包含三类课程教材:通识课程教材,如《大学生创业指导》等,着重于提高学生的全面素质;基础课程教材,如《经济学原理》《管理学基础》等,着重于培养学生建立宽厚的学科知识基础;专业课程教材,如《组织行为学》《市场营销学》等,着重于培养学生扎实的学科专业知识以及动手能力和创新意识。

本系列教材在编写中注重增加相关内容以支持教师在课堂中使用先进的教学手段和多元化的教学方法,如用课堂讨论资料帮助教师进行启发式教学,增加案例及相关资料引发学生的学习兴趣等;并坚持用精品课程建设的标准来要求各门课程教材的编写,力求配套多元的教辅资料,如电子课件、习题答案和案例分析要点等。

为使本系列教材具有持续的生命力,我们每隔三年左右会对教材进行一次修订。我们欢迎所有使用本系列教材的师生给我们提出宝贵的意见和建议(我们的电子邮箱是em@pup.cn),您的关注就是我们不断进取的动力。

在此,感谢所有参与编写和为我们出谋划策提供帮助的专家学者,以及广大使用本系列教材的师生,希望本系列教材能够为我国高等院校经管专业的教育贡献绵薄之力。

北京大学出版社

经济与管理图书事业部

2012年1月

前　言

最早在书本上认识国际服务贸易是在2004年，作为厦门大学服务贸易学专业硕士点的首批学生，起初我和班上几位同学对这样一门新兴的学科领域充满了好奇。在黄建忠教授开设的“中国对外服务贸易研究”课上，我们组成两人小组任选老师给出的选题进行针对性研究，并写成报告供大家讨论。我清楚地记得，我们的题目是“我国对外服务贸易的发展现状和趋势”，这才发现，原来世界服务贸易发展早已风起云涌。

20世纪70年代以前，服务贸易在世界经济中还不是一个引人注目的领域。随着经济全球化的深入和全球产业结构的调整，世界服务贸易实现了跨越式发展。1970年，各国服务出口只有710亿美元，在这之后的10年间，服务出口与货物出口均保持快速增长且大体持平。进入20世纪80年代，服务贸易依然保持较快的增长势头，年均增长率5%，开始超过货物贸易，是其同期增长率的两倍。到了20世纪90年代，服务贸易年均增速呈波动下降态势。1993年，世界服务贸易额达到10 300亿美元，占国际贸易总额的1/4。1994年《服务贸易总协定》的签署标志着各国进一步开放服务业市场和服务贸易自由化，使得进入21世纪以来全球服务出口实现稳定增长，增幅逐渐回升，2004年首次突破2万亿美元。

如今，提升服务业发展水平和服务贸易国际竞争力成为各国共同面对的紧要问题，中国也不例外。改革开放以来，国内服务业和对外服务贸易获得了前所未有的快速发展，日益成为国民经济的重要组成部分。中国服务贸易额从1982年的44亿美元增长至2010年的3 624亿美元，30年间增加80多倍，占世界服务贸易总额的比重也由0.6%提升到5.1%。虽然2009年受到全球性金融危机的影响，世界服务贸易增长放缓，但中国服务进出口占全球服务贸易总额的比重不仅没有降低，还从4.2%上升到4.4%。与此同时，中国服务业开放领域得到进一步拓宽，现阶段覆盖了《服务贸易总协定》160多个服务部门的60%以上。

幸运的是，正值“十一五”时期中国服务贸易迅猛发展的5年，我从学习服务贸易的学生变成了教授服务贸易课程的老师。自2009年加入北京师范大学，我面向国际经济与贸易专业的本科生和双学位学生开设了3轮同名双语课程。在此期间，我和同行们始终坚持学习和吸收国内外服务贸易领域的前沿成果，并和学生们一起进行力所能及的研究与教学创新，本书就是我与他们在教学讲义和心得的基础上合作完成的。

本书由服务贸易导论、服务贸易理论、服务贸易政策和世界服务贸易四个部分组成，具体内容共分十章。

第一部分从服务、服务业和服务贸易的概念入手，重点介绍了服务的特征和分类、服务业与第三产业的区别和联系以及《服务贸易总协定》框架下的服务贸易定义。而后在对服务贸易分类界定的基础上，提出了国际服务贸易统计的基本原则，并对其两条操作主线做出了详细说明。另外，还从数据来源和数据发布两个方面为有兴趣的读者查找服务贸易数据提供了指导。

第二部分在劳动价值理论的历史沿革中讨论了服务的价值和使用价值，其中重点关注服务的国际价值形成及其决定。应用国际贸易理论解释服务贸易时，本部分完成了绝对优势理论、比较优势理论和要素禀赋理论在服务贸易领域的还原，重点介绍了规模经济理论在服务贸易领域的拓展。

第三部分以服务贸易自由化和竞争力的理论与政策为背景，阐述了服务贸易保护与货物贸易保护、国内服务业管制之间的区别和联系。而后在对服务贸易壁垒分类界定的基础上，比较了度量服务贸易壁垒及其影响的指标和主要方法。此外，本部分还介绍了《服务贸易总协定》的文本内容和多哈回合服务贸易谈判的基本情况，同时简单介绍了当今世界三大区域服务贸易协议。

第四部分首先对目前世界服务贸易发展进行总体描述，具体包括美、欧、日等发达经济体的服务贸易发展，发展中国家，特别是“金砖国家”服务贸易的现状和竞争力等。其次，通过概念界定、动因和效应分析以及现状概括全面介绍了国际服务外包这一服务贸易新现象。最后，总结了中国服务贸易发展的特点、问题和趋势，在多边和区域两个层次上提出了中国服务贸易政策。

除了正文以外，本书另有10个导入案例和10个专栏，为读者提供相关内容的背景知识、前沿证据和热点讨论。本书每章都附有学习目标、重要概念和思考题，方便读者预习、复习和检验学习效果。当然，作者还针对每章内容为读者精选了反映系统理论和最新研究进展的阅读材料。

以上是对本书的章节安排和特点的介绍，希望能为您提供阅读上的帮助。需要特别说明的是，全书的写作无不浸透了我的合作者们的辛勤劳动，正是他们的支持给了我完成此书的信心。同时，感谢曾在我学习和工作上给予帮助的师长、同学和朋友，当然还有我可爱的学生们。

在此，衷心感谢北京大学出版社的领导，以及本书的策划编辑张燕女士、责任编辑马霄女士，她们极其专业而又耐心细致的工作让本书得以顺利问世。

限于个人水平，敬请不吝赐教。

蔡宏波

2011 年 10 月于北京

目录 Contents

第一部分　服务贸易导论

第二部分　服务贸易理论

第一部分

服务贸易导论

第一章

基本概念

引导案例

2012年年初,"第一财经"记者以务工人员身份,分别到福奈特、普兰德在北京的门店"卧底"20多天,发现这两家洗衣店均存在严重的"虐衣"问题。

顾客送来的衣服,常常被随手扔在地上,在洗衣房里,洗衣设备锈迹斑斑,洗衣房角落脏乱不堪,洗衣机里的水都发黑了,仍在反复使用。

顾客来洗衣店,往往是因为高档衣物需要干洗或专业洗涤,但事实上衣物不仅几乎全都是水洗,而且保存极差,洗褪色了染一染掩人耳目,单件收费却十倍于洗涤成本。如果有经验的顾客看出来衣物有水洗痕迹,福奈特门店的负责人便会说,这是福奈特用"专业"去渍剂、辅助剂"特殊护理"后的痕迹。但实际上,所谓的"专业"去渍剂、辅助剂,无非是超市里最普通的洗衣粉、超能皂等。

此外,两家门店所使用的干洗剂均为一种叫做"四氯乙烯"的化工产品,四氯乙烯有毒,具有强烈的刺激和麻醉作用。吸入者可引发急性中毒,若不慎口服则会出现视力模糊、四肢麻木、抽搐乃至昏迷,可致死。使用四氯乙烯不仅危害店员的健康,也会通过衣物间接危害顾客的健康。

福奈特是中法合资公司,其推行的"欧式洗衣标准"曾经轰动业界。事发之前,其品牌声誉一直高居同行业榜首。但在以特许经营模式实现快速扩张的过程中,加盟店的管理明显滞后，服务水平遭到消费者诟病。个体消费者不仅购买物化商品，也购买服务，服务与我们的日常生活息息相关，服务的质量直接影响着我们的生活质量。那么，服务的具体含义和特征是什么？福奈特的洗衣服务属于服务贸易吗？

学习目标

- 熟悉服务的定义、特征及分类
- 了解服务业的含义和现代服务业分类方法
- 掌握服务贸易的定义和特点

第一节 服　　务

一、服务的概念

人们对于服务的认识经历了两个阶段：古典经济学家对服务内涵的争议和现代西方经济学家对服务的界定。

(一) 古典经济学家的观点

亚当·斯密于1776年在其所著《国民财富的性质和原因研究》一书中指出，“服务是非生产性的，只有工业和商业才是生产性的，家仆的劳动……不能使价值有所增加……某些社会上层阶级人士的劳动与家仆的劳动一样，不生产价值，既不固定或实现在耐久物品或可卖商品上，也不能储存起来供日后雇佣等量劳动之用”①。由于服务的生产具有易消失性，在其发挥职能的短时间内便消失。这个非物质特点使得它既不能贮存，也不能进一步交易。生产与消费的同时性使从事的服务型工作失去价值，很少留下什么痕迹。

针对斯密对服务的非生产性定义，法国古典经济学家萨伊于1803年在《政治经济学概论》一书中指出，无形产品（服务）同样是人类劳动的果实，是资本的产物。“医生、公教人员、律师、法官的劳动（这些劳动属于同一种类）所满足的需要是那么重要，以至于这些职业如果不存在，社会便不能存在”②，“大部分无形产品都是这种或那种技能的产物，获得一种技能，总须先作一番钻研，而从事钻研就非预付资本不可”③。

① 亚当·斯密，《国民财富的性质和原因研究》，商务印书馆，1974年，第303—306页。
② 萨伊，《政治经济学概论》，商务印书馆，1997年，第127页。
③ 萨伊，《政治经济学概论》，商务印书馆，1997年，第129页。

法国另一位古典经济学家巴斯夏的服务价值论对服务经济的研究做出了重要贡献。他在《和谐经济论》中指出,"这(劳务)是一种努力,对于甲来说,劳务是他付出的努力;对于乙来说,劳务则是需要和满足","劳务必须含有转让的意思,因为劳务不被人接受也就不可能提供,而且劳务同样包含努力的意思,但不去判断价值同努力是否成比例"。[①] 巴斯夏的服务价值论借用了萨伊理论中的"服务"概念,他认为服务也是资本,是物,劳动可以归纳为人们彼此提供服务,因此劳动交换就是服务的交换。按照萨伊的观点,服务是指对效用的创造,而按照巴斯夏的观点,服务是指为服务接受者所节约的努力,巴斯夏比萨伊更进一步地强调了服务的"商品性"。

与巴斯夏同处于古典经济学发展末期的约翰·斯图亚特·穆勒于1848年在其名著《政治经济学原理》中也对服务做了界定。他指出,劳动可以直接产生一种效用,而不是通过提供某种别的东西来给予效用。比如,给予一种快乐,消除不便或痛苦,时间可长可短,但不会使人或物的性质得到永久性改善。劳动生产的不是物品而是效用,此效用分为三种情况:其一,固定和体现在外界物体中的效用,即运用劳动使外物具有能使它们对人有用的性质;其二,固定和体现在人身上的效用,即劳动用于使人具备能使他们对自己和别人有用的品质,所有与教育有关的人的劳动均属此类;其三,就是这里界定的服务。[②]

马克思认为,服务有使用价值,是劳动产品也是社会财富,可以投入市场进行交换,服务同其他商品的差别只是形式上的,商品具有实物的形式,而服务则体现为一种活的劳动。他曾有论述:"服务这个名词,一般地说,不过是指这种劳动所提供的特殊使用价值,就像其他一切商品也提供自己的使用价值一样。但是,这种特殊的使用价值在这里取得了'服务'这个特殊名称,是因为劳动不是作为物,而是作为活动提供服务的。"[③]

(二)现代西方经济学家的观点

富克斯于1968年在《服务经济》中对第二次世界大战之后的美国服务经济进行了研究。他的观点是,服务在生产的一刹那间消失,它是在消费者在场参与的情况下提供的,它不能运输、积累和贮存,缺少实质性。富克斯的定义实际上是一种特征性定义。

1977年,希尔从服务生产入手来解释什么是服务:"服务是人或隶属于一定经济单位的物在事先合意的前提下,由于其他经济单位的活动所发生的变化","服务的生产和消费同时进行,即消费者单位的变化和生产者单位的变化同时发生,这种变化是同一的。服务一旦生产出来必须由消费者获得而不能储存,这与其物理特性无关,而只是逻辑上的不可能"。希

① 巴斯夏,《和谐经济论》,中国社会科学出版社,1995年,第76页,第160页。
② 穆勒,《政治经济学原理》,商务印书馆,1997年,第62—63页。
③ 马克思、恩格斯,《马克思恩格斯全集》第26卷(I),人民出版社,1979年,第435页。

尔从“变化”入手，接近服务的本质，避免单纯描述服务的特征，强调服务生产与服务产品的区别，服务产出是相应的个体或商品状态的变化，不应与服务生产过程相混淆。但希尔的定义仍存在一些问题。比如，在特定条件下某些服务（如保安）的目的并不是寻求变化，而是避免变化。

瑞德尔和佩蒂特在20世纪80年代分别提出了两个具有代表性的服务的定义。瑞德尔关注到服务所带来的时间、地点和形态方面的效用，他于1986年在《服务引致的增长》一书中指出，“在为服务接受者带来一种变化时，服务是提供时间、地点和形态效用的经济活动”。根据《新帕尔格雷夫经济学大辞典》，佩蒂特于1987年提出，新古典经济学关于商品与服务的区分无任何理论意义的见解并不令人满意，因为关于商品的一些命题难以扩展应用到服务上。他认为，服务表示使用者的变形（在个人服务的场合）或使用者的商品的变形（在涉及商品的场合），所以享用服务并不含有任何可以转移的获得物，只是改变人或其商品的特征。

1990年，芬兰服务营销学家格鲁诺斯在前人研究的基础上，提出了服务的定义：“服务一般是以无形的方式，在顾客与服务职员、有形资源、商品或服务系统之间发生的，可以解决顾客问题的一种或一系列行为。”格鲁诺斯的定义产生了较大的影响，其不但指出了服务的无形性，同时明确了服务的本质在于解决顾客面临的问题，而且构成服务的因素包括顾客、服务人员、服务产品和有形资源等方面，在一定程度上概括出服务营销的诸多要素。类似地，国际标准化组织把服务定义为“为满足顾客的需要，供方与顾客接触的活动和供方内部活动所产生的结果”。

我国学者主要从价值增值过程考察服务的基本概念：“服务会对其他经济单位的个人、商品或服务增加价值，并且主要以活动形式来表现其使用价值。”薛荣久、陈宪等国内学者在相关著述中对服务曾有科学、系统的阐释。概括起来，一个普遍接受的定义是：“服务是对其他法人机构（具有法人资格的企事业单位和政府部门等）和自然人、商品或服务增加价值，并主要以活动形式表现的使用价值或效用。”例如，邮电通信、文化教育和商务会展等以活动形式表现的服务可以直接为政府部门、企事业单位和个人增加价值和效用，而保险、再保险服务则可以为金融服务、运输服务和保险服务增加价值和效用。

二、服务的特征

（一）无形性

服务是无形的，其使用价值不能脱离生产者和消费者，不能独立地固定在某种具体的实物形态上。服务的无形性是指顾客与服务提供者之间抽象化的、个体化的互动关系。同有形商品不同,服务在很大程度上是不可感知的。这包括两层含义:一方面,服务提供者通常无法向顾客介绍空间形态确定的服务样品;另一方面,服务消费者在购买服务之前,往往不能感知服务,在购买之后也只能觉察到服务的结果而不是服务产品本身。

服务的无形性是相对的,它和有形商品紧密联系,但是无形性是主要的,它是服务的核心和本质。随着科学技术的发展,有些无形的服务逐渐变得“有形化”。1989年,加拿大经济学家格鲁伯和沃克提出物化服务(Embodied Service)的概念。例如,唱片和光盘作为服务的载体,本身的价值相对其提供的整个价值来说可以忽略不计,其价值主体是服务,这就是无形服务的“有形化”和服务的物化。

(二)不可分离性

服务的不可分离性是指服务的生产与消费同时进行。如果服务是由人提供的,那么这个人就是服务的一部分,因为当服务正在生产时顾客也在场,顾客与生产者的直接接触构成了产品的一部分。比如,在医院看病,病人诉说病情,医生做出诊断并对症下药。

商品一旦进入市场体系或流通过程便成为独立的交易对象,而服务或者同其提供来源不可分,或者同其消费者不可分。这种不可分离性要求服务提供者或(和)服务消费者不能与服务在时间或(和)空间上分开。例如,理发师不可能远离他的顾客,而买了电影票又想看电影的消费者不会不到电影院。有时在物化服务的情况下,服务的生产和消费可以不同时发生。

(三)异质性

同一种商品的消费效果和品质通常是均质的,而同一种服务的消费效果和品质往往存在显著差异。服务的主体和对象是人,人是服务的中心,而人又具有个性,涉及服务提供方和接受服务的顾客两个方面。这种差异主要来自两个方面:第一,服务提供者的技术水平和服务态度往往因人、因时、因地而异,他们提供的服务随之发生变化,比如两位老师教授同一门课,同一个学生会有不同的评价;第二,服务消费者时常会存在特殊的服务要求,所以服务会受到顾客本身个性特点的影响,比如同一位老师向同一个班级教授同一门课,不同的学生也会有不同的评价。

由于服务产品具有很强的异质性,统一的服务质量标准只能规定一般要求,难以满足特殊的、个别的需要。因此,服务质量及其管理就带有很大的弹性和随意性,这一方面可能为服务行业创造优质服务开辟广阔的空间,另一方面也可能给劣质服务留下活动的余地。所以,与能够执行统一标准的商品质量管理相比,服务产品的质量管理要困难得多。同一企业的若干分店,如果是销售商品,易于统一企业形象;如果是销售服务,则易出现各分店服务质量优劣不等的局面。

（四）不可存储性

服务的不可存储性是由其不可感知性和服务的生产与消费不可分离性决定的。不可存储性表明服务无须存储费用和运输费用，但随之产生一个问题：服务企业必须应对缺乏库存引致的产品供求不平衡。服务的不可存储性也为加速服务产品的生产、扩大服务的规模制造了障碍。服务业只有在加大服务营销力度、推广优质服务示范上积极开发服务资源，才能转化被动的服务需求状态。

不可存储性是服务区别于商品的重要特征，商品可以在被生产之后和进入消费之前这段时间处于库存状态而不一定会给商品所有者造成损失，但服务一般不能像商品那样在时间上储存或者在空间上转移。服务如果不被使用，既不会给购买者带来效用，也不会给提供者带来收益，服务不能及时消费就会造成服务的损失。例如，餐馆、商店等如果没有顾客光顾就会亏损，火车、飞机、电影院里的空位也不会产生服务收入。

随着科学技术的发展，服务有时也是可以储存的。实际上，储存既包括空间上的储存，也包括时间上的储存，或者是时空两方面的储存。服务是否可以储存，主要指时间上的储存，即服务是购买时就消费还是在购买以后的某一时点消费。

服务与商品的特征差异比较见表1-1。

表1-1 服务与商品的特征差异

服务	商品
无形性	有形性
生产和消费不可分离性	生产和消费可分离性
异质性	同质性
难以储存	容易储存

三、服务的分类

（一）按照服务的有形程度划分

（1）纯商品状态。产品本身没有附带服务，如香皂、牙膏、盐等。

（2）附有服务的商品状态。附有服务以提高商品的吸引力，如计算机、家电产品等。

（3）附有少部分商品的服务状态。如空中旅行的头等舱，除提供服务外，还附有食品和报刊等。

（4）纯服务状态。如心理咨询、家政服务等服务提供者直接为顾客提供相关服务。

服务和商品的区别之一在于有形程度的不同，而从高度无形到高度有形之间存在着一个连续谱。

（二）按照顾客的参与程度划分

（1）高接触性服务。顾客全部参与或大部分参与服务的过程，如电影院、歌舞厅、公共交通、图书馆、学校等提供的服务。

（2）中接触性服务。顾客只是局部地在部分时间内参与其中的活动，如银行、律师事务所、地产中介等所提供的服务。

（3）低接触性服务。在服务的推广过程中顾客与服务的提供者接触较少的服务，其间主要通过仪器设备进行，如信息、邮电业等提供的服务。

（三）按照服务的实际效用划分

1. 追加服务

追加服务通常是伴随商品生产和交易所提供的补充服务，本身并不向消费者提供独立的服务，而是作为产品核心效用的派生效用，因此其并不是独立的市场交易对象。然而，在现代科技革命的推动下，这种追加服务却往往在很大程度上左右着消费者对所需核心效用的选择。在上游阶段，有先行追加服务的投入，包括可行性研究、风险资本筹集、市场调研、产品构思和设计等服务。在中游阶段，有与商品融为一体的追加服务，包括质量控制与检验、设备租赁、后期供给以及设备保养与维修等；有与有形商品生产平行的追加服务，包括财务会计、人员聘用和培训、情报和图书资料等的搜集整理和应用、不动产管理、法律、保险、通信、卫生安全保障以及职工后勤供应等。在下游阶段，追加服务项目包括广告、运输、商品使用指导、退货索赔保证以及供应替换零件等一系列售后服务。

2. 核心服务

核心服务通常是与商品的生产和交易无关的，作为消费者单独购买的，作为独立市场交易对象的，能为消费者提供核心效用的服务。核心服务又可细分为面对面服务（Face to Face Service）和远距离服务（Long Distance Service）。前者需要通过服务提供者和服务消费者实际接触才能实现，如旅游服务；后者一般无须服务提供者和服务消费者的实际接触，但要借助一定的媒介，如银行服务可以通过通信、网络等技术实现，没有人员的移动和实际接触。

（四）按照服务的功能特征划分

（1）集体服务。政府服务于社会的福利服务等。

（2）金融服务。银行和其他金融机构服务、保险与再保险服务、经纪人服务和信托服务。

（3）分销服务。货物运输与储存、旅客运输以及批发零售服务。

（4）专业服务。会计、法律、广告、翻译和咨询等专业和经济支持服务。

（5）电信与信息服务。电报、电话、电子数据处理服务等。

(6) 建筑服务。建筑工程策划、咨询、管理与培训服务等。

(7) 其他服务。自动租赁服务,不动产服务,修理、保养与清洁服务,新闻出版与印刷服务,旅馆与娱乐服务,医疗与保健服务,影视艺术服务等。

(五) 按照营销管理的战略划分

(1) 按照服务活动的本质分为四类:作用于人的有形服务,如民航、理发服务等;作用于物的有形服务,如航空货运、草坪修剪等;作用于人的无形服务,如教育、广播等;作用于物的无形服务,如咨询、保险等。

(2) 按照顾客与服务组织的联系分为四类:连续性、会员关系的服务,如银行、保险、汽车协会等;连续性、非正式关系的服务,如广播电台、警察保护等;间断的、会员关系的服务,如电话购买服务、担保、维修等;间断的、非正式关系的服务,如邮购、街头收费电话等。

(3) 按照服务方式及满足程度分为四类:标准化服务选择自由度小,难以满足顾客的个性化需求,如公共汽车载客服务等;易于满足需求但服务方式选择自由度小,如电话服务、旅馆服务等;提供者选择余地大,但难以满足个性化需求,如教师授课等;需求能满足且服务提供者有发挥空间,如美容、建筑设计、律师、医疗保健等。

(4) 按照服务供求关系分为三类:需求波动小的服务,如保险、银行、法律服务等;需求波动大而能够保证基本供应的服务,如电力、天然气、电话等;需求波动大并会超出供应能力的服务,如交通运输、饭店、宾馆等。

(5) 按照服务推广的方法分为六类:在单一服务地点顾客主动接触服务组织,如电影院、烧烤店等;在单一服务地点服务组织主动接触顾客,如出租汽车等;在单一服务地点顾客与服务组织远距离交易,如信用卡公司等;在多个服务地点顾客主动接触服务组织,如汽车维修服务、快餐店等;在多个服务地点服务组织主动接触顾客,如邮寄服务;在多个服务地点顾客和服务组织远距离交易,如广播站、电话公司等。

第二节 服务业

一、服务业的定义

理论界对于服务业至今尚没有一个公认的定义,但就服务业的内涵或其所包含的内容来说,人们大多认同服务业是生产或提供各种服务产品的经济部门或企业的集合。

历史上,服务业的产生与发展与第一产业、第二产业尤其是制造业的发展密不可分,并且常常与第三产业的概念相提并论。现代社会对国民经济产业结构的三次产业分类是根据

20 世纪 30 年代英国经济学家费希尔和克拉克提出的经济增长阶段论划分的。费希尔于 1935 年在所著《安全与进步的冲突》一书中,提出了三次产业的分类方法。他认为,第一产业为人类提供满足其基本需求的食品;第二产业满足其他更进一步的物质需求;第三产业满足人类除物质需求以外的更高级的需求,如生活上的便利舒适、娱乐休闲等各种精神上的需要。克拉克在《经济进步的条件》一书中也提出,以初级产品生产为主的农业是第一产业,当它在国民经济中的比重最大时为农业经济社会;以初级产品加工为主的工业是第二产业,当它在国民经济中的比重最大时为工业经济社会;两者之外的其他所有产业部门都归属第三产业,服务业作为第三产业,当它在国民经济中的比重最大时就是服务经济社会。

第三产业具体包括哪些项目?根据国家统计局的界定,我国第三产业包括流通和服务两大部门,具体分为四个层次:一是流通部门,包括交通运输业、邮电通信业、商业饮食业、物资供销和仓储业;二是为生产和生活服务的部门,包括金融业、保险业、地质普查业、房地产管理业、公用事业、居民服务业、旅游业、信息咨询服务业和各类技术服务业;三是为提高科学文化水平和居民素质服务的部门,包括教育、文化、广播、电视、科学研究、卫生、体育和社会福利事业;四是国家机关、政党机关、社会团体、警察、军队等,不计入第三产业产值和国民生产总值。

服务业与第三产业有密切的联系,但并不等同,主要表现在:

(1) 两者界定的方法不同。服务业的界定以是否提供或生产各类型的服务为标准,其产品的范围十分明确。第三产业的界定则是按照剩余法——除第一、第二产业以外的其他产业统称为第三产业,范围并不十分明确。比如,对于建筑业,有的国家将其归属于第三产业,而在我国 2003 年颁布的行业分类中属于第二产业。

(2) 两者划分的依据不同。三次产业划分的依据是经济体系的供给分类,隐含着高层次产业的发展单向依赖低层次产业,即第二产业以第一产业的产品为原料,第三产业的发展则依赖于第一、第二产业的供给。服务业是以经济体系的需求分类为基础,从服务产品满足消费者的需求出发,强调服务产品的生产同消费的关系。所以,服务业与其他产业之间是相互依赖的关系,而不是单向依赖。

(3) 两者的结构内涵不同。第三产业的经济意义主要针对一国国内经济发展的进程和产业结构的变迁,而服务业的经济意义是面向国内和国际两个市场,因此才出现以服务业为依托的国内服务贸易和国际服务贸易两个概念。

二、现代服务业的分类

一般而言,现代服务业存在两种分类:三部门分类和四部门分类。

（一）三部门分类

1993 年，美国经济学家格鲁伯和沃克在《服务业的增长：原因及影响》中从服务的对象出发，将服务业分为三个部门：为个人服务的消费者服务业、为企业服务的生产者服务业和为社会服务的政府（社会）服务业。

（二）四部门分类

1975 年，美国经济学家布朗宁和辛格曼在《服务社会的兴起：美国劳动力部门转换的人口与社会特征》中，根据联合国标准产业分类（SIC）把服务业分为四个部门：生产者服务业（包括商业和专业服务业、金融服务业、保险业、房地产业等）、流通型服务业（分销或分配服务业，包括批发零售业、交通运输业、通信业等）、消费者服务业（个人服务业，包括旅馆业、餐饮业、旅游业、文化娱乐业等）和社会服务业（政府部门服务业，包括医疗、健康、教育、国防等）。这种分类方法得到联合国标准产业分类的支持。

值得注意的是，迄今为止国内外国民经济核算中的服务业分类都与理论界定不完全吻合。特别是消费者服务和生产者服务的统计常常出现交叉，比如餐饮消费如果是为商务人士提供的，则为生产者服务；如果是为一般人士提供的，则为消费者服务。但是，这两种划分标准很容易混淆，说明实际统计操作与概念界定很难同步。

第三节　服务贸易

一、服务贸易的定义

（一）传统定义

服务贸易的传统定义是服务定义的延伸，指当一国（地区）的服务提供者向另一国（地区）的服务需求者（包括自然人、法人或其他组织等）提供服务时，按照自愿有偿的原则取得外汇收入的过程，即服务的出口；一国（地区）的服务消费者购买另一国（地区）服务提供者的有效服务，即服务的进口。

传统定义从进出口的角度界定服务贸易，涉及国籍、国界、居民、非居民等问题，即人员移动与否、服务过境与否以及异国居民之间的服务交换等。

（二）《服务贸易总协定》的定义

在 1947 年关贸总协定（GATT, General Agreement on Tariffs and Trade）成立以后相当长的时间里，服务贸易都未作为一个单独的领域列入其管辖范围，而多被涵盖在其他贸易项下。虽然之前有关服务贸易是否可列为单独领域的问题已经在以发达国家为主的特定范围内展开讨论，但直到乌拉圭回合谈判这种情况才得到了根本改观。《服务贸易总协定》(GATS, General Agreement on Trade in Services)把服务贸易定义为：

(1) 从一成员方境内向任何其他成员方提供服务；

(2) 在一成员方境内向任何其他成员方的服务消费者提供服务；

(3) 一成员方的服务提供者在任何其他成员方境内以商业存在形式提供服务；

(4) 一成员方的服务提供者在任何其他成员方境内以自然人提供服务。

第一类，跨境交付(Cross-border Supply)。"跨境"的是服务，一般不涉及资金或人员的过境流动，所以服务提供者和服务消费者都不移动，比如电信服务、信息咨询、卫星影视等。这种方式特别强调买方和卖方在地理上的界限，跨越国境或边界的只是服务本身。

第二类，境外消费(Consumption Abroad)。由于服务的内容是在服务提供者所在地产生的，需要通过服务消费者(购买者)的过境移动才能实现。如旅游服务、为外国病人提供医疗服务、为外国学生提供教育服务等。

第三类，商业存在(Commercial Presence)。在一成员方境内设立机构，通过提供服务取得收入，从而形成贸易活动，主要涉及市场准入和对外直接投资。服务人员可以来自母国，也可以在东道国雇用；服务对象可以是东道国的消费者，也可以是来自第三国的消费者。与第二类不同的是，它强调通过生产要素流动到服务消费者所在地提供服务。例如，在境外设立的金融服务分支机构、律师、会计师事务所、维修服务站等。

第四类，自然人移动(Movement of Personnel)。一成员方的自然人(服务提供者)过境移动，在其他成员方境内提供服务。这里，服务消费者往往不是所在国的消费者，如建筑设计与工程承包及所带动的服务人员输出，即通过雇用他国的服务人员，向第三国的消费者提供服务。

服务的提供有时不是一种方式能够完成的，而是由几种方式联合完成。GATS 指出，服务贸易的判别标准一般要符合以下四个方面：服务和交付的过境移动性(Cross-border Movement of Services and Payments)、目的具体性(Specificity of Purpose)、交易连续性(Discreteness of Transactions)、时间有限性(Limited Duration)。

(三)《美加自由贸易协定》的定义

1989 年，美国和加拿大签署了《美加自由贸易协定》(US-Canada Free Trade Agreement)。作为世界上第一个在国家间贸易协议上正式定义服务贸易的法律文件，其基本表述为：服务贸易是指由代表其他缔约方的一个人(包括自然人和法人)，在其境内或进入另一缔约方境内提供所指定的一项服务。这里的"指定"包括：

(1) 生产、分配、销售、营销及传递一项服务及其进行的采购活动。基本类型为：农业和森林服务(Agriculture and Forestry Services)、矿业开采服务(Mining Services)、建筑服务(Construction Services)、分销交易(Distributive Trade Services)、保险和不动产服务(Insurance and Real Estate Services)、商业服务(Commercial Services)和其他服务(Other Services)。

(2) 进入或利用国内的分配系统,受到缔约方国内分配制度的约束。

(3) 形成或确定一个商业存在,为分配、营销、传递或促进一项服务,这里的商业存在并非是一项投资,而是综合的过程。

(4) 任何为提供服务的投资及任何为提供服务的相关活动。比如,公司、分公司、代理机构、代表处和其他商业经营机构的组织、管理、保养和转让活动,各类财产的接管、使用、保护及转让,以及资金的借贷等。

(四) 国际收支平衡表的定义

国际收支平衡表(BOP, Balance of Payments)中,一成员方的"居民"通常被理解为在该成员方境内居住一年以上的自然人和设有营业场所并提供货物或服务的企业法人。BOP经常项目下居民和非居民之间服务的跨境交易即国际服务贸易。

将BOP的定义与GATS的定义进行对比,后者把国际服务贸易由前者的居民和非居民之间的跨境交易延扩到作为东道国居民的外国商业存在与东道国其他居民之间的交易,即居民和居民之间的交易。

二、国际服务贸易的特点

(一) 交易标的的无形性

国际服务贸易的交易对象——服务产品具有无形性,这就决定了服务贸易的无形性特征。当然,服务贸易有时是以有形商品为依托提供服务的,在物化服务的条件下,服务贸易也可表现为直观的、实实在在的商品交易。

(二) 生产和消费的同步性和国际性

服务贸易具有生产和消费的不可分离性,服务贸易产品使用价值的生产、交换和消费是同时完成的。在国际市场上服务产品的提供和消费同样不可分离,服务提供的过程就是服务消费的过程。这一同步进行、无法分离的特性,使参与贸易的服务产品的生产、交换与消费过程具有更加明显的国际性。

(三) 保护方式的隐蔽性和灵活性

关税具有较高的透明度,可以通过贸易双方或多方的谈判达到减少限制的目的,而服务贸易较为特殊,传统的关税壁垒不起作用,只能转而采取非关税壁垒,使得国际服务贸易的保护通常采用市场准入和国内立法的形式,具有更高的刚性和隐蔽性。非关税壁垒措施也多种多样，可以针对某种具体产品特别制定实施，如技术标准、资格认证等，同时其涉及许多部门和行业，任何一种局部调整都可能影响服务贸易的发展。

(四) 国际服务贸易管理的复杂性

服务的无形性、交易的同时性，服务提供者和服务消费者之间信息的不完全和不对称，造成了服务贸易管理具有更高的复杂性。其一，国际服务贸易的对象十分繁杂，涉及的行业众多，服务产品又以无形产品为主，传统的管理方式并不适用；其二，国际服务贸易的生产者和消费者跨界移动，其影响规模、性质和范围与有形贸易不同，直接增加了管理的难度；其三，国际服务贸易往往涉及不同国家的法律法规，适应多国规则也为贸易管理提出了挑战。

专栏 1-1　《服务贸易总协定》的服务贸易定义——提供方式的视角

世界贸易组织(WTO, World Trade Organization)的《服务贸易总协定》对服务贸易的定义是基于服务贸易的四种提供方式:(1) 跨境交付;(2) 境外消费;(3) 商业存在;(4) 自然人移动。

跨境交付:在一个成员方境内向任何其他成员方提供服务。在这种方式下,服务的提供者与服务的消费者都不发生移动,分别在各自境内,只有服务本身发生了跨界移动。根据世界贸易组织的统计,以跨境交付方式发生的服务贸易在全球服务贸易总额中占25%—30%,在四种方式中位列第二。

境外消费:在一个成员方境内向任何其他成员方的服务消费者提供服务。在这种方式下,服务消费者必须过境移动,服务发生在提供者所处的那个国家或地区。例如,A国的服务消费者到其他国家旅游、留学(接受教育服务)或者接受医疗服务等。WTO的研究报告表明,以境外消费方式发生的服务贸易在全球服务贸易总额中的份额为10%—15%,在四种方式中位列第三。

商业存在:一个成员方在其他成员方境内设立商业实体来提供服务。例如,外资企业在A国设立分支机构、子公司或办事处,向服务消费者提供金融、保险、法律、建筑、维修、广告、咨询等服务,该商业实体服务的对象可以是A国的消费者,也可以是第三国的消费者,其雇员可以是东道国(A国)的居民,也可以是来自其他国家(包括母国)的服务人员。WTO的研究报告表明,以商业存在方式发生的服务贸易在四种服务贸易方式中位列第一,占全球服务贸易总额的55%—60%。这类服务贸易大多伴随外商直接投资(FDI, Foreign Direct Investment),并涉及市场准入(Market Access)问题。

自然人移动:一个成员方的自然人在其他成员方境内提供服务,其要求成员方允许其他成员方的自然人进入本国境内提供服务。方式4可以独立实现，比如一个外国人作为服务的提供者，在A国独立提供咨询、医疗服务等。这种方式是通过服务提供者（自然人）的跨境移动实现的，而服务消费者不一定是东道国的居民，比如B国的医生到A国，治疗C国的患者，为其提供医疗服务。方式4也可以和方式3共同实现。例如，一个外国人在A国（东道国）提供服务（自然人移动），而且其是某个境外服务提供商的雇员，该服务提供商以商业存在的形式（方式3）在A国设立分支机构。比如B国的某家银行在A国开设分行，并雇用来自A国的自然人。WTO的研究报告表明，自然人移动占全球服务贸易总额的比重不到5%，在四种服务贸易提供方式中位列最末。这与劳动力（自然人）的跨界流动壁垒有关，法律、语言、文化等多方面因素，特别是东道国的签证制度和移民制度对自然人的国际间自由流动构成了阻碍。

GATS对服务贸易的定义基于上述四种方式。这种定义相比国际收支平衡表的定义内容更多，而且GATS定义的服务贸易范围要比GATT定义的货物贸易范围更加宽泛，因为GATT定义的货物贸易只包括跨境交易，而GATS定义的服务贸易不仅包括跨境交易（即跨境交付），还包括境外消费、商业存在和自然人移动。

服务贸易的四种提供方式经常被联系在一起。例如，某一外资企业以商业存在到A国（东道国）设立分支机构，雇用来自B国的雇员，并向C国出口服务。要想严格区分上述四种服务贸易提供方式，有时相当困难。在电子传输领域（Electronic Transmission），很难区分某项服务是跨境交付还是境外消费。如果某软件公司在一个成员方境内向任何其他成员方提供软件服务，则可视为跨境交付。反之，如果消费者登录该软件公司的主页下载软件，则消费者通过互联网实现了境外消费。

（转引自：Aaditya Mattoo, Robert M. Stern, and Gianni Zanini, *A Handbook of International Trade in Services*, Oxford University Press Inc., New York, 2008.）

专栏1-2　　服务贸易提供方式交互影响的经验证据

服务贸易四种提供方式之间存在相互影响，而且技术进步使得这种相互影响大大增强。在服务贸易自由化过程中，如果服务业开放（或保护）只考虑其中一种提供方式，那么政策的实施结果将是无效或不可预知的。四种提供方式交互影响的研究有助于为服务贸易政策的制订和企业市场进入策略的选择提供理论依据。

目前，美国是服务贸易数据最完备的国家，是进行该领域经验研究的最佳样本。针对

1986—2006年美国四种服务贸易提供方式的交互影响进行实证分析，结果表明：跨境交付和商业存在同时对境外消费产生明显影响；跨境交付和商业存在的相互影响也非常明显；商业存在和自然人移动的相互影响比较微弱；跨境交付和自然人移动之间以及自然人移动和境外消费之间没有直接影响。

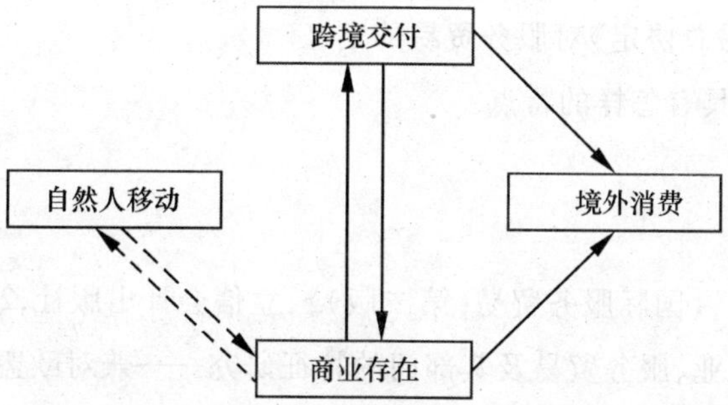

图1-1　服务贸易四种提供方式之间的因果关系

注：箭头为存在因果关系，箭头指向是从因到果。其中，实线箭头为在0.05水平上显著，是强因果关系；虚线箭头为接近0.10水平上显著，是弱因果关系。

协整关系检验表明，服务贸易提供方式之间具有长期稳定的因果关系。采用脉冲响应、方差分解对服务贸易提供方式交互影响的变化规律和贡献率进行分析：在短期，跨境交付（或商业存在）冲击对境外消费的影响不大，但中长期商业存在对境外消费影响的贡献率逐渐上升。因此，政府制定服务贸易政策时，应关注商业存在对境外消费的影响，可以忽略跨境交付对境外消费的影响。例如，允许外国教育机构在本国设立商业存在，长期也会促进外国消费者到本国进行学习（境外消费）；如果外国禁止消费者进行远程教育（跨境交付），对外国消费者到本国学习（境外消费）的影响并不明显。另外，商业存在冲击对跨境交付产生的影响不大。例如，外国教育机构在本国设立商业存在，对外国消费者通过网络进行远程教育（跨境交付）的影响不大。在短期，跨境交付冲击对商业存在的影响不大，但长期而言，这种冲击造成的正面影响逐渐扩大。例如，外国开放网络远程教育市场，在长期将会促使本国教育机构在外国设立商业存在。

（转引自：蒙英华、黄建忠，服务贸易提供四模式交互影响的实证研究，《财贸经济》，2008年第9期。）

重要概念

服务　服务业　第三产业　服务贸易

思考题

1. 服务具有怎样的特点?
2. 现代服务业包括哪些种类?
3. 服务业和第三产业可以等同吗?
4. 试述《服务贸易总协定》对服务贸易的定义。
5. 国际服务贸易具有怎样的特点?

课后阅读材料

[1] 陈宪、程大中,《国际服务贸易(第二版)》,立信会计出版社,2008 年。

[2] 李慧中,服务业、服务贸易及其部门的特征研究——兼对欧盟国家的实证分析,《国际金融研究》,2000 年第 3 期。

[3] 黄宁、蒙英华,跨境交付与商业存在的互补性研究——基于美国双边服务贸易出口数据的考察,《国际贸易问题》,2010 年第 10 期。

[4] 杨锦权、王迎新,国际服务贸易提供方式:一个理论的研究视角,《财贸经济》,2007 年第 5 期。

[5] Aaditya Mattoo, Robert M. Stern, and Gianni Zanini, *A Handbook of International Trade in Services*, Oxford University Press Inc., New York, 2008.

[6] GATT, General Agreement on Trade in Services, The Uruguay Round, MTN. TNC/W/35, 1994.

[7] Hoekman, B., Assessing the General Agreement on Trade in Services, in W. Martin and L. A. Winters (eds), The Uruguay Round and the Developing Economies, *World Bank Discussion Paper*, 1995, No. 307.

第二章

服务贸易分类与统计

引导案例

蒂姆·柯斯基(Timothy Kusky),自称青年地质构造学家、地质灾害学家,美国圣路易斯大学终身教授。2009 年 9 月入选中国“千人计划”,并受聘于中国地质大学,组建起以他为核心的研究团队。然而 2011 年 9 月以来,多位学者质疑他的“终身教授”身份,因为无论是在圣路易斯大学的网站还是在年报上,他的职位介绍都是“associate professor”(副教授)。此外,中国科学院地质与地球物理研究所研究员张旗还指出柯斯基的“学术造假之嫌”。柯斯基 2001 年在 *Science*(《科学》)发表的一篇论文称,他和他的研究团队在中国冀东发现太古宙(25 亿年)的蛇绿岩,但张旗和我国一批地质学研究者专门到该地考察后发现,柯斯基所说的蛇绿岩其实是堆晶的辉石岩,而且香港大学的教授在《地球化学和年代学研究》上发表的文章将蛇绿岩的年代定格在 3 亿年左右,离 25 亿年相差甚远,这也否定了太古宙蛇绿岩的提法。

无独有偶,克雷格·格莱姆斯(Craig Grimes)曾担任宾夕法尼亚州州立大学材料科学和工程系教授,于 2011 年 5 月 17 日被南京工业大学引进,任该校材料化学工程国家重点实验室全职教授。2012 年 1 月 31 日,美国宾夕法尼亚州中区检察官办公室向法院起诉,指控克雷格·格莱姆斯存在诈骗、虚假陈述以及洗钱等罪名。美国司法部网站登文称,2006 年克雷格·格莱姆斯以私人公司的名义,申请美国国家卫生研究院(NIH)拨款 120 万美元用于一项有关病人血液中气体测量的研究。在此过程中,他向 NIH 特别强调愿意出资 51 万美元供一所大学的医学中心进行成人和婴儿的临床医学研究。不过这笔资金从来没有兑现,临床研究也从未进行。

国外专业人才的引进是国际教育服务贸易的一种表现形式,而教育服务贸易作为国际服务贸易的一个主要类别,近年来在中国快速发展。特别是,国内大学热衷于引进海外人才,但在引进国外专业人才方面没有经验,制度规则还不健全,导致上述事件频频发生。

学习目标

- 了解服务贸易的分类
- 理解国际服务贸易的 BOP 和 FATS 统计
- 熟悉服务贸易统计数据的来源

第一节 服务贸易分类

一、按照 WTO 的标准分类

乌拉圭回合服务贸易谈判小组在征求各谈判方的提案和反馈意见后,提出了围绕服务业部门的服务贸易分类方法,将服务贸易分为 12 类,如表 2-1 所示。目前,WTO 关于服务贸易的 12 部门分类已为各成员方普遍接受,采用《服务贸易总协定》的这种标准分类成为一种惯例,加入 WTO 的新成员均按该分类作出具体的入世承诺。

(一) 商业服务

针对商业活动中涉及的服务交换,服务贸易谈判小组列出 6 类这种服务,既包括个人消费服务,也包括企业和政府消费的服务。

(1) 专业(包括咨询)服务。专业服务包括法律服务、工程设计服务、旅游机构提供的服务、城市规划与环保服务、公共关系服务等。

(2) 计算机及相关服务。这类服务包括计算机硬件安装的咨询服务、软件开发与执行服务、数据处理服务、数据库服务及其他。

(3) 研究与开发服务。这类服务包括自然科学、社会科学及交叉科学中的研究与开发服务,边缘学科的研究与开发服务。

(4) 不动产服务。不动产范围内的服务交换,但不包含土地的租赁服务。

(5) 设备租赁服务。包括交通运输设备(汽车、卡车、飞机、船舶等)和非交通运输设备

(计算机、娱乐设备等)的租赁服务。但是,不包括其中可能涉及的操作人员的雇用或所需人员的培训服务。

(6) 其他服务。生物工艺学服务,翻译服务,展览管理服务,广告服务,市场研究及公众观点调查服务,管理咨询服务,与人类相关的咨询服务,技术检测及分析服务,与农、林、牧、采掘业、制造业相关的服务,与能源分销相关的服务,人员的安置与提供服务,调查与保安服务,与科技相关的服务,建筑物清洁服务,摄影服务,包装服务,印刷、出版服务,会议服务和其他服务等。

(二) 通信服务

通信服务指所有有关信息产品及其操作、设备储存和软件功能等服务,由公共通信部门、信息服务部门、关系密切的企业集团和私人企业进行信息转接和提供。主要包括邮电服务、信使服务、电信服务(包括电话、电报、数据传输、电传、传真等)、视听服务(包括收音机及电视广播服务)和其他通信服务。

(三) 建筑服务

建筑服务指工程建筑从设计、选址到施工的整个服务过程,主要包括选址服务(桥梁、港口、公路等的地址选择)、建筑物的安装及装配、工程项目施工、固定建筑物的维修和其他服务。

(四) 销售服务

销售服务指产品销售过程中发生的服务交换,主要包括商业销售(批发业务、零售服务)、与销售有关的代理和中介服务、特许经营服务和其他销售服务。

(五) 教育服务

教育服务指各国间在高等教育、中等教育、初等教育、学前教育、继续教育、特殊教育和其他教育中发生的服务交换活动,如互派留学生、访问学者等。

(六) 环境服务

环境服务指污染物处理服务、废物处理服务和卫生及相关服务等。

(七) 金融服务

金融服务指银行业、保险业及相关行业发生的金融服务活动,主要包括以下两个方面:

(1) 银行及相关的服务。存款服务、与金融市场运行管理有关的服务、贷款服务、与证券市场有关的服务(经纪业、股票发行和注册管理、有价证券管理等)、附属于金融中介的其他服务(贷款经纪、金融咨询、外汇兑换等)。

(2) 保险服务。货物运输保险(含海运、航空运输及陆路运输中的货物运输保险等)、非货物运输保险(包括人寿保险、养老金或年金保险、伤残及医疗保险、财产保险、债务保险)、附属于保险的服务(保险经纪、保险类别咨询、保险统计和数据服务)和再保险服务。

(八) 健康及社会服务

健康及社会服务指医疗服务、其他与人类健康相关的服务和社会服务等。

(九) 旅游及相关服务

旅游及相关服务指旅馆、饭店提供的住宿、餐饮服务及相关的服务,旅行社及导游服务等。

(十) 文化、娱乐及体育服务

文化、娱乐及体育服务指不包括广播、电影、电视在内的一切文化、娱乐、新闻、图书馆、体育服务,比如文化交流、文艺演出等。

(十一) 交通运输服务

(1) 货物运输服务。航空运输、海洋运输、铁路运输、管道运输、内河和沿海运输、公路运输。

(2) 航天发射及运输服务。卫星发射等。

(3) 客运服务。

(4) 船舶服务(包括船员雇用)。

(5) 附属于交通运输的服务。报关行、货物装卸、仓储、港口服务、起航前查验服务等。

(十二) 其他服务

表 2-1 GATS 的服务贸易 12 部门分类

1 商业服务	专业服务	法律服务、工程设计服务、医疗服务等 11 个项目
	计算机及相关服务	与计算机有关的硬件安装咨询服务、软件开发服务、数据处理服务等 5 个项目
	研究与开发服务	自然科学、社会科学和交叉科学的研究与开发服务
	不动产服务	产权所有和租赁以及基于费用或合同的不动产服务
	设备租赁服务	与船舶有关的租赁服务、与飞机有关的租赁服务等 5 个服务项目
	其他服务	广告服务、市场调研、管理咨询和科技咨询服务等 16 个项目
2 通信服务	邮电服务	
	信使服务	
	电信服务	声频电话服务、组合开关数据传输服务、用户电报服务、电传服务等 15 个项目
	视听服务	电影放映服务、无线电与电视服务和录音服务等 6 个项目
	其他通信服务	

（续　表）

3 建筑服务	工程建筑设计	
	工程建筑施工	
	安装与装配	
	修饰与装潢	
	其他建筑服务	
4 销售服务	代理机构服务	
	批发业务	
	零售服务	
	特许经营服务	
	其他销售服务	
5 教育服务	初等、中等、高等及其他教育服务	
6 环境服务	污染物处理、废物处理、卫生及相关服务	
7 金融服务	与保险有关的服务	生命、事故和健康保险服务、非生命保险服务、再保险与交还和与保险有关的辅助服务
	银行及其他金融服务	公共存款及其可偿还资金的承兑、所有类型的贷款、金融租赁、担保与承诺等 12 个项目
	其他金融服务	
8 健康及社会服务	医疗服务、与人类健康有关的服务、社会服务及相关服务	
9 旅游及相关服务	住宿餐饮服务、导游服务、旅行社及其他服务	
10 文化、娱乐及体育服务	不包括广播、电影电视在内的剧场、图书馆、博物馆及其他文化服务和体育服务	
11 交通运输服务	海运服务	客运、货运、船舶包租和海运支持服务等 6 个项目
	内河航运	同上
	空运服务	客运、货运和包机出租等 5 个项目
	空间服务	
	铁路运输服务	客运、货运和机车的推、拖等 5 个项目
	公路运输服务	客运、货运和包车出租等 5 个项目
	管道运输	燃料运输和其他物资运输
	运输的辅助服务	货物处理服务、存贮与仓库服务、货运代理服务和其他辅助服务
12 其他服务		

资料来源：世界贸易组织秘书处网站。

二、按操作性统计分类

服务贸易的统计分类是一种操作性的应用分类，其依据是国际货币基金组织(IMF, International Monetary Fund)制定和统一使用的国际收支平衡表。国际收支平衡表的格式和项目被世界上绝大多数国家采用，是记录和衡量一国在一定时期内同其他国家经济往来规模和构成的重要工具。

服务贸易的统计分类将一国国际收支平衡表中经常项目下的服务贸易流量按其来源的不同分为两种类型：一类是与国际收支平衡表的资本项目相关，即与国际间资本流动或金融资产流动相关的服务贸易流量，称作要素服务贸易(Trade in Factor Services)；一类是与国际收支平衡表的经常项目相关，而同国际间资本流动或金融资产流动无直接关联的服务贸易流量，称作非要素服务贸易(Trade in Non-factor Services)。

(一) 要素服务贸易

要素服务贸易的概念来源于传统的生产力三要素理论。该理论认为，社会财富来自于劳动、资本、土地(自然资源)。但是，服务贸易统计分类中的要素专指资本要素，劳动和土地属于非要素。这里，要素与非要素的划分不完全根据生产力三要素理论。因为在国际服务贸易中，由于土地缺乏流动性，无法提供跨境服务，土地要素提供的服务及其报酬一般不予考虑。劳动要素提供的服务及其报酬同国际资本流动或金融资产流动只有间接关系而无直接关系，故也排除在要素服务贸易以外。所以，要素服务贸易专指资本要素提供的服务及其报酬。

在现实国际经济体系中，国际资本流动或金融资产流动的主要方式是国际投资和国际信贷。国际投资分为国际直接投资和国际间接投资。国际直接投资指以获取资产直接管理控制权为目的的国际投资。严格地说，国际直接投资的收益并非单纯的资本要素收益，实际上国际直接投资是经营管理技能与金融资产跨国转移相结合的国际投资方式，因此其收益包含两个部分——资本要素的报酬(利息或股息)和经营管理要素的报酬(利润)。国际间接投资，也称国际证券(股票或债券)投资，指在国际证券市场上购买外国企业发行的股票或债券，或购买外国政府发行的政府债券。国际信贷主要有三种形式：一是民间国际信贷，包括商业信贷和银行信贷。商业信贷指企业间信贷，包括进出口信贷、租赁信贷以及补偿贸易信贷等；银行信贷指商业银行贷款，包括单一银行贷款和银团贷款。二是国际金融机构信贷，包括全球性和区域性国际金融机构贷款。三是政府间信贷，一般由贷款国政府或政府机构以优惠利率向外国政府提供贷款。

(二) 非要素服务贸易

由于非要素服务贸易涵盖内容太过庞杂，很难通过统一标准进行规范定义，所以一般根据要素服务贸易的界定范围,利用扣除法记录和衡量非要素服务贸易。

国际收支平衡表中,要素服务贸易和非要素服务贸易记在经常项目下,故二者关系可表示为:

非要素服务贸易 = 国际服务贸易 - 要素服务贸易

= (经常项目 - 商品贸易 - 单方面转移支付) - 要素服务贸易

鉴于服务产品的自身特点,国际服务贸易很难从实物形态上加以确定,只有借助价值流量来反映。服务贸易的操作性统计分类有利于一个国家(地区)准确、迅速地从价值流量的角度掌握其服务贸易的国际收支状况,在实践中为世界各国普遍接受。但与此同时,人们发现这种分类在经济学逻辑上是不清晰、不完备的,要素服务与非要素服务的划分不尽合理,并且模糊了服务产品的进出口与服务业本身跨国投资以及生产要素跨国流动的界限。

三、按照理论逻辑的分类

目前最流行的服务贸易分类是理论逻辑分类,其以服务贸易与货物国际转移的关联程度为标准进行划分。这种分类的出发点是国民经济理论,特点是实际操作难度较大,但便于理论分析。按照分类依据的不同,服务贸易理论逻辑分类的基本标准有:① 以是否伴随商品贸易为标准;② 以服务产品和服务业为标准;③ 以要素密集度为标准;④ 以与商品的关系为标准;⑤ 以企业生产过程为标准。有时,几种分类标准可以彼此结合,进而从多维视角对国际服务贸易进行更加全面、深入、细致的分类。

(一) 以是否伴随商品贸易为标准

从国际贸易的历史和现实来看,服务贸易一方面伴随国际贸易而逐步发展起来,另一方面随着社会生产力的发展和国际分工的深化,服务贸易又表现出有别于商品贸易的相对独立性。在此,按照服务贸易与商品贸易的关联程度,以是否伴随商品贸易为标准,将国际服务贸易分为国际追加服务贸易和国际核心服务贸易。

1. 国际追加服务贸易

国际追加服务贸易是与有形商品的国际贸易和国际投资直接相关的国际服务贸易。其本身并不向消费者提供直接的、独立的服务,而是作为商品核心效用的派生效用和衍生效用。所以,国际追加服务贸易市场的需求和供给都属于派生的和衍生的需求和供给。在现实经济生活中,商品的生产和消费往往伴随相应的生产性追加服务和消费性追加服务,比如入住宾馆,消费者必然接受宾馆和服务员提供的服务,但是消费者购买的核心效用是住宿本身而非这些服务。随着消费者和企业对追加服务越来越重视,其范围不断扩大,专门化程度不断提高,意味着追加服务的提供由“内部化”向“外部化”、“市场化”转变。

国际追加服务贸易通常在国际投资和国际贸易涉及跨境商品流动时才会发生。对于国际投资涉及的跨境商品流动，国际追加服务贸易主要指跨国企业在生产经营的基本环节中那些作为中间品投入的生产性服务的国际贸易。对于国际贸易涉及的跨境商品流动，国际追加服务贸易主要指运输业，包括海运、空运和陆运。除此之外，作为国际运输服务的基本要素，原属于生产性服务的保险服务、银行服务以及信息服务也越来越多地渗透到国际货物贸易中，成为国际追加服务贸易的重要组成部分。

2. 国际核心服务贸易

国际核心服务贸易指与商品贸易和国际投资无直接关联的国际服务贸易，其是消费者单独购买的、能为消费者提供核心效用的一类服务。

根据服务的提供者和消费者的接触方式，国际核心服务贸易分为远距离型和面对面型。远距离型核心服务贸易指无须提供者和消费者实际接触，通过一定媒介实现的服务贸易。面对面型核心服务贸易则需要服务的提供者和消费者实际接触才能完成交易，接触方式可以从提供者到消费者，或是消费者到提供者，或是提供者和消费者双向流动。比如国际医疗服务、国际旅游服务以及服务的第三方贸易等均属于典型的面对面型核心服务贸易。

进一步地，国际核心服务贸易又可分为生产者服务贸易和消费者服务贸易。国际生产者服务贸易主要有金融服务贸易、企业管理与技能服务贸易、国际技术服务贸易以及国际人才交流与培训等。由于生产者服务涉及内容众多，如市场、交通、能源、通信、金融、投资、建筑、矿业、农业、经营等与生产有关的一切领域，同时又是知识、技术、信息、管理等要素进入社会再生产过程、转化为现实生产力的桥梁和纽带，因此其在当今国际核心服务贸易中占主导地位，生产者服务贸易的发展必然会全面提高世界各国的生产力水平。

以是否伴随商品贸易为标准的分类较好地区分了服务贸易、服务业投资以及一般投资收益，不过其实际应用性较差，这种抽象的理论逻辑分类不能切实反映当前国际服务贸易的综合特点，而且对于现阶段世界服务贸易的发展缺乏实际意义，大多有关服务贸易的研究和讨论都不以此作为实际分析工具。

(二) 以服务产品和服务业为标准

按照服务业的部门特点，围绕服务产品和服务业各部门活动，可以将服务贸易分为七类。

1. 银行和金融服务贸易

银行和金融服务业是服务贸易中十分重要的部门，主要包括零售银行业，如储蓄、贷款、银行咨询服务等；企业金融服务，如金融管理、财务、会计、审计、追加资本与投资管理等；与保险有关的金融服务；银行间服务，如货币市场交易、清算和结算业务等；国际金融服务，如外汇交易等。

2. 保险服务贸易

保险服务是为保险持有者提供特定时期内对特定风险的防范及其相关服务，如风险分析、损害预测咨询等。保险服务贸易既包括非确定的保险者，也包括常设保险公司的跨境交易。目前，保险服务贸易的主要对象是常设保险公司提供的服务。

3. 国际旅游服务贸易

旅游服务贸易指为国外旅行者提供旅游服务，包括对个人的旅游活动，也有对旅游企业的活动，其范围涉及旅行社和各种旅游设施及客运、餐饮供应、住宿等。其与建筑工程承包、保险和数据处理服务等有直接联系，与国际空运的联系极其密切。国际旅游服务贸易在世界服务贸易总额中所占比重较大。

4. 空运与港口运输服务贸易

空运与港口运输服务是一种古老的服务贸易项目，一般货物由班轮、集装箱货轮、定程或定期租轮运输，特殊的商品通过航空、邮购、陆上运输。港口服务与空运服务密不可分，包括港口货物装卸及搬运服务。

5. 建筑与工程服务贸易

这类服务主要指基础设施和工程项目建设、维修和运营过程的服务，其中还涉及农业工程和矿业工程的基础设施服务、专业咨询服务以及与劳动力流动有关的服务。建筑与工程服务贸易通常受到一国国内开业权的限制，并与经济波动、对外经济政策和产业政策等密切联系。政府部门是主要的服务消费者，经常涉及政府的基础设施与公共部门投资项目。

6. 专业服务

专业服务发展迅速，主要是指律师、医生、会计师、艺术家等自由职业的从业人员提供的服务，以及在工程、咨询和广告业中的专业技术服务。国际专业服务贸易的形式多种多样，可以由服务提供者和消费者直接面对面进行，也可以通过间接的销售渠道，或通过专业机构、联盟或海外常驻代表机构提供服务。

7. 信息、计算机与通信服务贸易

(1) 信息服务。数据搜集服务、建立数据库和数据接口服务、通过数据接口进行电信网络中的数据信息传输服务等。

(2) 计算机服务。数据处理服务，即服务提供者使用自己的计算机设备满足用户的数据处理要求，并向服务消费者提供通用软件包和专用软件等。

(3) 电信服务。基础电信服务，如电报、电话、电传等，以及综合业务数据网提供的智能化电信服务。

（三）以要素密集度为标准

按照国际服务贸易对资本、技术、劳动力投入的密集程度不同，将服务贸易分为：

（1）资本密集型服务。空运、通信、工程建设服务等。

（2）技术和知识密集型服务。银行、金融、法律、会计、审计、信息服务等。

（3）劳动密集型服务。旅游、建筑、维修、消费服务等。

这种分类以生产要素密集度为核心，涉及产品或服务竞争中的要素投入，特别是当前高科技的发展和应用。要素密集度分类对于从生产要素的充分合理使用以及各国以生产要素为中心的竞争力方面研究国际服务贸易具有一定的实践价值。但是，现代科技的发展使商品和服务对要素密集度的区分无法严格，很难加以准确界定，更不能制定公认的统一标准。

（四）以与商品的关系为标准

在 GATT 乌拉圭回合谈判期间，服务贸易谈判小组依据服务在商品中的属性将服务贸易划分为四种类型：

（1）以商品或实物形式体现的服务，即以商品、物化形式存在的服务，如电影、电视、音响、书籍、计算机以及专用数据处理与传输装置等。

（2）对商品实物形态及其价值的实现具有补充、辅助功能的服务，如商品储运、财务管理、广告宣传等。

（3）对商品实物形态具有替代功能的服务，其伴随商品的移动，但不同于一般商品贸易实现了商品所有权的转移，只是向服务消费者提供服务，如技术贸易中的特许权经营、设备和金融租赁及设备维修等。

（4）具有商品属性却与其他商品无关的服务，其本身作为市场独立交易对象，并不需要其他商品才能实现，如通信、数据处理、旅游和旅馆服务等。

这种分类方法将服务与商品联系起来，从理论上承认服务与商品一样既有使用价值，也具有价值。

（五）以企业生产过程为标准

在企业生产经营过程中，存在各类生产性服务，围绕生产过程可以将服务区分为生产前服务、生产服务和生产后服务。

（1）生产前服务。可行性研究、市场调研、产品创意设计以及风险融资等。这类服务在企业生产之前完成，对企业的生产规模、制造过程、产品质量以及经营绩效等具有重要影响。

（2）生产服务。质量控制与检验、设备租赁、设备保养和维修、软件开发等与有形商品融为一体的服务；财务会计、人力资源管理、情报和图书资料等的收集和应用，不动产管理，法律、保险、通信、卫生安全保障以及职工后勤供应等与有形商品平行的服务。

(3) 生产后服务。广告、包装与运输、营销、商品使用指导、退货索赔保证以及供应替换零件等一系列售后服务,其联系生产者与消费者,可以更好地满足消费者需求,提升企业产品的市场地位。

以企业生产过程为标准划分国际服务贸易,反映了生产者服务在促进科学技术转化为生产力过程中的桥梁和纽带作用。随着国际投资、国际贸易的发展以及生产者服务专业化、市场化程度的提高,围绕企业生产过程的服务贸易在国际服务贸易中的比重将逐步提高。

第二节 服务贸易统计

服务贸易统计是对国际服务贸易的总体和各部门规模、国别规模及进出口流向、发展现状和趋势进行的定量描述。由于世界各国尚未形成对国际服务贸易的公认定义,加之各国原有统计制度的差异,全球统一的国际服务贸易统计体系一时难以建立。目前,国际服务贸易统计的基本原则是:总体上,遵循《服务贸易总协定》对国际服务贸易的定义,确定以四种提供方式(跨境交付、境外消费、商业存在、自然人移动)作为服务贸易统计的主体范围;操作上,以居民与非居民之间的服务交易(国际收支统计, BOP, Balance of Payments)和通过外国附属机构实现的服务交易(FATS, Foreign Affiliates Trade in Services)两条主线具体进行。

一、国际收支统计(BOP)

国际服务贸易 BOP 统计的依据是国际货币基金组织的《国际收支手册(第五版)》(BPM5, 5th Edition of the Balance of Payments Manual)。国际收支统计刻画了一国对外贸易和资本流动状况,具有一致性和国际可比较的特点。由于国际收支统计由来已久,方法较成熟,同时和大多数国家的统计体系相匹配,所以成为世界公认的标准化的国际贸易统计体系。国际收支统计的对象包括服务贸易和货物贸易,并且侧重于货物贸易。是否跨越国境或边界是交易是否纳入国际收支统计的基本原则。国际服务贸易 BOP 统计就是将与服务贸易有关的实际交易数据进行重新汇总、整理和记录,从而形成一套针对国际服务贸易的专项统计。

BOP 统计在各国对外服务贸易统计中发挥着不可替代的作用,但从世界服务贸易的发展来看,BOP 统计存在着明显的不足:按照国际收支统计的原则,国际服务贸易只是居民与非居民之间的服务交易,包括过境交付、境外消费及自然人移动,没有反映当前世界服务贸易中占据主导地位的商业存在。这是因为,商业存在形式的服务交易双方均是法律意义上的同一国居民(当外国附属机构在一国设立的期限长于一年时)。BOP 统计试图描绘服务贸易的全貌,但其与《服务贸易总协定》界定的服务贸易范围还存在较大差异。与《服务贸易总协定》划分的服务贸易12大类、155个部门相比,BOP统计无论是项目个数还是统计范围都有不小差距。

二、外国附属机构统计(FATS)

(一) FATS统计的由来

按照国际收支统计的跨境原则,商业存在无法纳入国际服务贸易的范畴,所以国际服务贸易BOP统计实际不能完整反映一国对外服务贸易的总体情况。如何以GATS为基准进行服务贸易统计,成为优化和发展国际服务贸易统计的主要方向。按照GATS定义的四种提供方式进行服务贸易统计,需要建立一套全新的统计体系,况且随着全球经济一体化的深入,国际直接投资迅速发展,以商业存在形式发生的国际服务贸易已经占据世界贸易总额的近五分之一。因此,明确这部分交易的发生形式和数量规模十分必要。尽管截至目前,世界上尚无一个国家能够按照GATS定义的四种提供方式统计服务贸易数据,但是人们的不懈努力依然取得了阶段性成果,作为BOP统计的补充——外国附属机构统计,即FATS统计应运而生了。

FATS统计反映了外国附属机构在东道国的服务交易情况,包括与投资母国之间的交易、与东道国居民之间的交易以及与其他国家之间的交易。FATS分为内向和外向两个方面。别国在东道国的附属机构的服务交易称为内向FATS,东道国在别国的附属机构的服务交易称为外向FATS。

(二) 对FATS统计的评价

可以认为,作为一种国际服务贸易的统计规范,FATS统计必然会不断完善并为越来越多的国家接受和应用。

(1) 从统计范围看,FATS统计实际包括外国附属机构的全部交易——跨境交易和非跨境交易,核心是非跨境交易,即企业的国内销售。

(2) 从统计对象看,只有对方绝对控股并能控制的企业,亦即外方股权比例高于50%的企业才列入FATS统计范围。这与直接投资的统计对象不同,后者以外资比重超过10%为标准。原因在于,FATS统计是投资基础上的贸易统计,不仅反映投资状况,更重要的是贸易利益,只有外国投资拥有并控制该企业,才可能决定贸易过程并获得贸易利益。

(3) 从统计内容看,FATS统计既包括投资的流量和存量,也包括企业经营状况和财务状况及其对东道国的影响,但其主要内容是企业的经营活动状况。FATS统计的中心内容是:外国附属机构作为东道国的居民,与东道国其他居民之间进行的交易,即其在东道国进行的非跨境交易,以及这种交易对东道国经济的影响。

(4) 从统计实践看,FATS 统计有狭义和广义之分。按照 WTO 的规定,外国附属机构的当地服务销售属于国际服务贸易,从而一般把对非跨境服务销售的 FATS 统计称为广义国际服务贸易统计,这被认为是对外国直接投资统计的进一步深化,也是对商品贸易统计的有效补充。因此,当 FATS 统计应用于贸易统计时,一般出现在广义国际服务贸易统计中。

(5) 从统计作用看,FATS 统计弥补了商品贸易统计、跨境服务贸易统计和外国直接投资统计的不足,更为全面地反映了外资企业的生产和服务提供对贸易流动的影响以及由此产生的利益流动。

不过,目前 FATS 统计也有其自身缺陷,比如统计过程中调查反馈率低、调查覆盖面不均、统计方法创新性不足等。

三、BOP 统计和 FATS 统计的关系

BOP 统计中的服务贸易指居民与非居民之间的跨境服务交易,不包括作为居民的外国附属机构与居民之间的服务交易。因此,GATS 定义的商业存在难以被 BOP 统计所反映。BOP 统计和 FATS 统计互相补充,就能反映服务贸易的全貌,获得完整的服务贸易统计。但是,BOP 统计与 FATS 统计之间虽构成补充,却不能简单相加,原因在于:一方面,FATS 统计与 BOP 统计的范围、内容和记录原则不同;另一方面,FATS 统计与 BOP 统计的部分内容重叠,两者相加会造成重复统计。

如何将各服务项目与四种提供方式一一对应起来,是一个亟待解决的问题。2002 年出版的《国际服务贸易统计手册》(Manual on Statistics of International Trade in Services)在此方面做过尝试,如表 2-2 所示。

表 2-2　按提供方式的服务贸易统计比较

提供方式	主要统计内容
方式 1:跨境交付	BOP:运输服务、通信服务、保险服务、金融服务、特许使用费和许可费;组成部分:计算机和信息服务、其他商业服务以及个人文化和娱乐服务
方式 2:境外消费	BOP:旅行(旅行者购买的货物除外)、在外国港口修理船只;运输部分:在外国港口对船只的支持和辅助服务
方式 3:商业存在	FATS:ICFA 各类别;BOP 中的 FDI 和建筑服务
方式 4:自然人移动	BPM5,行业组成部分:计算机和信息服务、其他商业服务、个人文化和娱乐服务以及建筑服务;FATS(补充信息):外国人在国外分支机构中就业;BPM5(补充信息):与劳务有关的流量

资料来源:世界贸易组织秘书处网站和国际货币基金组织《国际收支手册(第五版)》。

表2-2中的前三种提供方式通过BOP统计和FATS统计都能得到较好的反映，而方式4自然人移动的统计内容目前仅通过《国际收支手册(第五版)》中与服务和劳动有关的信息获得部分反映，自然人的数量信息也只能由FATS统计补充。如上统计还不能提供方式4的精确范围与完整数据来源，也无法单独确定与方式4有关的组成部分。

四、我国的服务贸易统计

近年来，中国对外服务贸易快速增长。一方面，国际收支平衡表显示，到2010年，服务进出口规模已达3624亿美元，占整个贸易总额的比重为12.2%；另一方面，中国利用外资水平不断提升并逐渐趋向服务业，中国境内FATS发展已初具规模。中国正在成为服务贸易大国，进行中国服务贸易统计势在必行。但目前我国服务贸易统计只限于国际收支统计所包括的服务项目，无法提供同GATS对接的国际服务贸易数据，不能全面描述中国对外服务贸易的整体状况，因此需要尽快建立科学的服务贸易统计制度。

(一) 目标和原则

中国国际服务贸易统计，旨在以世界贸易组织《国际服务贸易统计手册》为基础，结合中国实际，探索形成在数据搜集、加工和开发方面稳定的服务贸易统计体系，为我国政府在WTO框架下适应《服务贸易总协定》的要求，履行入世承诺，进行国际服务贸易管理，为中国服务业发展和对外服务贸易竞争，提供可靠、及时、有效的数据信息支持。

为此，中国服务贸易统计应遵循以下原则：

(1) 在内容上，要与WTO《服务贸易总协定》相衔接，以支持中国有效参与国际贸易与投资协议的谈判。

(2) 在方法上，要以《国际服务贸易统计手册》为基础，建立与通行准则一致的统计体系。

(二) 范围和基本组成

中国服务贸易统计涉及中国内地与港澳台地区以及同其他国家(地区)发生的服务交易。遵循《国际服务贸易统计手册》，统计范围涵盖全部四种提供方式，即跨境交付、境外消费、商业存在、自然人移动。

中国服务贸易统计包括两个主要组成部分和一个次要组成部分。从现行情况看，应主要着眼于两个主要组成部分：

(1) 居民与非居民之间的服务交易，对应第一种和第二种提供方式，部分涉及第三种和第四种提供方式。

(2) 商业存在服务贸易(FATS)统计，对应第三种提供方式。

（3）自然人移动服务贸易统计，对应第四种提供方式。从实际发生规模和数据完备性看，属于服务贸易统计的次要组成部分。

（三）BOP 统计的基本内容

居民与非居民之间的服务贸易统计对应于国际收支平衡表中的服务项目，以服务进口总额和出口总额为基本统计指标，通过服务产品和服务业部门的分类统计，全方位反映中国国际服务贸易的规模和构成状况。基本思路是：以国家外汇管理局国际收支统计为基础，截取服务进出口数据，经过调整补充，得到当期居民与非居民之间服务进口总额和出口总额。其中，国际收支统计的服务项目数据来自国家外汇管理局；调整补充数据来自相关部门和专门调查；数据缺口信息根据相关数据资料进行估算。

根据 BOP 统计的分类标识，针对服务进出口数据进行单向分组和交叉分组，可以得到国际服务贸易分类统计数据。其中，单向分组包括服务产品分组、国别分组、国内地区分组和企业属性分组。双向分组的标识以服务产品为主，其次是国别，形成以下两两交叉分组：国内地区 × 服务产品、国别 × 服务产品、企业属性 × 服务产品、国内地区 × 国别。此外，国际组织建议进行备忘项目统计，主要反映服务贸易依附的交易流量，比如保险服务贸易的保险总额和赔付总额、旅游服务贸易的旅游人数和旅游支出。

（四）FATS 统计的基本内容

FATS 统计的对象是外商直接投资企业在东道国当地的服务销售。其中，中国境内的外商投资企业在中国境内的服务销售是中国内向 FATS，即服务进口；中国对外直接投资企业在外国当地的销售是中国外向 FATS，即服务出口。

对于如何界定“受外国母公司控制”，中国 FATS 统计确定的方法是：

（1）内向 FATS 统计包括法人外商投资企业和非法人外国分支机构。法人外商投资企业与外商直接投资统计保持一致，包括所有外商持有股份高于 10% 的企业。

（2）外向 FATS 统计包括法人境外投资企业和非法人境外分支机构。与对外直接投资统计保持一致，包括所有外商持有股份高于 10% 的境外直接投资企业、全资拥有的境外分支机构。

（3）将外商投资企业和境外直接投资企业按照股权比例分为两组：股权比例 50% 以上组和股权比例 10%—50% 之间组，以持有股权 50% 以上企业为统计重点。

遵循《国际服务贸易统计手册》，中国 FATS 统计设定的指标分为以下三个层次：① 企业服务销售额（营业额），这是 FATS 统计的基本指标，尤其是当地的服务销售；② 企业雇员人数及外（中）方雇员人数、增加值、货物和服务出口、货物和服务进口，这是反映企业当期活动的辅助指标；企业资产、负债和净值以及企业研究与开发支出，这是反映 FATS 统计背景的指标;③ 企业数,这是统计过程中生成的指标,反映 FATS 的普遍程度。结合中国实际,FATS 统计执行以下分类:① 国别分类:内向 FATS 指投资母国国别分类;外向 FATS 指投资东道国国别分类;② 行业分类:直接投资企业所属行业;③ 国内地区分类。

第三节 服务贸易数据

一、统计数据来源

(一) BOP 统计的数据来源

居民与非居民之间的服务交易数据来源多种多样,其中最具代表性的两大支柱是国际交易报告系统(ITRS, International Transactions Reporting System)和企业调查。

1. 国际交易报告系统

在国际交易报告系统这样一个典型的数据收集体系中,国内银行引导的国际支付要向国际收支平衡表汇编者报告,并随附具体服务详情。通常,国内银行充当中介机构,负责报告客户的国际结算情况。除了间接的报告,一般还有直接报告作为补充,用于覆盖在国内银行体系之外发生的交易(比如居民在国外持有的账户发生的交易)或者只付净额的交易(比如发生于清算系统或净支付系统的交易)①。

国际交易报告系统提供了广泛且及时的 BOP 统计数据,且只需要相对较少的参与人员。但是,该系统部分偏离了《国际收支手册(第五版)》的建议"应该在提供服务的时候而不是在进行支付的时候衡量交易"。对于报告人员来说,有时也很难决定服务贸易的具体种类,可能会出现分类错误。

2. 企业调查

企业调查是收集居民与非居民之间服务交易数据的有效渠道。调查报告被寄送至参与服务交易的企业,经过反馈得到代表性样本数据。有些调查报告询问企业的所有国际交易,有些调查报告则只要求具体的服务项目。

通过企业调查进行服务贸易统计,其获取的数据质量取决于样本选择、问卷设计和信息处理等,也受到业务登记质量的较大影响。后者需要不断更新,同时有充分备案以便能够确认每一个被调查者。

---

① 清算机构清算特定时间内产生的债权或债务,最终只支付净额。例如,航空运输公司与国际航空运输协会之间的给付。

3. ITRS 与企业调查的结合

美国、英国等仅以企业调查为基础进行服务贸易数据收集,完全不使用 ITRS,但更多时候多数国家将二者结合起来完成 BOP 统计数据收集。这里有两种结合模式:有限地使用企业调查,进行基于 ITRS 的补充;有限地使用 ITRS,进行基于企业调查的补充。例如,法国 BOP 统计数据收集使用 ITRS,同时利用"大交易商"(参与国际交易的主要企业)的直接报告进行信息补充。荷兰目前将 BOP 统计数据收集从 ITRS 调整为以企业调查为基础,其中基于简化银行报告系统的 ITRS 被部分保留。

值得一提的是,ITRS 通常是由一国中央银行负责,企业调查通常是由一国统计机构操作,两者及其负责机构需要紧密配合。

4. 其他数据来源

其他数据来源是 ITRS 和(或)企业调查的补充,可以更全面、准确地完成服务贸易统计。国际收支平衡表中,使用增补数据的一个典型例子是旅游服务项目。很多国家还利用移民和旅游统计数据得到有关旅游者(境外旅游者或出国旅游者)开支的额外信息。其他来源,如家庭开支调查也可提供居民国外开支的有用数据。

服务贸易数据有时可以从官方(政府和货币当局)获得。在有些国家和地区,与政府机构的有效合作让国际收支平衡表的汇编者能够得到关于服务交易的一系列统计数据。而且,政府的交易信息不仅作为政府服务项目纳入统计,与其相关的服务活动也应被考虑,比如对非居民(旅游)收取的机场建设费、当局收取的降落费和卸吊费(交通)。

(二) FATS 统计的数据来源

外国附属机构直接从事服务交易属于内部 FATS,而外国企业通过国内企业进行服务交易属于外部 FATS。内外部 FATS 统计的数据来源比较多样,多数都与外国直接投资具有联系。获得 FATS 统计数据的两大方法如下:

第一种方法是通过问卷调查收集 FATS 运营数据。问卷设计要么使用有关 FATS 的新问卷,要么在现有 FDI 问卷的基础上增加关键的 FATS 变量。普遍认为,单独的 FATS 问卷会更好,能够减少被调查者回答问题的负担,并且 FDI 调查通常是每季度进行一次,要求问卷快速回收。无论何种选择,针对 FATS 的问卷调查都应尽最大可能获取关键 FATS 变量的数据信息。

第二种方法只适用于内部 FATS 统计,即确认那些拥有过半所有权的外国附属机构现有的统计数据。这种方法的主要挑战是:统计数据的界定和收集可能需要整合运用专业知识和分散在不同机构的权责,如中央银行、国家统计局和多个政府部门。所以和 BOP 统计类似,不同机构之间的密切合作对于 FATS 统计数据的获取十分必要。

（三）统计数据的可信度

各种数据收集方法和来源都有优点和缺点，它们都在无限接近现实反映的过程中逐步完善着服务贸易统计。

1. BOP统计的不对称性

在双边贸易统计中，一国从贸易伙伴国的进口应该等于对方的出口。但现实情况是，双方各自进出口统计存在一定差异，即双边贸易不对称。在国际货币基金组织2007年的研究报告中，国际收支委员会总结了从1996年至2002年全球经济失衡状况。报告指出，自2003年以来世界服务出口一直高于进口，这种不对称在2006年达到1 060亿美元，占总贸易额的1.9%。

为了解决不对称问题，一些区域或双边经济组织正在寻求统计数据的调和。在“自下而上”的标准程序中，少数国家负责审查不对称并找到其来源，采取适当措施加以解决。例如，加拿大、美国等经常使用各自双边进出口流量数据替代原先编制的数据。欧盟则尝试通过“自上向下”的程序建立数学模型，在其各个成员国提供的资料基础上消除内部数据的不对称。

2. IMF提高数据质量的方法

为了准确评估数据质量，国际货币基金组织推出了两个方案：特殊数据发布标准（SDDS, Special Data Dissemination Standard）和通用数据发布系统（GDDS, General Data Dissemination System）。

特殊数据发布标准提出了评价经济和金融数据有效性的四个标准：数据覆盖范围；频率和及时性；公众能否获取数据；完整性和数据质量。通用数据发布系统向所有国际货币基金组织的成员开放，其在数据质量方面的措施与SDDS相似，但辅助说明更少，注重从长期提高数据质量。

二、统计数据发布

衡量国际收支统计和外国附属机构统计数据质量的一个重要标准是公众对数据的可获得性。国际和地区组织接受报告和主动收集由各个国家提供的服务贸易统计数据，使得公众能够迅速接触有效信息和具有国际竞争力的服务贸易数据。

（一）依据BPM5的数据报告

按照《国际收支手册（第五版）》的原则和框架，国际收支平衡表应能提供相对完善和被普遍接受的服务进出口数据。表2-3给出了对《国际收支手册（第五版）》概述部分和补充项目进行报告的国家数目，有145—160个国家报告了运输、旅游、通信、保险及其他商业服务的出口数据，有95—130个国家报告了建筑、金融、计算机和信息以及特许权使用费和特许费的出口数据。

表2-3 报告BPM5部分内容的国家占IMF成员总数的比重(%)

	1997年10月的报告	2008年12月的报告
通信服务	39	90
建筑服务	21	58
保险服务	61	87
金融服务	26	68
计算机和信息服务	11	66
特许权使用费和特许费	32	59
其他商业服务	92	91
商业、专业和技术服务	44	76
法律、会计、管理咨询和公共关系	8	43
广告、市场研究及公众调查服务	10	38
研究和开发服务	7	25
建筑、工程及其他技术服务	8	30
农业、采矿和现场处理服务	4	24
其他服务	28	61
个人、文化及娱乐服务	14	59

资料来源：世界贸易组织秘书处网站(1997年10月的报告)和国际货币基金组织国际收支统计月度报告(2008年12月的报告)。

表2-3显示，1997年10月至2008年12月，对于大多数服务业部门，报告的国家数目增加了一倍多。例如，2008年12月有68%的国家报告了服务总出口以及金融服务出口数据，1997年10月只有26%。此外，由于报告国家、服务业和报告年份的差异，所得服务贸易数据的详细程度有很大不同。有些国家只报告与贸易伙伴国特定年份、特定行业的服务交易，比如以色列；有些国家只报告与其长期重要贸易伙伴的服务贸易结构，比如白俄罗斯、孟加拉国、不丹、乌克兰；有些国家只报告旅游服务项目的进出口情况，比如墨西哥、摩洛哥、突尼斯、土耳其。

(二) BOP统计数据的发布

表2-4概述了国际收支统计数据的发布信息，欧盟统计局、国际经合组织、国际货币基金组织和联合国目前正在按照服务产品和服务业分类，为其各个成员收集和传播服务贸易的国际收支统计数据(欧盟统计局的数据统计范围涵盖欧盟候选国)。

表 2-4 有关机构发布服务贸易统计数据信息汇总

数据来源	涉及国家	分类标准	合作伙伴
IMF 国际收支平衡表数据库(书和光盘);美国国际贸易委员会	国际货币基金组织成员	BPM5 和 EBOPS①	无
欧盟统计局 New Cronos 数据库(在线数据和光盘)	欧盟成员国,欧元区国家,欧盟候选国	EBOPS	115 个经济伙伴
国际经合组织服务贸易统计"第 1 卷 按细目分类","第 2 卷 按贸易伙伴国分类"(书、在线数据和光盘)	国际经合组织成员	EBOPS	115 个经济伙伴
联合国 COMTRADE 数据库(在线数据)	190 个经济体	EBOPS	115 个经济伙伴
WTO 国际贸易统计数据库(书、在线数据和光盘)	所有经济体	EBOPS	无

资料来源:根据国际货币基金组织、欧盟统计局、国际经合组织、联合国统计署和世界贸易组织相关数据信息整理。

(三) FATS 统计数据的可得性

目前,FATS 统计正处于发展的初级阶段。不过,鉴于这一领域的交易活动迅速增加,欧盟统计局、国际经合组织和联合国对 FATS 统计的重视程度日渐提高。国际和地区组织已经尝试合作进行数据的收集、整理和开发,提高数据一致性,避免重复工作和减轻各国的报告负担。

欧盟统计局和国际经合组织按照投资行为及其母国、东道国进行分类,使用 FATS 统计问卷获取成员的服务进出口信息。表 2-5 表明了国际经合组织成员 FATS 流入和流出数据的可得性。2001 年针对直接投资的方法标准调查报告(SIMSDI, Survey of Implementation of Methodological Standards for Direct Investment)显示,61 个参加了信息更新的国家其数据可得性显著改善,53 个国家收集了按地区细分的资本流入和流出数据(其中 43 个国家只统计资本流出),49 个国家统计了按交易划分的资本流动数据(其中 36 个国家只统计资本流出)。超过 90% 的国际经合组织成员能够提供外国直接投资的地理分布信息,而非经合组织国家的 80% 也能提供投资活动的区位分布数据。

总体上,外国直接投资数据的收集和传播者是欧盟统计局、国际货币基金组织、国际经合组织以及联合国。欧盟统计局和国际经合组织使用常见的问卷调查方法收集按投资母国和东道国划分的资本流入和流出数据。国际货币基金组织收集外国直接投资的地理分布数

① EBOPS 是 Extended Balance of Payments Services Classification 的简称,即扩展后的服务贸易国际收支统计分类。

据，但尚未按国别细分数据。获取以上统计数据的来源是：欧盟统计局 New Cronos 数据库、国际经合组织国际直接投资统计、国际货币基金组织国际收支平衡表、联合国贸易与发展会议数据库。

表 2-5　国际经合组织成员 FATS 统计数据的可得性*

	资本流入			资本流出		
	雇员数量	流量/产出	增　值	雇员数量	流量/产出	增　值
澳大利亚	X		X	X	X	
奥地利	X	X	X	X	X	
比利时	X	X		X	X	
保加利亚	X	X	X			
加拿大				X	X	
塞浦路斯	X	X	X			
捷克	X	X	X		X	
丹麦	X	X	X			
爱沙尼亚	X	X	X			
芬兰	X	X	X	X	X	
法国	X	X	X		X	
德国	X	X		X	X	
希腊	X	X		X	X	
中国香港	X	X	X			
匈牙利	X	X	X	X	X	
爱尔兰	X	X	X			
以色列	X	X	X		X	
意大利	X	X	X		X	
日本	X	X	X	X	X	X
拉脱维亚	X	X	X			
立陶宛	X	X	X			
卢森堡	X	X				
荷兰	X	X	X			
新西兰	X	X	X			
挪威	X	X	X			
波兰	X	X				
葡萄牙	X	X	X	X	X	X
罗马尼亚	X	X	X			
斯洛伐克	X	X	X		X	
斯洛文尼亚	X	X	X			
西班牙	X	X	X			
瑞典	X	X	X	X		
瑞士	X			X		
特立尼达和多巴哥		X				
英国	X	X	X			
美国	X	X	X	X	X	X

资料来源：根据国际经合组织和欧盟统计局 2008 年的数据信息整理。

注：表中 X 表示该国该指标数据可得。

专栏 2-1　自然人移动服务贸易统计中的一些问题

对于服务贸易提供方式1、2和3来说，在《国际服务贸易统计手册》框架下各国和国家间已经形成十分成熟的统计方法。但提供方式4却是一个例外。当前，关于自然人移动服务贸易的统计依然停留在未有定论的状态。这种交易模式涉及一成员方以自然人形式在另一成员方境内提供服务，其核心特征是“暂时性”。自然人移动的“暂时性”问题在提供方式4的度量中非常关键。《服务贸易总协定》没有明确界定什么是自然人的“暂时性”或非永久性，而仅仅排除了有关公民、移民、居住以及永久性就业等。因此在实际操作上，各国均根据各自法律惯例理解所谓的“暂时性”。相应的，在各国GATS承诺减让表中，与提供方式4有关的逗留时间短至商务访问3个月，长到公司内调动2—5年不等。其实，许多统计标准都与自然人移动有关，但又没有哪一项与之完全吻合。现阶段，通常采用BOP统计、FATS统计和移民统计来估算提供方式4的服务贸易。

1. BOP统计

人们经常使用国际收支统计中的“雇员报酬”和“工人汇款”来衡量自然人移动的价值。这些指标的优点是：一方面，对于许多国家来说具有可获得性；另一方面，国家之间能够保证一定水平的可比性。但是，两项指标也都具有明显缺陷。边境工人和受雇于任何经济部门的临时性工人均属于“雇员报酬”的统计范围，这导致对自然人移动服务贸易的高估。“雇员报酬”包含在国外逗留时间少于1年的工人，而自然人移动却包含长达5年的就业，又引起对自然人移动服务贸易的低估。“工人汇款”至少存在4个方面的问题：① 该指标并非仅指服务活动，还包含在一国任何经济部门就业的所有外国工人。② 该指标仅涉及永久性移民，他们已经成为外国居民。③ 该指标仅涉及被储蓄起来并汇回母国的那部分移民收入。④ 有相当一部分汇款没有通过正式渠道汇回母国，难以记录和报告。其中，②和③引起对自然人移动服务贸易的低估，①和④则具有高估的作用。尽管“雇员报酬”似乎比“工人汇款”更适合度量，却很可能严重低估服务贸易的实际水平。在双边层次上，两个指标都存在难以获取数据的缺点。

2. 移民统计

利用移民统计解决自然人移动服务贸易的数据问题获得了越来越多的关注。由于自然人移动数据必须在个人基础上汇编，典型的企业采集数据的手段并非总是可行的。同时，服务贸易相关统计与移民/劳工统计在概念、界定、分类等方面存在广泛差异。移民统计常常可以方便地获取，但其总体上远远大于提供方式4所指的范围。度量自然人移动的主要问题在于，从相关统计指标中识别出应该测度的服务和工人的子集。

3. 统计标准的协调

利用不同的数据来源度量自然人移动服务贸易必须面对一个问题,即构成这些数据来源基础的概念有多大程度的可比性。显然,GATS带有一定程度的灵活性,其允许各国在符合自身惯例和法律的前提下进行谈判。尽管自然人移动统计数据在一组固定概念上加以定义保证了国际可比性,但这些概念的范围未必总是与各国在谈判中意指的范围相同。同时,移民统计可能寻求在固定概念和定义上提供数据,但数据的实际可得性经常取决于各国的法律法规,比如"暂时性"这样的问题。为"暂时性"逗留发放的签证可能包括不同的时间长度。"外国"的定义也因国家而异,有时反映出生国,有时反映国籍。解决问题的关键是做好不同统计标准的协调、统计要求和贸易谈判的协调、国别灵活性和国际统一性的协调等。

(转引自:孔令强、蒙英华,服务贸易中自然人流动的一些统计问题,《商业研究》,2008年第3期。)

重要概念

要素服务贸易 非要素服务贸易 国际追加服务贸易 国际核心服务贸易 BOP统计 FATS统计

思考题

1. 列举世界贸易组织的服务贸易分类。
2. 简述服务贸易的主要分类标准。
3. 国际服务贸易统计的基本原则是什么?
4. 请依次指出以下贸易活动对应的国际服务贸易提供方式,并讨论如何分别对其进行服务贸易统计。

(1) 宜康爱生雅(上海)健康管理有限公司由瑞士知名的跨国卫生用品企业和新加坡知名的医疗护理企业共同投资设立,是国内第一家外资居家养老企业,专门为老人提供上门健康护理服务。

(2) 美国电视连续剧《外包服务》中,Mid-America Novelties,这家专门生产新、奇、特产品的全资美国公司,把Call Center业务外包给了印度。

(3) 据教育部国际合作与交流司来华留学生教育管理系统统计,浙江省来华留学生总体规模由2008年的7394人扩大到2011年的13004人,增长76%,留学生来源国国别数由139个扩大到161个。

(4) 北京首佳口腔有限责任公司聘请国外知名的口腔专家,并经常派遣医生赴国外进修和参加国际口腔学术交流活动。

5. 简述中国服务贸易统计的基本内容。

6. 国际服务贸易统计数据的来源有哪些？

课后阅读材料

[1] “中国国际服务贸易统计研究”课题组，中国国际服务贸易统计建设的背景与基本框架，《统计研究》，2007 年第 3 期。

[2] 贾怀勤，服务贸易四种提供方式与服务贸易统计二元构架的协调方案——《国际服务贸易统计手册》“简化方法”评述，《统计研究》，2003 年第 3 期。

[3] 王亚菲，国际服务贸易统计研究中的有关问题：基于 GATS 的观点，《统计研究》，2006 年第 5 期。

[4] Stern, R. M. and B. M. Hoekman, Issues and data needs for GATT negotiations on services, *The World Economy*, 1987, 10.

第二部分

服务贸易理论

第三章

劳动价值理论与服务经济

引导案例

“您的手机已产生10459.1元漫游费……”

2011年11月6日早晨，佛山市民刘某刚到澳门6小时，通过一次电话。在接到电信运营商的这条欠费通知时，他的第一反应是听错了。该运营商次日答复，该用户在港澳台02区漫游一共产生209 183KB的GPRS流量，“即便消费者没有使用手机，因为手机病毒或者没有关闭软件自动更新、自动定位等功能，也会自动产生流量，所以扣费10 459.1元”。

大部分消费者认为，这是国内电信运营商和信息服务商依靠垄断地位过度追求利润的结果。但也有电信业观察家认为，这并非国内运营商的错，因为到了国外，就是由当地运营商计费，以后再由这些运营商和国内运营商进行结算。国内运营商对于用户在国外的消费情况只能在收到账单之后才能知道。

为了避免消费者在出国时被收取天价漫游费，工信部下发了《关于进一步加强电信服务用户消费提醒工作的通知》，要求电信运营商通过短信、语音、页面窗口等方式进行12类消费提醒，并且主动提供各项漫游服务的收费标准。同时，中国移动和中国联通也多次轮番下调国际漫游费。不过即便如此，不少消费者依然认为国际漫游费用太贵，且收费项目不合理，收费方式比较混乱。漫游业务作为通信服务的一种，应该如何衡量其价值从而确定其价格？本章中我们将通过劳动价值理论研究服务产品的价值，进而探讨服务产品的国际价格决定。

学习目标

- 深化对马克思劳动价值论的认识
- 掌握服务价值理论的一般原理
- 了解服务产品国际价值的决定

第一节　服务的价值和使用价值

一、劳动价值理论的历史沿革

对于经济学范畴中价值问题的讨论可以追溯到威廉·配第、亚当·斯密、大卫·李嘉图、卡尔·马克思等古典经济学家,他们对经济学发展的一个重要的基础性贡献在于发现了价值的根本性。

（一）威廉·配第的劳动价值论

威廉·配第是英国古典经济学的创始人,马克思称之为“政治经济学之父”。

(1) 威廉·配第第一次有意识地把商品价值的源泉归于劳动,用商品中包含的劳动量来界定商品价值。“假如一个人生产一蒲式耳小麦所用劳动时间和从秘鲁银矿中生产一盎司白银并运到伦敦所需劳动时间相等,后者便是前者的自然价格。”①

(2) 威廉·配第讨论了商品价值量和劳动生产率的关系,指出商品价值量与劳动时间成正比,与劳动生产率成反比。

(3) 威廉·配第认为货币价值也是由劳动量决定的。“即使从事白银的生产,可能比从事谷物的生产需要更多的技术,并有较大危险,但是结局总是一样的。假如让100个人在10年中生产谷物又让同数的人在同一时期生产白银,我们认为白银的纯产量就是谷物全部收获量的价格。”②

（二）亚当·斯密的劳动价值论

亚当·斯密第一个创立了比较完备的古典经济学体系,在亚当·斯密那里,政治经济学已发展为某种整体,它所涵盖的范围在一定程度上已经形成。

(1) 亚当·斯密把创造价值的劳动普遍化,即从具体劳动中抽象出来。与前人相比,斯密的贡献在于不管是生产金银的劳动还是生产出口商品的劳动,不管是工业劳动还是农业

---

① 威廉·配第,《赋税论、献给英明人士、货币略论》,商务印书馆,1978年,第52页。
② 威廉·配第,《赋税论、献给英明人士、货币略论》,商务印书馆,1978年,第44页。

劳动都是创造价值的。

(2) 亚当·斯密区分了使用价值和交换价值,还讨论了二者的关系。斯密借用“钻石和水”的例子对价值的意义做了解释,说明使用价值和交换价值的区别。“价值有两种不同含义,它有时表示特定物品的效用,有时又表示由于占有某物而取得的对其他货物的购买力。前者可叫使用价值,后者可叫交换价值。”①斯密区分了使用价值和交换价值后,论述了二者的矛盾,使用价值很大的东西,往往具有极小的价值。

(3) 亚当·斯密认为交换价值的真实尺度是劳动。人们交换物品实际上是劳动的交换,商品的交换价值是由劳动构成的,“劳动是衡量一切商品交换价值的真实尺度,任何一种物品的真实价格——要取得这物品实际上付出的代价乃是获得它的辛苦和麻烦”②。

(三) 大卫·李嘉图的劳动价值论

大卫·李嘉图是英国古典经济学的代表性人物和集大成者,其《政治经济学及赋税原理》是具有里程碑意义的伟大著作。

(1) 大卫·李嘉图进一步阐述了使用价值和交换价值的关系,指出和改进了斯密的不足。李嘉图认为,使用价值虽然不是交换价值的尺度,但交换价值必须以使用价值为前提。“一种商品如果全然没有用途或者如果无论从哪一方面说都无益于人们欲望的满足,那就无论怎么稀少也无论获得时需要费多少劳动,总不会有交换价值。”③

(2) 大卫·李嘉图在劳动时间决定商品价值的论述中,指出商品的交换价值取决于其稀少性和取得商品所花费劳动量两个因素。“具有效用的物品其交换价值从两个方面得来:一个是它的稀少性,另一个是获取其花费的必要时间。”④李嘉图不同意斯密关于资本积累和土地私有权出现以后,商品价值不再由劳动决定而是由三种收入决定的说法,认为斯密犯了倒果为因的错误。

(3) 大卫·李嘉图对创造价值的劳动进行比较全面和科学的分析,不仅区分了简单劳动和复杂劳动,还认识到影响价值的直接劳动和间接劳动。“生产商品的交换价值与投入在它们生产上的劳动成比例,这里所说的劳动不仅是指投入在商品上的直接生产过程中的劳动,还包括投入在实现该种劳动所需要的一切器具或机器上的劳动。”⑤

(4) 大卫·李嘉图区分了个别劳动时间和社会必要劳动时间,并指出决定价值的并不是个别劳动时间而是社会必要劳动时间。“一切商品不论是工业制成品、矿产品或是土地商

---

① 亚当·斯密,《国民财富的性质和原因研究》,商务印书馆,1974 年,第 25 页。
② 亚当·斯密,《国民财富的性质和原因研究》,商务印书馆,1974 年,第 26 页。
③ 大卫·李嘉图,《政治经济学及赋税原理》,商务印书馆,1976 年,第 7 页。
④ 大卫·李嘉图,《政治经济学及赋税原理》,商务印书馆,1976 年,第 7 页。
⑤ 大卫·李嘉图,《政治经济学及赋税原理》,商务印书馆,1976 年,第 19 页。

品，规定其交换价值的永远不是在极为有利、并为具有该种生产设施的人所独有的条件下进行生产时所用较少量的劳动，而是不享有这种便利的人进行生产时所必须投入的较大劳动量。”①

（四）马克思的劳动价值论

在20世纪即将结束的时候，英国广播公司在全球范围内举行了“千年思想家”的网上评选活动，卡尔·马克思高居榜首。马克思主义政治经济学是马克思主义的重要组成部分，是理解和研究马克思经济学思想和理论的核心领域。实践没有止境，创新没有止境，一直以来人们都在不断深化和发展对马克思主义的认识。

（1）马克思科学地分析了商品的使用价值、交换价值和价值等基本范畴之间的联系和区别。从商品分析开始，从物品的一般有用性引申到不同使用价值的商品交换，即具有交换价值。

（2）马克思从交换价值的形成入手，引出价值的内容或实体，即抽象的人类劳动的凝结，第一次把价值从交换价值中抽象出来。

（3）马克思揭示了商品是使用价值和价值的辩证统一体，二者是对立的，又是统一的，其包含着商品经济一切矛盾的胚芽。

（4）马克思第一次提出劳动二重性原理，指出“一切劳动，从一方面看是人类劳动在生理学意义上的耗费，作为相同的或抽象的人类劳动，它形成商品价值；一切劳动，从另一方面看是人类劳动有一定目的的特殊形式的耗费，作为具体的有用劳动，它产生使用价值”②。具体劳动和抽象劳动，是同一劳动的两个方面，是生产商品的劳动二重性，商品的二重性由劳动二重性引起并决定。

（5）马克思认为劳动是生产商品和价值的劳动，而不是一切社会都存在的、作为人类生产条件的“劳动”本身。历史上，生产价值和剩余价值的劳动，比原始社会非商品经济的劳动出现得晚，生产商品和价值的劳动是个历史范畴。

马克思在阐述劳动价值论时强调，不是从价值概念出发，而是从商品分析出发才能揭示出价值，这在方法论上有重要意义。第一，坚持了唯物论，突出经济分析的出发点是具体的客观事物，而不是抽象的概念。第二，坚持了辩证法，认为价值范畴的发展并不是价值和使用价值的区别和联系，强调价值是商品的社会属性，是历史的范畴。其实，马克思所指的劳动，是“已经化为没有质的区别的人类劳动”，即抽象劳动。这种抽象劳动是简单平均劳动，是生产性的简单平均劳动。所谓抽象劳动，就是将各种不同的有用劳动的具体形式抽掉，还

① 大卫·李嘉图，《政治经济学及赋税原理》，商务印书馆，1976年，第60页。
② 马克思，《资本论》第1卷，人民出版社，2004年，第60页。

原为无差别的一般人类劳动耗费的那种劳动。马克思把劳动定义为撇开具体形式,只是人类脑力和体力的消耗。抽象劳动形成商品的价值实体,商品价值量的大小,取决于抽象劳动时间的多少。这里的抽象劳动,既然是一般劳动的耗费,因而其内容可以折算为平均简单劳动的耗费。简单劳动,是每个普通人平均具有的简单劳动的耗费,而包含较多技巧和知识的复杂劳动是自乘的或多倍的简单劳动。

二、服务的使用价值和价值

(一)服务的使用价值及一般特征

1. 服务产品的使用价值

服务产品具有使用价值——非实物使用价值。这种使用价值像其他一切使用价值一样,首先具有满足人的某种需要的功能,或是具有满足人的某种需要的效用,这是使用价值的共同特征。其次,非实物使用价值是构成社会财富的重要内容。人们追求经济利益的目的是获得多样的使用价值,以满足自身多方面的需要。所以,财富与使用价值相互依存,不论财富的社会形式如何,使用价值总是构成社会财富的物质内容。随着社会生产力的发展,使用价值本身也在不断发展变化。农业社会主要以农业使用价值,即农产品为财富内容;工业社会主要以工业使用价值,即工业品为财富内容。在现代社会,满足各种需要的社会财富日益分为以实物使用价值为内容的实物财富和以非实物使用价值为内容的精神财富,且后者的比重正在上升。最后,非实物使用价值也是交换价值的物质承担者。马克思指出,商品以铁、小麦等使用价值或商品物的自然形式出现,它们之所以是商品,因为是二重物,既是使用物品又是价值承担者。价值本质上是商品生产者互相交换劳动的一种社会关系,因此它必须以劳动产品的交换为前提。产品只有具有使用价值,才能被投入交换,进而被衡量交换价值和价值。这就决定了价值必须以使用价值为承担者。只要使用价值具有能满足对方某种需要的有用属性,交换顺利完成,它就可以并且实际上充当了交换价值的承担者。非实物使用价值既然能够实现作为使用价值的职能,同样可以充当交换价值的物质承担者。所以,服务产品具有和实物产品一样的特征。

2. 服务使用价值的一般特征

无论是生产者服务还是消费者服务,其使用价值具有的共同特征是:

(1) 服务产品使用价值具有消费替代性。所谓消费替代性,指不同产品的使用价值因具有相同或相近的消费功能,可以在生产或生活消费中互相替代的性质。人们消费一种服务产品,可以同时减少对实物产品的消费,或减少对另外一些服务产品的消费。这里的替代既包括对服务产品的替代,也包括对部分实物产品的替代。

(2) 服务产品使用价值具有消费互补性。所谓消费互补性,指不同产品虽然使用价值的功能不同,但由于使用属性之间的联系,在消费中构成互相依存、互相补充的关系。例如,旅游业的发展会带动运输业,旅游和运输两者之间具有消费互补性。

(3) 服务产品使用价值具有消费引致性。所谓消费引致性,指某种产品与其他产品在功能上存在因果联系,只要消费这种产品,就将引起一系列其他产品的消费。如购买汽车必然增加对汽油的消费一样,对教育的消费必然促进教育服务业的发展。

服务产品的使用价值具有消费替代性、消费互补性和消费引致性的根本原因,是非实物使用价值具有一切使用价值的共性——可消费性。

当然,服务产品的使用价值与实物产品的使用价值不同,服务产品的使用价值具有非实物特性。这是一种在活动形态上提供的、不能离开服务劳动单独存在的特殊使用价值。实物产品使用价值的生产、交换和消费一般分开进行,生产者和消费者,生产领域、流通领域和消费领域泾渭分明。服务产品的交换却是生产的前提,生产与消费同时进行,一旦生产结束,消费也告完成。这是服务产品使用价值的主要特征——生产和消费的同时性。此外,服务产品使用价值具有非贮存性。由于具有某种物质形态,实物产品可以贮存,而服务产品不具有物理的或化学的性质,不能以使用价值形式单独存在。不过,服务产品的使用价值可以变相贮存。比如物化服务,将服务产品的使用价值实物化为某种带有服务内容的实物产品,并通过贮存这种使用价值,保存与服务产品类似的服务。服务产品使用价值还具有非转移性。非转移性是指有些服务产品的使用价值不能从生产地转移到其他销售地。例如,消费者必须到旅游提供者所在地消费旅游服务,因为服务产品,如自然景观、历史建筑等不能转移。这使得服务产品的生产与消费存在空间上的不一致,这个矛盾必须通过生产者和消费者的相对位移来克服。服务产品使用价值虽然具有非转移性,但其所有权是可以转移的。在其尚未被生产时,可以通过交换使未来所有权发生多次转移。

服务产品使用价值的以上特征造成其再生产具有更大的局限性。实物产品使用价值的可贮存性、可转移性等使其产品价值的实现所遇到的矛盾能得到一定程度的缓和。但是,服务产品使用价值的非贮存性、非转移性等决定了其在生产的同一时刻、同一地点必须获得产品价值,立刻实现价值补偿,这是比实物产品的价值补偿更为“惊险的跳跃”。

(二) 马克思劳动价值论中的服务价值

当前,物质生产部门的劳动占社会总劳动的比例越来越低,为生产生活提供服务的众多非物质生产部门,在国民经济中的比重日益提高,这为我们提出了新的研究课题:服务业的劳动是不是生产性劳动?是否创造价值?对此,国内经济学界存在两种倾向:

第一种倾向,服务不创造价值。

（1）只有那些既能为社会生产物质财富，又能为社会生产剩余价值或净产值的劳动才是生产性劳动，否则就是非生产性劳动。所以，服务劳动不是生产性劳动。

（2）服务领域的劳动者和资本家收入（$v+m$）不是服务劳动者创造的，而是通过国民收入的再分配由物质生产领域转移过来。物质生产领域的工人和资本家用其收入支付服务时就是如此。

（3）服务劳动不形成价值，它所以能带来利润和资本增值是因为资本主义经济的竞争与利润平均化的市场机制的作用。物质生产部门创造的价值以类似生产价格形成的方式转化为服务生产价格，不仅补偿服务成本，而且无偿地给服务领域资本家带来了物质生产劳动创造的剩余价值。

第二种倾向，服务劳动创造价值。

（1）服务劳动是生产性劳动，纳入社会劳动的范畴，是创造价值的。这里的社会劳动指从事物质生产和非物质生产的各种劳动。

（2）并非服务业中的所有劳动都能创造价值，只有那些为物质商品生产和生活服务的具有生产性的服务劳动才创造价值，而那些非生产性服务劳动不创造价值。

（3）不以生产性劳动和非生产性劳动的区分作为衡量服务劳动能否创造价值的标准，而是以是否创造使用价值作为判断是否创造价值的唯一标准。这其实已经偏离了马克思劳动价值论，转变到有用性，即效用的观点上去了。所以，虽然认同服务劳动同样创造价值，但本质上是效用创造价值，背离了马克思劳动价值论。

两种倾向的分歧在于对服务劳动、生产性劳动等的范畴尚未厘清。马克思是这样界定服务的："服务这个名词，一般地说，不过是指这种劳动所提供的特殊使用价值，就像其他一切商品也提供自己的使用价值一样。但是，这种特殊的使用价值在这里取得了'服务'这个特殊名称，是因为劳动不是作为物，而是作为活动提供服务的。"[①]这个定义首先肯定了服务具有使用价值，是劳动产品，是社会财富，可以投入市场进行交换。其次，指出了服务同其他商品的差别只是形式上的，商品具有实物的形式，而服务则体现为一种活动形式。

（三）服务劳动创造价值的原因和形式

服务劳动创造价值的原因是服务劳动其实与生产物质产品的劳动一样，具有凝结性、社会性和抽象等同性。[②]

服务产品生产过程中的劳动，凝结在服务产品活动形式的使用价值上，形成价值实体。劳动价值论认为，价值是无差别的人类劳动的凝结，但不能据此认为没有实物形态的产品就

① 马克思、恩格斯，《马克思恩格斯全集》第26卷（Ⅰ），人民出版社，1979年，第435页。

② 李慧中、程大中，《国际服务贸易》，高等教育出版社，2007年，第42页。

没有劳动凝结,从而没有价值。马克思在论述商品价值时精辟地指出,“同商品物的可感觉的粗糙对象性正好相反,在商品物的价值对象中连一个自然物质原子也没有”[①]。劳动价值论中劳动的凝结并非指劳动一定要固化在可以捉摸的物品上。服务劳动的凝结有其自身特点,即凝结性与活动性相结合。凝结过程完成,服务消费者的状况改变,但服务本身也消失了,不能再与其他商品交换。也就是说,服务劳动一边在凝结,一边又作为实际存在的凝结劳动被消费着。

劳动的凝结性是生产商品的劳动获得价值性的物质基础,而生产商品的劳动必须取得价值性的社会原因是生产商品的劳动的私人性与社会性的矛盾。对于服务产品来说,由于生产和消费在时间上的同一性,服务生产一开始,消费同时开始,私人劳动就被承认为社会劳动。

就服务的经济功能而言,主要有三种服务劳动的价值形式:

(1) 生产者服务。作为对商品生产者提供的服务,直接购买者为厂商,最终消费者的核心购买对象是实物产品,并非服务。

(2) 消费者服务。作为满足人的多种生活需要的服务,消费者服务分为满足人的精神需要和人的物质需要两种服务。前者如艺术服务,后者如客运服务。这类服务的特点是,直接购买者为最终消费者,消费者购买的核心对象是服务本身,与物无关。

(3) 分销服务。消费者为获取实物产品需要连带购买的服务。这类服务被提供给消费者,但与消费者服务不同,它与物没有完全脱离。消费者购买分销服务的同时一定购买了实物产品,消费者是为购买实物产品而购买这类服务的,不是相反。

第二节 服务的国际价值形成及其决定

一、服务产品的市场价值

用于交换的服务产品在商品经济中具有交换价值和价值。服务产品的市场价值就是凝结在非实物使用价值上的、获得社会表现的一定量的抽象劳动。服务产品市场价值的决定具有与实物产品相同的特征。

(一) 服务产品的供给价值

商品是使用价值和价值的对立统一体,商品的二因素是由生产商品的劳动二重性决定的,其中具体劳动决定商品的使用价值,抽象劳动决定商品的价值。抽象劳动作为生产过程

---

① 马克思,《资本论》第1卷,人民出版社,2004年,第61页。

中劳动者体力和脑力的耗费,即活劳动的耗费,构成商品价值的实体。但由于生产同种商品的不同企业的生产条件和劳动者素质不同,生产同一商品耗费的活劳动时间不同,个别劳动时间长短不一。这些不同的个别劳动时间是否形成价值呢?这就要求解决同种商品价值量的决定问题。商品是用来交换的劳动产品,只有通过商品交换,即劳动量的交换,才能体现劳动者的相互关系,才能通过对商品价值运动的分析揭示被物所掩盖的人与人的关系。马克思指出,个别劳动时间形成商品的个别价值,但价值的社会属性又使个别价值必须转化为社会价值,不同企业生产的同种商品的价值必须接受同一尺度的检验。这一尺度就是社会必要劳动时间。它既决定了同种商品的价值量,又是个人劳动转化为社会劳动、个别价值转化为社会价值的分水岭。商品的个别价值只有等于或低于这一价值量,才能转化为社会价值,否则就只能部分转化或完全得不到转化。这一转化过程的进行,正是劳动者之间发生经济联系的过程。

以上是马克思为揭示商品价值的本质而提出商品价值量的决定问题,其理论分析的前提假定包括以下四个方面:

(1) 以个别企业为对象,分析个别企业因生产条件的不同使商品的个别价值低于或高于社会价值,把由社会必要劳动时间决定的价值量作为常数。

(2) 从生产过程分析商品价值的构成,认为商品价值由生产过程中活劳动新创造的价值和耗费的生产资料价值共同构成,排除了交换行为及各种交易费用对商品价值量的影响。

(3) 仅从供给角度阐述商品价值的形成,没有考虑需求因素的影响。

(4) 以抽象的市场分析确定价值量,排除了市场信号变动的影响。

尽管上述分析是以实物产品为对象,但具体原理同样适用于服务产品市场价值的决定。马克思对商品价值决定的分析是在生产过程内部,从供给角度进行的。“它们不仅是满足人的需要的使用价值,而且这种使用价值以一定的量出现在市场上。商品的量还有一定的市场价值,个别市场价值表现为单位商品的或单位商品量的市场价值的倍数。”[①]这就是说,供给具有使用价值和价值的二重性,后者只就供给角度而言,实际上相当于马克思所说的“价值一般”,也可称为供给价值。在质上,它是由供给一方单独决定的;在量上,它是由社会必要劳动时间规定的。由供给价值决定的价格为供给价格,在货币价值量既定和一般静态均衡条件下,二者在量上是一致的。由于供给价值同生产商品所耗费的社会必要劳动时间成正比,同劳动生产率成反比,在其他条件不变的情况下,劳动生产率越高,同一时间生产的使用价值越多,单位商品的供给价值就越少,供给价格也就越低。

---

① 马克思、恩格斯,《马克思恩格斯全集》第52卷,人民出版社,1979年,第208页。

（二）服务产品的需求价值

这里，需求指有支付能力的、实现交换价值的需求，包括使用价值和价值的二重性。马克思对需求的分析，首先强调了需求的阶级性，指出调节需求本质上是由不同阶级的相互关系和它们各自的经济地位决定的。一方面表现为全部剩余价值和工资的比率，另一方面表现为构成剩余价值的各成分的不同比例，即利润、地租、赋税等。这实际上是指需求的质的规定性。从量的角度来看，消费者消费的一定量商品代表着一定量的社会必要劳动时间。

由此可见，需求是消费者在对商品使用价值估价的基础上，对商品的实际购买能力。对一定量使用价值的购买代表着一定量价值，或是一定量社会必要劳动时间的需求，这种得自价值角度的需求可以称为需求价值，现实中被表现为消费者的实际购买能力。由于服务产品使用价值的特殊性，不像实物产品那样在生产过程中由社会必要劳动时间决定其价值量。服务产品生产和消费的同一性，造成其价值决定的特殊性：由供给价值和需求价值共同决定。总需求价值是消费者对商品需求量的总和，规模取决于社会必要劳动时间。“只有当全部产品是按必要的比例进行生产时，它们才能卖出去……为了满足社会需要，只有这样多的劳动时间才是必要的。”①

由此，要实现供求平衡，满足消费者需要，不仅要求在每个商品生产过程中耗费必要劳动时间，同时要求把社会总劳动量，按必要的比例分配在不同的商品上。在需求不变的条件下，分配到某种商品生产上的社会必要劳动时间增多，商品的供给量增多，全社会对该商品的总需求量会相对减少，对该商品的总需求价值量也会减少，这时商品的市场价值由需求价值决定，决定的价格称为需求价格，现实中表现为消费者在购买商品时所能接受的价格，它与商品的需求价值成正比。

二、服务产品的市场价格

如上所述，服务产品的市场价值不是只由社会必要劳动时间，即供给价值决定，而是由供给价值和需求价值以一定比例共同决定。供给价值和需求价值实际上是从供求两方面，从价值量的角度，规定商品的市场价值。当商品的供给价值超过需求价值时，由于消费者购买能力的制约，商品的市场价值趋近于需求价值；当需求价值超过供给价值时，由于供给价值所代表的社会必要劳动时间的制约，商品的市场价值趋近于供给价值。供给价值和需求价值失衡，意味着两种含义的社会必要劳动时间的要求不一致，商品的市场价值在供给价值与需求价值间上下波动，现实中表现为市场价格围绕市场价值上下波动。

① 马克思：《资本论》第3卷，人民出版社，1975年，第716—717页。

市场价格作为市场价值的具体表现形式，是由市场价值决定的。市场价格的变化在一定程度上反映了市场价值的变动，从而体现了两种含义的社会必要劳动时间比例关系的变动。在现实中，由于供求、竞争等因素的影响，市场价格往往与市场价值背离，其方向和程度取决于供给价值和需求价值比例关系的变动。"供求实际上从来不会一致，如果它们达到一致，那也是偶然现象，可以看作没有发生过的事情"。[①] 供求平衡是偶然的、暂时的现象，供求不平衡则是必然的、长期的现象。当供大于求时，生产者的商品供给量必然超过消费者有支付能力的需求，造成价格向下的压力，甚至还会有部分商品得不到社会承认，价值无法实现。这时，市场价格表现的市场价值更趋近于需求价值；当供不应求时，消费者对商品的需求量超过生产者的供给量，造成价格向上的压力，市场价格表现的市场价值更趋近于供给价值。正是由于市场价格围绕市场价值上下波动，引导市场主体调整经济行为，使得供求逐渐趋于平衡。

三、服务产品国际价值的决定

（一）生产者服务

首先，生产者服务直接参与实物产品使用价值的形成，其本身作为生产性劳动发挥作用，创造新价值，增加产品价值总量。比如商业服务、运输服务、建筑服务等，这些服务创造的价值作为供给价值进入市场。当然，生产者服务产品国际价值的最终决定还应考虑需求价值的因素。

其次，由于社会分工的不断深化，部门间的联系日益加强，生产性劳动的范围逐渐扩大。创造价值的劳动主体不仅是生产实物产品的直接劳动者，还包括实物产品生产过程中不可缺少的生产者服务部门的劳动者。发达国家产业结构调整过程中服务业所占比重上升，高新技术部门在国民经济发展中的突出地位为此佐证。

最后，生产者服务部门提供的商品和实物商品一样，具有商品的二因素。这些服务既创造商品的使用价值，也创造价值。从价值形成的角度来看，与消费者服务不同的是，生产者服务主要作为中间性投入，作为生产过程中的基本要素发挥作用，其价值作为实物产品价值的一部分在市场上表现出来。

（二）消费者服务

消费者服务在服务业生产活动中占据中心地位，从使用价值的角度来看，相当于前述服务使用价值。由于这类使用价值的存在是无形的，随着活劳动的消失而消失，其服务生产部

① 马克思：《资本论》第3卷，人民出版社，1975年，第212页。

门的产品价值亦由供给价值和需求价值共同决定。

首先,消费者服务部门提供的使用价值都是无形的,只有在供给方和需求方并存的条件下才作为商品进入市场,这种使用价值的不可贮存性决定了供给和需求必须共同参与价值的形成。

其次,消费者服务不能独立作为服务产品进入市场,其基本条件之一是交换的存在,是供给者为消费者提供了能够满足某种需要的使用价值。发生交换的前提是供给方和需求方对服务产品的价值判断,其不是双方的主观感受,而是长期经济活动中通过市场竞争和交易形成的,即马克思所说的市场价值,在国际市场上表现为国际价值。其以货币形式表现时,就是服务产品的市场价格。受到市场因素的影响,服务产品价格上下波动,只是在不同的市场条件下具有不同的特征。封闭经济条件下,同种服务产品的市场价值最终取决于社会活劳动在该部门分配的数量及全社会对该使用价值的需要量;开放经济条件下,需要增加考虑服务产品的进出口和生产要素的流动对服务产品国际价值决定的影响。

再次,消费者服务有时可以采取物化服务的形式,使之具有实物产品的形式,表面上其价值也是由产品生产的社会必要劳动时间决定,但消费者购买的目的不是看得见的实物形态,而是凝结在其中的服务,实物只是这些服务的载体。因此,物化服务的价值和其他服务产品一样,都是由供给价值和需求价值共同决定的,实物部分只占商品价值构成的极小比重。

最后,不同条件下服务产品国际价值的决定存在差异。比如旅游服务,自然和人文景观等服务产品的供给方处于实际的垄断地位,产品的价值决定取决于服务提供者,供给价值在其中扮演更重要的角色。但对于教育服务,服务产品可以随着生产规模的扩大而增加,不具有明显的垄断性,与旅游服务相比,教育服务的需求价值作用更大。

(三) 分销服务

分销服务的供给和需求派生于对商品的直接需要。其中,“锁住型”分配服务不与商品生产的特定阶段相分离,只能作为商品生产过程或其延伸阶段的一部分,其价值或成本完全附着在有形商品之上。“自由型”分配服务也同有形商品紧密联系,但其可外化为独立的市场交易对象。一方面,分销服务的价值决定和生产者服务相似,都与实物产品密切相关。比如“锁住型”分配服务就是作为生产过程在流通领域的延伸,其本身能够创造价值。另一方面,有些“自由型”分配服务与实物产品没有直接联系,服务价值的决定不同于生产者服务,并非主要取决于生产过程。

如果把服务产品分为重复型服务产品和创新型服务产品,则其国际价值量的决定具有如下特点:

第一,重复型服务产品国际价值量的决定。运输、旅游、医疗和教育服务等可以不断重复生产,其价值由生产该项产品所耗费的社会必要劳动时间决定。它们具有可重复性、不可扩散性和独享性等特征。服务产品消费者必须拥有其物质载体——服务过程,非拥有者不能分享其使用价值。市场经济条件下众多服务产品提供者提供相同类型的这类服务,而不同的服务产品提供者具有各不相同的个别劳动时间。这种差异引起市场竞争,最终形成社会必要劳动时间,从而决定服务产品的国际价值。

第二,创新型服务产品国际价值量的决定。科学发明、建筑设计等服务首次反映人类以前未曾认识的客观规律、表现形式等,具有不可重复性和创新性。创新型服务产品具有扩散性和共享性,其价值量由最先生产这种产品所耗费的个别劳动时间决定,这时其作为社会必要劳动时间发挥作用。一般而言,创新型服务产品是在前人和许多人同时工作的基础上获得的。这些产品的价值量,不能只依据创新者本身的劳动,还要考虑同一领域和相关领域过去和现在众多劳动者的工作。正如某些稀有商品的价值,马克思指出,“金刚石在地壳中是很稀少的,因而发现金刚石平均要花费很多劳动时间,很小一块金刚石就代表很多劳动”①。

在此,将以上分类阐释的服务产品国际价值的决定总结如下:

首先,服务产品国际价值决定是总量决定。社会必要劳动时间在既定条件下确定全社会的总需求价值,需求价值总量通过收入分配形成了消费者实际购买力,进而转化为消费者对商品的需求价值。这一转化过程是以供给价值为基础,在市场机制中完成的。两种社会必要劳动时间相互作用,表现为供给价值和需求价值共同决定服务产品国际价值的过程。

其次,服务产品国际价值由供求共同决定。这里的供求指供给价值和需求价值,而不是使用价值的供求。二者的主要区别在于前者是以价值规律为基础,反映了按比例分配社会劳动的客观要求,具有一般性、抽象性等特点;后者则是供求规律的直接体现,从物质形态反映市场上供求力量的对比消长。供给价值和需求价值共同决定服务产品的国际价值,现实中最终表现为对使用价值的供求。两种供求之间的联系可以概括为内容和形式、抽象和具体的辩证关系。

最后,服务产品国际价值以现实市场为基础,受社会再生产过程中多种因素的制约。商品价值是在生产领域形成的,排除了多种经济因素的影响,有利于揭示价值的本质。国际价值主要解决价值量的决定问题,需要从抽象上升到具体,分析社会经济活动即商品经济条件下的市场活动对国际价值形成的影响,比如社会资源的配置、国民收入的分配及市场功能

① 马克思、恩格斯,《马克思恩格斯全集》第23卷,人民出版社,1979年,第157页。

等,都在一定程度上对国际价值的决定产生影响。

四、服务产品的国际价格

国际价格是国际价值的货币表现,取决于商品的国际价值和货币价值,其变动受国际价值规律的支配。服务产品的国际价格和其他商品一样,指在一定条件下形成的世界市场上实际交易所依据的价格。另外,随着供求、垄断和竞争等一系列因素的变化,服务产品的国际价格会受到不同程度的影响。

(一) 国际价值是国际价格的基础

国际价值决定国际价格的形成,制约着国际价格的长期变化。当新产品出现于国际市场时,没有进行社会化大生产,尚未通过充分竞争缩短社会必要劳动时间,耗费的国际社会必要劳动时间较多,包含的国际价值量较高,国际价格表现较为昂贵。随着劳动生产率的提高和产量上升,或服务提供者数量增加,商品的国际价值会逐步降低,价格下跌。国际价值是国际价格变动的轴心。当供求平衡时,商品的国际价格同国际价值一致;当国际市场出现短缺、供不应求时,国际价格背离国际价值而上升;当国际市场出现过剩、供过于求时,国际价格降低到国际价值以下。供求影响商品价格的上下波动,价格变动又会反过来影响商品的供给和需求,供求逐渐趋于平衡,从而使国际价格长期来看趋于国际价值。

在不完全竞争条件下,国际价格容易背离国际价值。但是,垄断不能排除竞争,只能与其并存,且在一定程度上使竞争更为激烈,所以国际价格不会长期背离国际价值。国际价格始终受到价值规律的支配,以至于国际价格与国际价值趋于一致。

(二) 货币价值是影响国际价格的基本要素

国际价格是国际价值的货币表现。国际价格的变动,不仅决定于国际价值,还依赖于货币价值。马克思指出,商品价格只有在货币价值不变、商品价值提高时,或在商品价值不变、货币价值降低时,才会普遍提高。反之,商品价格只有在货币价值不变、商品价值降低时,或在商品价值不变、货币价值提高时,才会普遍降低。金本位制条件下,商品的价格既可以在商品价值变化的影响下上升或下降,也可以在黄金价格的影响下上升或下降。在商品价值不变的情况下,价格会随黄金价值的升降成反比例变动。黄金价值下降,商品价格就提高;黄金价值提高,商品价格就下降。例如,15 世纪末和 16 世纪初地理大发现以后,西班牙殖民主义者在中南美洲抢劫金银和驱使当地土著人采掘金矿,葡萄牙殖民主义者在东方和西非以欺诈和暴力掠夺巨额黄金,大量廉价的黄金源源不断地流入欧洲,引起物价上涨。

(三) 供求关系直接影响国际价格

商品供求是引起国际价格变化的直接原因,其对国际价格的影响包括以下几种情况:

(1) 当供给急剧增加而需求不变时,国际价格下跌。当商品供给有利可图时,生产者增加生产,扩大市场供应,可能导致生产过剩。市场表现为供过于求,造成价格下跌。供求关系直接影响着服务产品的价格变动,虽然服务产品不具有可贮存性等特点,但相对过剩的生产能力与不足的需求相比,同样使买方在竞争中处于有利地位,引起服务产品的国际价格下跌。

(2) 当供给减少而需求不变时,国际价格上涨。当商品生产成本增加,或其他原因导致利润减少时,生产者缩小规模,可能出现商品短缺。市场表现为供不应求,造成价格上涨。另外,当需求扩大而供给不变时,国际价格也会上涨。买方竞争容易使消费者愿意以更高的价格购买所需商品,引起需求扩张,刺激价格上涨。

(3) 当供给和需求同时增加时,如果供给增加的程度大于需求增加的程度,国际价格下跌;如果需求增加的程度大于供给增加的程度,国际价格上涨。相反,当供给和需求同时减少时,如果供给减少的程度大于需求减少的程度,国际价格上涨;如果需求减少的程度大于供给减少的程度,国际价格下跌。

以上供给和需求的价格弹性理论虽然是在分析实物产品的基础上提出的,但其一般理论分析对认识服务产品的国际价格变动同样具有重要意义。

重要概念

服务产品的供给价值　服务产品的需求价值　重复型服务产品　创新型服务产品

思考题

1. 试述服务的使用价值及其一般特征。
2. 服务劳动创造价值吗？为什么？
3. 阐述服务产品国际价值的形成过程。
4. 服务产品的国际价格是如何决定的？

课后阅读材料

[1]《马克思恩格斯全集》,第 23 卷,人民出版社,1972 年。
[2]《马克思恩格斯全集》,第 46 卷上,人民出版社,1979 年。
[3] 马克思,《政治经济学批判大纲(第二分册)》,人民出版社,1978 年。
[4] 钱伯海,《社会劳动价值论》,中国经济出版社,1997 年。
[5] 中共中央党校研究室,《28 位专家学者谈劳动价值论的再认识》,中共中央党校出

版社,2001 年。

[6] Baumol, W. J., Productivity policy and the service sector, in R. Inman (ed.) *Managing the Service Economy: Prospects and Problems*, Cambridge University Press, 1985, pp. 41—66.

第四章

贸易理论与国际服务贸易

引导案例

2007年1月,中国和东盟签署了中国东盟自由贸易区《服务贸易协议》。在该协议中,中国和东盟10国在WTO承诺的基础上,根据各自服务贸易发展特点、服务部门的比较优势以及国际竞争力,按照《服务贸易总协定》(GATS)的服务贸易分类做出了开放服务市场的第一批具体承诺。其中,中国选择了商务服务、建筑服务、环境服务、运输服务、休闲文化与体育服务等5个服务部门,给予东盟成员国新的开放承诺。2011年11月18日,第14次中国东盟领导人峰会在印尼巴厘岛举行。会间,中国商务部部长陈德铭代表中国政府签署了《关于实施中国东盟自贸区〈服务贸易协议〉第二批具体承诺的议定书》,进一步提升了中国东盟自贸区的服务贸易自由化水平。

当前,中国与东盟国家各自对外服务贸易以及各服务贸易部门均具有较大差异。新加坡的技术密集型、资本密集型服务的出口比重较高,金融、专利与许可证服务具有很强的比较优势,建筑服务的竞争力也较强。泰国和马来西亚的旅游业在众多服务部门中出口比重最大、竞争力最强,同时泰国还把海上航运业作为投资的奖励对象。菲律宾的建筑和通信服务的比较优势极大,出口竞争力很强。此外,印度尼西亚、马来西亚等国家以依托自然资源禀赋的初级产品和服务出口为主。

中国东盟自由贸易区《服务贸易协议》签署五年来，各具优势的中国与东盟双边服务贸易迅猛发展，服务贸易总额从2007年的179亿美元增长至2011年的348亿美元，这是否意味着诸如比较优势理论等传统贸易理论也适用于服务贸易？本章就将探讨贸易理论对服务贸易的适用性及其理论演化。

学习目标

- 了解绝对优势理论在服务贸易领域的演化
- 掌握比较优势理论对服务贸易的适用性
- 应用要素禀赋理论解释服务贸易

众所周知，传统贸易理论[①]的研究对象仅限于货物贸易，无论是亚当·斯密的绝对优势理论、大卫·李嘉图的比较优势理论，还是赫克歇尔与俄林的要素禀赋理论，模型的基本假设和主要结论完全基于货物商品的国际交换，没有考虑服务这种特殊商品在国家间的流动。20世纪70年代以来，服务贸易迅猛发展，逐渐成为国际贸易的主要内容，这从客观上要求必须将服务贸易纳入国际贸易理论的研究视野，通过建立服务贸易的全新理论或者检验传统贸易理论对服务贸易的适用性，使服务贸易领域的理论发展跟上实践的脚步。

其中，传统的货物贸易理论对服务贸易的适用性问题最为引人关注，逐渐形成以下三种代表性观点：

第一种观点，服务贸易与货物贸易并无本质区别，传统贸易理论可以适用服务贸易。萨皮尔等(1981)针对货运、客运和其他服务的经验分析认为，传统贸易理论适用于服务贸易，要素禀赋在服务贸易模式的决定中依然起着重要作用。辛德利等(1984)指出，比较优势理论在逻辑上有能力超越服务贸易和货物贸易的差别。理查德·库伯(1988)则坚定地认为，"作为一个简单的思想，比较优势论是普遍有效的……对比较优势理论的依赖基于一个简单的命题，即每个团体专注的共同利益正是自身效率更高的那项活动带来的。这个命题总是有效的，试图解释各个团体所拥有的比较优势结构的不同理论确实存在。正如存在于商品生产中那样，比较优势也存在于服务业中"。

第二种观点，传统货物贸易理论完全不适用，也不可能适用于服务贸易。迪克等(1979)

① 这里所指的传统贸易理论，包括绝对优势理论和比较优势理论为代表的古典贸易理论以及要素禀赋理论及其扩展模型为代表的新古典贸易理论。

利用显性比较优势指数分析要素禀赋对服务贸易的影响，认为货物贸易理论提出的比较优势和要素禀赋不能决定服务贸易。此外，桑普森和斯内普（1985）提出，由于国际服务贸易不能满足货物贸易理论的假设前提，传统贸易理论不足以解释服务贸易。希尔（1977）则从度量的角度指出，生产者和消费者均可对交易做出贡献，而且“与商品生产相比，服务生产者的改变与消费者是一体的……基本‘投入’不断为消费者所拥有”。所以，把比较优势理论应用于服务贸易，存在明显的度量问题。

第三种观点，当前国际经济学界的多数学者认为，传统贸易理论的合理内核可以解释服务贸易，但必须经过一定的改良，才能使之完全适用于服务贸易。在此方面出现众多服务贸易理论模型，比如迪尔道夫（1985）、桑普森和斯内普（1985）、塔克和森德伯格（1988）、伯格斯（1990）等。

第一节　绝对优势理论与国际服务贸易

一、绝对优势理论的基本内容

亚当·斯密在其《国民财富的性质和原因研究》中提出了绝对优势理论，用以解释国际贸易的动因。

绝对优势，是指在某一商品的生产上，一国的劳动生产率（生产 1 单位商品耗费的时间）高于另一国，该国在这种商品的生产上具有绝对优势。绝对优势理论的基本内容是：每个国家都拥有生产某种商品的绝对优势，如果它们都按照自己的绝对优势专业化分工和生产，然后进行交换，则对所有国家都是有利的。

假定世界上仅有两个国家：美国和英国，两国均生产小麦和布匹。在未发生贸易时，两国都要生产这两种产品以满足国内需要。

从表 4-1 可以看出，美国在小麦生产上拥有绝对优势，英国在布匹生产上拥有绝对优势。按照绝对优势理论，美国专门生产小麦，英国专门生产布匹。

表 4-1　分工前的两国生产

	小麦		布匹	
	劳动小时数	产量	劳动小时数	产量
美国	100	120 吨	100	100 匹
英国	150	120 吨	50	100 匹

进行如表 4-2 的分工生产后，两国交换小麦和布匹，用以满足各自国内对两种商品的需要。美国以 120 吨小麦与英国的 200 匹布交换，双方都能获得额外的好处。国际贸易和专

业化分工为整体带来了收益增加。

表 4-2　分工后的两国生产

	小　麦		布　匹	
	劳动小时数	产　量	劳动小时数	产　量
美国	200	240 吨	0	0
英国	0	0	200	400 匹

绝对优势理论第一次从劳动价值论的视角阐述了国际贸易发生的基础和动因，指明了贸易双方通过分工和交换达到双赢的理论依据。但是，绝对优势理论存在一定局限，该理论成立的前提在于各国都应至少在一种商品上占据绝对优势。不过，经济发展水平相差巨大的两个国家之间，很可能其中一国的所有商品都占据绝对优势。这种情形下，按照绝对优势理论，不会发生贸易。尽管如此，亚当·斯密看到了贸易双方能够通过分工和交换获得最终资源配置的帕累托改进，这无疑是对国际贸易行为理解的巨大进步。

二、绝对优势理论在服务贸易领域的演化

绝对优势理论在服务贸易理论发展演化的过程中，并没有扮演显著的角色。究其原因，是绝对优势理论的局限性使得当大卫·李嘉图提出比较优势理论以后，人们便较少单独应用其解释国际贸易发生的动因。但是，这并不意味着绝对优势理论与国际服务贸易没有关系。斯密认为，贸易双方各自至少存在某种绝对优势，这种观点符合服务贸易的许多现实情形。特别是 20 世纪 80 年代以后，以杨小凯等为代表的新兴古典经济学者，利用超边际分析方法，将斯密的分工理论与科斯的交易费用理论结合起来，阐述了分工在国际贸易乃至整个经济发展过程中的关键作用，肯定了斯密绝对优势理论的合理性。这些工作无疑使绝对优势理论重获新生，也当然影响到服务贸易理论的创建和发展。

假定世界上仅有两个国家——美国和英国，两国都提供教育和医疗两种服务。未发生贸易时，两国必须提供这两种服务以满足国内需要。以服务提供者人数衡量服务量，如表 4-3 所示。

表 4-3　分工前的两国服务提供

	教　育		医　疗	
	劳动小时数	服务量	劳动小时数	服务量
美国	100	200 000	100	300 000
英国	150	200 000	50	300 000

美国在提供教育服务方面拥有绝对优势，英国在提供医疗服务方面拥有绝对优势。运

用绝对优势理论解释服务贸易，两国形成国际分工：美国专门提供教育服务，英国专门提供医疗服务。分工后的服务提供情况如表4-4所示。

表4-4　分工后的两国服务提供

	教育		医疗	
	劳动小时数	服务量	劳动小时数	服务量
美国	200	400 000	0	0
英国	0	0	200	1 200 000

分工提供两种服务后，两国交换教育和医疗服务，用以满足国内需要。美国向英国提供能够满足200 000人需要的教育服务，与之交换的是英国能够满足600 000人的医疗服务，双方都得到了好处。所以，服务产品的分工和交换也为整体带来了收益增加。

以上情形相对于货物贸易的实例而言更缺乏事实基础，服务的跨国流动存在许多隐性成本，并非简单的产品交换就能达成，这也是服务贸易理论不能照搬传统贸易理论的重要原因之一。但是，从这个简单例子可以看出，绝对优势理论的思想和逻辑内核，对于解释两国各有一种服务提供占优的情形，仍然存在合理性。

第二节　比较优势理论与国际服务贸易

一、比较优势理论产生的背景

18世纪末和19世纪初，英国人口急剧增加，工业迅速发展，随之产生对粮食的强烈需求，英国从粮食出口国转变为进口国。英法战争期间，拿破仑对英国的封锁一度造成英国粮食进口中断，引起其国内的极大恐慌。1815年战争刚刚结束，英国政府便颁布《谷物法》，规定国内小麦价格必须高于一定水平时才允许进口，意图保护国内农业发展、保障粮食安全。《谷物法》实施后不久，英国粮食价格高涨，地租猛增，地主贵族成为主要受益者，工厂企业主却损失惨重。于是，围绕《谷物法》存废问题的激烈辩论随即展开。大卫·李嘉图参与了这场辩论，其比较优势思想也在此过程中渐渐形成。

1815年，李嘉图发表"论低价谷物对资本利润的影响"一文，指出《谷物法》限制了谷物的自由进口，导致谷物价格上涨，压缩工业企业的利润空间，影响国民经济持续发展。应该采取自由贸易政策，平抑谷价，确保工业利润增长和国家繁荣。1817年在其代表作《政治经济学及赋税原理》一书中，李嘉图进一步阐述了实行自由贸易的好处，提出了比较优势理论。

二、比较优势理论的基本内容

比较优势理论的基本内容可以概括为“两优相权取其重,两劣相权取其轻”。处于完全绝对优势的国家应集中力量生产优势较大的产品,处于完全绝对劣势的国家应集中力量生产劣势较小的产品,然后通过交换各自获得好处。

假定世界上仅有两个国家:中国和美国;两种商品:服装和饮料;一种投入要素:劳动,这些构成一个典型的2×2×1模型分析框架。进一步地,中国有1 000个工人,生产1套服装需要两个工人,生产1箱饮料需要5个工人;美国有200个工人,生产1套服装需要1个工人,生产1箱饮料需要0.5个工人。由此,中国和美国的劳动生产率如表4-5所示。

表4-5　中国和美国的劳动生产率

	中国	美国
服装(套/人)	1/2	1
饮料(箱/人)	1/5	2

可以看出,美国在两种产品的生产上都占据绝对优势,中国在两种产品的生产上都占据绝对劣势。那么,国际贸易是否还会给中美两国带来好处呢?

比较优势理论认为,即使在以上情形下,中美两国专业化生产各自占据比较优势的产品,然后通过交换仍然能够获得贸易利益。自由贸易条件下,中国专业化生产500套服装,以1套服装=0.8箱饮料的国际价格和美国交换所需饮料。此时,中国利用250套服装换取200箱饮料,相比于未进行贸易时的250套服装和100箱饮料,中国的福利明显增进了。同样,美国专业化生产400箱饮料,以200箱饮料换取中国250套服装,相比于未进行贸易时的100套服装和200箱饮料,美国的福利也明显增进了。专业化分工和交换为双方和整体带来了收益增加。

比较优势理论表明,即使在所有产品生产上都处于绝对劣势,也可以进行国际贸易获得福利增进,条件是绝对劣势并非在所有产品生产上的程度都相同。比较优势理论把国际贸易的研究从流通领域延伸到生产领域,指明了贸易理论分析的前进方向,其重要贡献使之成为传统贸易理论的核心和新贸易理论的起点。

三、比较优势理论在服务贸易领域的演化

如前所述,对于比较优势理论是否适用于国际服务贸易,至今仍有许多争论。在诸多针对比较优势思想普适性的理论和实证分析中,学者们发展出基于比较优势理论的服务贸易模型,比较优势思想开始伴随国际服务贸易理论的进展而不断演化。

（一）迪尔道夫模型

迪尔道夫(1985)构建出传统2×2×2(两个国家、两种要素、一种货物、一种服务)模型，考察比较优势理论是否能够用于解释国际服务贸易。迪尔道夫在模型中将服务贸易分为作为货物贸易补充的服务贸易、有关要素流动的服务贸易和含有稀缺要素的服务贸易三类，分别讨论了各类服务贸易中比较优势理论的发展演化。

(1) 作为货物贸易补充的服务贸易。通过比较封闭经济、自由贸易和半封闭经济条件下最大化利润时的市场均衡状态，比较优势理论同样适用于服务贸易。

(2) 有关要素流动的服务贸易。由于要素流动本身符合比较优势理论的描述，这类服务贸易自然可以通过比较优势理论加以解释。

(3) 含有稀缺要素的服务贸易。如管理、研究开发等人力资源要素一旦进入对外贸易，则类似公共物品无法定价，且具有非竞争性①，难以适用比较优势理论。

迪尔道夫模型一经提出便受到质疑。梅尔文(1987)认为迪尔道夫"没有认真区分服务贸易与用一种进口服务作为投入的国内生产之间的差异"。迪尔道夫的主要观点均是从适合商品贸易的标准模型(两个国家、两种要素、两种商品)出发，同时这些要素服务能和服务交换，先验地把比较优势思想的内核植入服务贸易。此外，在资本密集型商品可贸易且资本成为流动要素的情况下，资本丰裕国家出口大量资本服务换取资本密集型产品进口，本身有利于世界资源的合理配置，仅以收益最大化就可证明贸易的结构和形式，这显然不能说明比较优势理论适于解释服务贸易的发展规律。

（二）德杰克与凯茨考斯基模型

德杰克与凯茨考斯基(1989)提出了按要素密集度划分的服务分类，他们通过两国模型验证了比较优势理论在服务贸易领域的适用性。

德杰克与凯茨考斯基考察了三种不同要素密集度的情形：情形1为服务要素密集度高于劳动密集型产品，且劳动密集型产品的要素密集度高于资本密集型产品；情形2为资本密集型产品的要素密集度高于服务，且服务要素密集度高于劳动密集型产品；情形3为服务要素密集度高于资本密集型产品，且资本密集型产品的要素密集度高于劳动密集型产品。三种情形下，资本丰裕国家的贸易结构虽然与比较优势理论描述的不完全相同，但如果结合三种情形对应的要素密集度可以发现，国际贸易仍然按照各国的要素优势进行。例如，进行服务贸易时，情形1和3完全遵循比较优势理论，情形2表面上违背了比较优势理论，但由于服务的要素密集度介于资本密集型产品和劳动密集型产品之间，选择出口服务本质上也是

---

① 纯公共物品同时具有非排他性和非竞争性。非排他性指物品的使用不排除他人使用的权利；非竞争性指别人使用该物品不会降低自己使用这种物品的效用。

遵循比较优势理论出口占优产品。德杰克与凯茨考斯基已经间接地用模型证明,经过简单的修正,比较优势理论同样适用于服务贸易。见表4-6。

表4-6 两国贸易的情形

	情形1	情形2	情形3
只允许货物贸易时,资本丰裕国家的贸易结构	出口N 进口D	出口D 进口N	出口D 进口N
当允许服务贸易时,资本丰裕国家的贸易结构	出口N 进口D 进口F	出口D 出口F 进口N	出口N 进口D 进口F

注:D代表劳动密集型产品,N代表资本密集型产品,F代表服务。

在德杰克与凯茨考斯基的研究中,假定服务和商品一样能够明确界定要素密集度,显然存在不合理性。无形服务有时很难用对待商品的方法去衡量它们属于哪种要素密集型产品。不过,该模型从严格的数理逻辑角度,提出了服务贸易类似于商品贸易的交易机制,这为进一步研究比较优势理论对服务贸易的适用性提供了新的思路。

(三)服务价格国际差异模型

利用比较优势理论,探讨服务贸易中服务的价格如何决定,是比较优势理论在服务贸易领域发展演化的典型代表。传统贸易理论中,由于贸易双方的优势要么体现在劳动生产率上(如绝对优势理论和比较优势理论),要么体现在国家的要素禀赋上(如要素禀赋理论),作为研究对象的商品,贸易价格比较容易确定。如果比较优势理论确实能够很好地解释服务贸易,必然存在基于比较优势的服务价格决定机制。

克拉维斯(1984)的研究指出,一个典型穷国比富国的服务价格显得更低。各国贸易品行业的工资因生产率的差别而不尽相同,由于各国贸易品行业的工资率决定非贸易品(主要是服务)的工资率,而且服务行业的国际生产率相对较小,穷国的低生产率贸易品行业的低工资,运用于生产率相对于富国并不低的服务和其他非贸易品行业,结果导致低收入国家或地区的服务和其他非贸易品的低价格。克拉维斯有关各国非贸易品行业生产率相等的理论假设是其服务价格差异决定模型的严重缺陷,巴格瓦蒂(1984)正是认识到这一点,巧妙地绕开了生产率差异的问题,提出了新的理论模型。他假定富国和穷国行业之间不存在生产率上的差异,具有相同的生产函数。在两者具有相同的工资—租金比,且穷国的劳动力资源相对较为丰裕的基础上,与克拉维斯的结论相同,穷国的工资率是低于富国的。其实,虽然巴格瓦蒂的研究较以往的确更进了一步,但与现代服务业由资本、技术要素主导的现实情况相比,存在一定脱节。重新假定服务生产存在于资本、技术要素密集型行业,运用同样的论证方法,可以毫不费力地解释富国资本密集型服务价格较低的原因。综合来看,经过修正的巴格瓦蒂的服务价格国际差异模型,可以成为较好的服务贸易比较优势的基本理论框架。

（四）生产区段和服务链理论

对服务产品生产过程的剖析,对于发展服务贸易理论具有重要意义。随着科技进步和分工的深化,服务产品的生产过程经常分散在不同地点,导致对服务链需求的增加。琼斯和凯茨考斯基(1986)分析企业产出水平提高、收益增加和要素分工的关系,研究促使企业转向通过服务链联结各个分散生产区段的新型生产方式。他们指出,一系列协调、管理、运输和金融服务组成服务链,当对国际服务链的需求明显上升的时候,国际服务贸易将会发生。

如果假定世界市场上交换的都是最终产品,那么即使一国在某种商品上具有总体比较优势,也可能并非在国内每个生产区段和服务链的成本都比较低。为了追求效率,企业将在国内和国际分散生产。这里必须涉及对服务产品生产区段的讨论。在此,可以遵循两种不同的路径:一是比较优势理论,二是要素禀赋理论。以比较优势理论为基础,假定本国建立两个生产区段,国内边际劳动投入系数为 a_{L1},国外投入系数为 a_{L1}^*,两个区段的产品按照 1:1 的比例组装成最终产品,在所有环节中生产的固定成本相同。没有中间品贸易的情况下,本国在固定成本上拥有生产该产品的比较优势,以 w 和 w^* 表示两国工资率,

$$\frac{a_{L1}^* + a_{L2}^*}{a_{L1} + a_{L2}} > \frac{w}{w^*} \tag{4-1}$$

如果本国的比较优势在第一个生产区段,外国在第二个生产区段,(4-1)式可写作:

$$\frac{a_{L1}^*}{a_{L1}} > \frac{w}{w^*} > \frac{a_{L2}^*}{a_{L2}} \tag{4-2}$$

外国在第二个区段生产,将降低边际成本并因此获益。如果实施这种生产的合理配置,需要扩大生产规模,使得降低的可变成本小于利用国际服务链额外增加的成本。

（五）技术比较优势模型

诺德斯(2010)利用 OECD 国家的投入产出表,研究货物与服务在生产和贸易方面的内在联系。在其构建的技术比较优势模型中,通过使用投入—产出数据,计算产品生产和贸易过程中,服务作为直接投入和间接投入的比重,确定货物与服务之间的投入产出关系。他指出,知识和技能的差异引起货物和服务的比较优势,从而促进贸易。而当各国提供服务的技术和产业组织技能存在差距的时候,服务贸易中的技术比较优势就此形成。

具体地,诺德斯建立了两个国家、一种生产要素、多个生产部门和多个服务中间品的数理模型,分别从服务中间品与生产要素互补和替代两种假设出发,描述国家间存在技术差异条件下,如何进行货物贸易和服务贸易。第一,如果贸易一方在组织技能方面具有明显优势,将在服务密集型和技术密集型产品生产上拥有比较优势,且获得比在自由贸易条件下更

大的贸易利益;第二,如果服务市场关闭,大国或拥有更高生产率的服务行业所在国家将在服务密集型产品方面拥有比较优势,不过全球自由贸易后,这种比较优势会因别国赶超而逐渐消失。

技术比较优势模型认为,具有更先进组织技能的国家,容易在货物贸易和服务贸易上获得比较优势,但这种基于技术技能的比较优势会随着贸易自由化的发展而丧失。技术比较优势模型从投入—产出数据出发,检验了技术技能对比较优势的决定作用,论证了技术差异和组织技能差异是服务贸易比较优势的源泉,使比较优势理论对服务贸易的适用性研究有了现实数据基础。

(六) 时区差异模型

菊赤彻和岩佐(2010)通过经典的两国贸易模型,分析基于时区差异的比较优势,以及由时区差异决定的贸易格局。

服务贸易的时区差异模型,基本假设前提是两国厂商面临垄断竞争的服务市场,其将运输成本引入比较优势理论框架,考察比较优势产生的地理原因及其对服务贸易的影响。时区差异模型的主要贡献在于从运输成本的角度揭示了服务产品生产的比较优势,指出服务比较优势源于时区差异带来的服务传递方面的优势差异。以往,比较优势理论应用于服务贸易受到的主要质疑之一就是如何明确服务比较优势产生的基础,时区差异模型做出了有力回应,即运输成本差异可以作为服务比较优势产生的基础。

(七) 其他学者的研究

雷伊(1991)对发展中国家对外服务贸易进行历史数据的实证分析,指出发展中国家应专业化提供劳动密集型和低技术水平的服务,而后与发达国家展开服务交易,这种模式最有利于世界服务贸易的发展。雷伊的研究结论暗指比较优势思想在理论和现实中完全适用于服务贸易。

巴格瓦蒂(1989)在针对多边贸易谈判中的服务贸易研究中提出,乌拉圭回合中,发达国家和发展中国家的分歧,较为集中的是有关服务进出口管制的问题。发展中国家在某些服务业部门拥有比较优势,或者相比货物贸易其在服务贸易方面的劣势较小。发展中国家可以通过在比较优势服务业部门的谈判退让换取发达国家在货物贸易部门的政策优惠,从而达到帕累托改进。

巴格瓦蒂还借此提出,比较优势理论固然能够解释贸易的动因,但对一国而言比较优势并非一成不变。长期来看,比较优势的变迁依赖于国家内生经济发展和结构变化。短期内,经济学家和发展中国家更关心是否存在外生的方法迅速改变比较优势。巴格瓦蒂认为,比较优势可由适当的贸易政策加以改善。例如,发展中国家通过在比较优势服务业部门的贸易自由化换取发达国家在货物贸易部门的政策优惠,就相当于增强发展中国家的货物贸易比较优势。这种政策变动相对经济发展和结构优化显然更加立竿见影。

弗雷德和温赫尔德(2002)探讨国际服务贸易和互联网之间的关系,实证检验了互联网的广泛使用对美国服务出口的推动作用。他们指出,贸易的动因在于贸易利得,贸易双方当然选择最具"生产力"的产品和服务进行交换,国际服务贸易中仍然处处体现比较优势理论所阐述的规律。

克里斯托(2003)在其服务贸易自由化研究中强调,遵循比较优势的服务贸易最易获得贸易自由化的效果,不仅服务贸易的运动规律可以运用比较优势理论进行分析,而且传统贸易理论也应成为研究服务贸易自由化问题的工具。

李、莫什里安和西姆(2003)讨论了保险服务业中的产业内贸易决定因素,明确指出保险服务业中的产业内贸易依然遵循基于比较优势的产业内贸易理论。相比克里斯托,他们更注重经验分析方法,实证检验了比较优势理论对保险服务贸易的适用性。

综上,对比较优势理论适用于服务贸易的研究,归根到底是探索服务贸易比较优势的形成和作用。传统贸易理论之所以对货物贸易具有较强解释能力,关键在于通过生产要素分析明确比较优势以及商品之间的差异。比较优势理论适用于服务贸易,须首要解决服务比较优势的决定问题。现有研究基本沿着两条不同路径展开:第一,考察服务的微观属性和厂商行为,将服务和货物商品的比较优势统一起来,如迪尔道夫模型和德杰克与凯茨考斯基模型;第二,摒弃衡量货物商品比较优势的标准,从服务的特性出发,利用差异化方法揭示服务商品生产的各自比较优势,如技术比较优势模型和时区差异模型。

事实上,要找到与货物商品统一的衡量服务比较优势的理论和方法并不容易。更多坚持传统贸易理论适用于服务贸易的学者们转而把目光投向要素禀赋理论,因为该理论是基于产品生产的要素特征,其对于货物和服务没有本质区别。

第三节　要素禀赋理论与国际服务贸易

一、要素禀赋理论的基本内容

要素禀赋理论既包括标准的赫克歇尔—俄林模型(H-O 模型),也包括一系列在 H-O 模型基础上建立发展的扩展模型。

(一) 标准 H-O 模型

在两个国家、两种商品和两种要素,即 2×2×2 模型框架下,假定世界上仅有两个国家:

中国和美国;两种商品:服装和饮料;两种要素:劳动和资本。长期而言,生产要素可以在不同生产部门之间自由流动。生产两种商品需要同时投入两种生产要素,但两种商品对两种要素的使用程度不同。K_X 和 L_X 分别表示生产服装使用的资本和劳动,K_Y 和 L_Y 分别表示生产饮料使用的资本和劳动。

假定 1:$K_X/L_X < K_Y/L_Y$,服装为劳动密集型商品,饮料为资本密集型商品。

假定 2:$K_{CH}/L_{CH} < K_{US}/L_{US}$,中国为劳动要素丰裕国家,美国为资本要素丰裕国家。

如果中国和美国自由贸易,劳动力丰裕的中国服装生产量多于消费量,多余的部分出口到美国;资本丰裕的美国饮料生产量多于消费量,多余的部分出口到中国。换句话说,劳动力丰裕的中国出口劳动密集型的服装,资本丰裕的美国出口资本密集型的饮料。

H-O 定理:国家间要素禀赋是不同的。在自由贸易背景下,一国会出口密集使用其丰裕要素的商品,进口密集使用其稀缺要素的商品。国家贸易使双方都获得好处。

(二) 对 H-O 模型的扩展

1. 斯图尔珀-萨缪尔森定理(S-S 定理)

在 H-O 模型基础上,斯图尔珀和萨缪尔森(1941)进一步分析了关税对国内生产要素价格的影响,并将研究成果扩大到国际贸易对国内收入分配的影响。

S-S 定理:一种商品的相对价格上升,将导致该商品密集使用的生产要素实际报酬或实际价格提高,而另一种生产要素的实际报酬或实际价格下降。

按照 S-S 定理,关税提高受保护商品的相对价格,会增加该商品密集使用的要素的收入。如果关税保护的是劳动密集型商品,则劳动要素的收入趋于增加;如果关税保护的是资本密集型商品,则资本要素的收入趋于增加。这表明,国际贸易虽然能提高整个国家的福利水平,但并非对每一个人有利,在一部分人收入增加的同时,另一部分人的利益受损了。国际贸易会对一国收入分配格局产生实质性影响,这也是有人反对自由贸易的原因。

2. 罗布津斯基定理

H-O 模型建立在一国拥有的要素总量固定不变的基础上,罗布津斯基(1955)探讨了在商品相对价格不变的条件下,一国要素数量的变化对生产的影响,即商品价格不变时,一种要素供给的增加将导致密集使用该要素的商品更大比例地增加产出,同时减少其他商品的产出。

罗布津斯基定理:在商品相对价格不变的条件下,一种要素禀赋的增加会导致密集使用该要素的商品部门生产扩张,而密集使用另一要素的商品部门生产下降。

3. 赫克歇尔—俄林—萨缪尔森定理(H-O-S 定理)

萨缪尔森(1948)在 H-O 模型的基础上考察了国际贸易对商品相对价格和生产要素价

格的影响，论证了自由贸易引起国家间要素价格的均等化。他认为，在完全竞争和技术不变时，商品价格等于其边际成本，由要素投入的数量和价格决定。国际贸易改变了商品相对价格，也将改变要素的相对价格，自由贸易最终带来同质要素相对和绝对价格的均等。H-O-S定理也被称为要素价格均等化定理。

二、要素禀赋理论在服务贸易领域的演化

本质上，要素禀赋理论的核心是把比较优势从李嘉图的劳动小时数衡量法转化为H-O模型的要素禀赋衡量法，更加接近于商品的内涵。要素禀赋理论中的比较优势就是国家间在生产要素方面的供给差异，只要一国要素禀赋不发生逆转，其贸易结构和模式就能确定且不会改变。传统贸易理论中，基于要素禀赋理论的服务贸易理论研究最为丰富，学者们从各自角度对要素禀赋理论进行修正和扩展，借以解释服务贸易的基础和动因。

（一）萨格瑞模型

根据H-O-S定理，在要素价格均等化和各国投入产出模型相同时，要素禀赋与国际贸易的关系可以表示为

$$T_j = A^{-1}(E_j - EW_j) \tag{4-3}$$

其中 T_j 表示 j 国商品的净出口向量；A 表示投入矩阵；E_j 表示 j 国要素禀赋向量；$E = \Sigma_j E_j$，$W_j = (Y_j - B_j)Y$，Y_j 表示 j 国的GDP；B_j 表示 j 国商品进出口差额；$Y = \Sigma_j Y_j$。

萨格瑞(1992)将技术差异引入要素禀赋理论，用以分析国际金融服务贸易比较优势的来源。他将(4-3)式中的 T_j 和 B_j 重新定义，T_j 表示 j 国商品和服务净出口向量，B_j 表示 j 国商品和服务的国际收支，

$$T_j = (A^{-1} - QW/Y)E_j + B_jQ/Y \tag{4-4}$$

其中 Q 表示世界商品和服务产量，W 表示生产要素的世界价格，$(A^{-1} - QW/Y)E_j$ 表示要素禀赋，B_jQ/Y 反映收支平衡对进出口的影响。

如果在(4-4)式中引入金融服务贸易，可作如下表示：

$$TF_j = \Sigma_n b_n E_{nj} + b_{n+1}B_j \tag{4-5}$$

其中，b_n 是对应于服务$(A^{-1} - QW/Y)E_j$ 矩阵的第 n 列，b_{n+1} 是世界产出与收入之比。在要素价格均等化情形下，不同国家的 b_n 相等，但 b_{n+1} 不同。所以，国家间技术差异不仅存在，而且日益成为服务贸易的主要内容。如果放松不同国家技术相近的假设，技术差异将导致所有投入要素成比例地节约。上述模型间的差异在于要素禀赋及其跨国流动需根据各国技术发展阶段作相应调整。

总之，萨格瑞将技术差异导入H-O-S框架，借以分析国际服务贸易，在一定程度上克服

了该理论假定技术要素无差别且相对不变带来的局限性,使修正后的模型更加符合国际服务贸易的现实特征。

（二）梅尔文模型

梅尔文(1989)构建了两个国家、两种要素和一种商品、一种资本密集型服务的 2×2×2 模型框架,并指出属于不同范畴的货物和服务未必需要不同的理论模型。他首先界定了服务贸易究竟交易什么,为此,考察下列四种情形。

给定生产函数 $Y=F(X_1,X_2)$,对 Y、X_1、X_2 分别赋予如表 4-7 的各种含义。比较前两种贸易情形。情形 1:美国投入资本,在加拿大利用当地的劳动力生产汽车,这是典型的投资而非贸易行为,当然更不是服务贸易;情形 2:将美国投入资本替换为美国提供管理服务,美国出口服务而非投资;情形 3:美国理发师在加拿大提供理发服务,美国出口理发服务;情形 4:日本汽车通过加拿大的经销商在加拿大出售,加拿大进口了日本商品,某些价值增值依靠加拿大经销商在加拿大完成。

表 4-7　现实情形中的服务贸易

	Y	X_1	X_2
情形 1	在加拿大生产汽车	美国的资本	加拿大的劳动
情形 2	在加拿大出售汽车	美国的管理服务	加拿大的劳动
情形 3	在加拿大提供理发服务	美国的理发师	加拿大的理发店
情形 4	在加拿大出售日本汽车	日本的汽车	加拿大的经销商

四种情形的贸易模式几乎相同,都基于 $Y=F(X_1,X_2)$ 生产函数,且投入要素中一种本国要素,一种外国要素,但最终贸易结果却有完全不同的含义,其在仅有商品生产要素投入的货物交易中不可能出现。梅尔文指出,将货物贸易的要素禀赋理论用于解释服务贸易,必须重新界定服务贸易的生产要素。

接下来,在 2×2×2 模型中资本密集型服务既是商品的投入要素,也是独立的可贸易对象。假定劳动不能在国际流动,资本密集型服务可以自由流动,梅尔文证明了这种包含服务要素的贸易均衡与传统的货物贸易均衡相同。更进一步,如果可贸易的商品是密集使用服务要素的,那么资本密集型服务丰裕的国家,会进口密集使用资本服务要素的商品。当可贸易的商品密集使用劳动要素时,贸易模式遵循传统 H-O 模型;如果可贸易的商品密集使用服务要素,贸易模式与 H-O 模型相反,出现列昂惕夫悖论。

梅尔文还讨论了两种商品都可贸易的情形。仍然假定两种要素,资本密集型服务可以自由流动,这时一国可能出口两种货物商品中的任何一种,但资本密集型服务丰裕的国家必然出口资本服务。换句话说,即使将模型扩展到两种可贸易的货物商品,对服务而言依然遵循 H-O 模型。只要尽可能多地开放各领域贸易,服务贸易就将遵循要素禀赋理论,即服务要素丰裕的国家,出口密集使用服务要素的商品和服务本身;服务要素稀缺的国家,进口密集使用服务要素的商品和服务本身。梅尔文模型成功检验了开放在要素禀赋理论适用服务贸易中起到的关键作用。贸易自由化程度越高,服务越能像货物那样进行国际贸易。

(三) 伯格斯模型

伯格斯(1990)认为,经过修正的 H-O 模型能够适用于服务贸易,进而揭示不同国家服务提供的技术差异如何形成以及决定服务比较优势和贸易模式。

厂商是选择合约经营,还是自身提供服务,取决于服务的市场价格与要素价格孰高孰低。若前者较高,厂商就较少依赖服务部门,用于服务的支出将因要素间替代程度的不同而升降。考虑到作为各部门中间投入的服务需求,若两个部门的要素密集度与两种商品的要素密集度相反,且各国仅在服务提供技术上存在差异,那么具有技术优势的国家将获得相对昂贵的服务而非相反。另外,技术优势反映在较高的要素报酬上,这种投入成本的较高损失可能超过技术优势带来的收益,即使提供服务的技术相对低廉,也可能不会给密集使用服务的部门带来比较优势。

(1) 如果技术符合列昂惕夫条件,即投入—产出系数不受投入价格的影响,无论哪种商品密集使用服务,服务部门的中性技术进步将导致劳动密集型商品的增加和资本密集型商品的减少。

(2) 如果技术符合柯布—道格拉斯生产函数,即各部门要素分配与投入价格无关,则相对其他部门密集使用服务的部门产出将会增加。

梅尔文模型与伯格斯模型第一次将传统的 H-O 模型对应地扩展为服务贸易理论模型,而不仅仅是在 H-O 模型的基础上进行改良。他们的研究成果表明,要素禀赋理论在思想内核上能够解释国际服务贸易的运行规律和逻辑。

(四) 其他学者的研究

朗海默(1991)利用欧盟统计局的数据,实证分析服务贸易自由化的进口渗透效应,指出服务相比货物更难进入进口国市场。他认为,基于传统贸易理论的贸易结构和模式仍然符合服务贸易,但相对货物贸易,要素禀赋理论对服务贸易的适用性更不明显。

李茂和维纳伯(1999)在针对不发达地区服务贸易发展的研究中,沿用 H-O 模型阐述了这些国家服务贸易发展落后的原因在于较低的技术水平无法提供高质量的服务,而技术本身可视为一种特殊的要素禀赋。技术占优的国家显然技术要素禀赋丰裕,从而技术密集型服务的提供占据优势。他们把服务提供的技术水平作为与劳动、资本等同的投入要素,故可以直接将要素禀赋理论应用于服务贸易领域。

阿德朗(2010)提出了与如上学者不同的观点,认为医疗服务和保险服务的贸易自由化不能增进各国的福利水平。传统贸易理论似乎无法用于描述服务贸易的发展规律,无论是发达国家还是发展中国家,都应制订合理的政策适当保护本国服务业和服务贸易,提升各自的比较优势。

和比较优势理论不同,论证要素禀赋理论对服务贸易的适用性,不用寻找统一的差异衡量方法,因为要素特征对于服务和货物而言是一致的。需要解决的核心问题是,如何衡量服务的要素密集度。梅尔文模型分别考察了资本密集型服务和劳动密集型服务的贸易规律,指出开放越多的贸易领域,服务贸易就越符合要素禀赋理论,而可贸易的商品和服务究竟是资本密集型还是劳动密集型,将最终影响不同要素禀赋国家间的贸易格局。伯格斯模型提出了技术密集型服务的概念,以技术差异作为衡量服务要素密集度的标准。界定服务的要素特征,在此基础上修正传统贸易理论,已经成为当今国际贸易学界研究服务贸易理论的重要思路。

第四节 规模经济理论与国际服务贸易

传统贸易理论以其一脉相承的内容体系和完美的形式逻辑统治了国际贸易理论发展数百年,但日益复杂和鲜活的国际贸易新现象使得传统贸易理论受到质疑。例如,全球贸易的2/3以上发生在要素禀赋相似的发达国家之间,产业内贸易在国际贸易中占据了很大比重等,在这些现象面前,传统贸易理论一筹莫展。20世纪70年代末,以保罗·克鲁格曼为代表的学者们发现,国家之间即使没有比较成本差异,规模经济也会引发贸易,而且每个人都可以从享受产品多样化和由成本降低带来的低价格中获得好处。他们在以往研究的基础上,创建了一系列建立在不完全竞争市场结构中的贸易模型,称之为新贸易理论,以区别于以比较优势为核心的传统贸易理论。

一、规模经济和不完全竞争下的国际贸易

假定世界上仅有两个国家:A国和B国,都只生产一种商品:汽车。在每个国家中有人喜欢红色汽车,有人喜欢蓝色汽车。两种汽车除了颜色以外没有任何差别,生产成本相同。假定两个国家的技术水平完全相同,要素禀赋也完全相同。按照传统贸易理论,A国和B国不会发生贸易,因为不存在比较优势和劣势。如果每个国家有1000人,每人购买1辆汽车,A国和B国会各自制造500辆红色汽车和500辆蓝色汽车。传统贸易理论的关键假设是完全竞争市场中规模报酬不变,即无论产量高低,每辆车的成本(要素报酬)不变。如果规模报

酬可变,那么生产规模的大小会决定生产成本的高低,意味着大企业和小企业在竞争力上的不平等,市场不再完全竞争。图 4-1 为规模报酬不变的情况,生产 500 辆汽车和生产 1 000 辆汽车的平均成本相同。

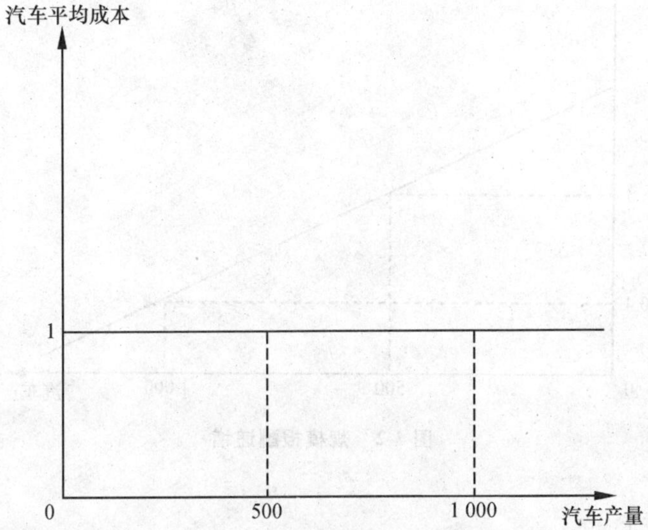

图 4-1　规模报酬不变

这里出现两个概念:规模报酬不变和边际收益递减。边际收益递减指其他生产要素数量不变时,由于某种要素投入的增加所产生的收益增加逐渐下降。规模报酬不变指在所有生产要素数量同比例增加时,收益也同比例增加,从而生产要素的平均收益不随生产成本的增加而增加。在图 4-1 中,汽车的平均成本,也就是生产要素的平均收益,不随汽车产量的变化而变化。

完全竞争市场的规模报酬不变,这个传统贸易理论的假定合乎现实吗? 只要看一看许多行业中大企业的成本优势,答案就不言自明了。现代生产技术的特征是规模报酬递增,而不是不变的。所谓规模报酬递增,是指平均成本随生产规模的扩大而下降,增加 1 单位的要素投入所产生的价值增加逐渐提高。图 4-2 显示,当生产规模为 500 辆汽车时,每辆汽车的生产成本为 1 单位要素投入。当生产规模扩大为 1 000 辆汽车时,每辆汽车的生产成本减少为 0.4 单位的要素投入。规模报酬递增又称为规模经济,随着生产规模的扩大,生产要素可以进一步专业化以提高效率,这是规模经济的主要原因。

假定生产汽车具有规模报酬递增的属性。当 A 国的 1 000 个工人一半生产红车,一半生产蓝车时,产量是 500 辆红车和 500 辆蓝车,表示为图 4-3 中生产可能性边界上的 M 点。如果 A 国的 1 000 个工人都生产红车,规模报酬不变时产量会是 1 000 辆,而存在规模经济的条

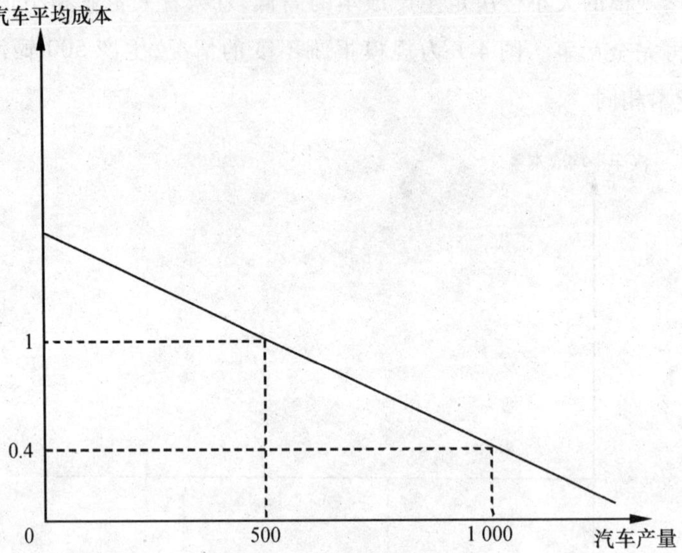

图 4-2　规模报酬递增

图 4-3　生产可能性边界

件下产量则多于 1 000 辆。假定所有工人都生产红车，产量为 2 000 辆，图 4-3 中的 *C* 点表示这种可能性。把这些生产可能性点连接起来，得到 A 国的生产可能性边界 *CD* 线，由于 B 国和 A 国完全相同，*CD* 线也是 B 国的生产可能性边界。

封闭经济情况下，*M* 点是均衡点。如前假定，在每个国家中有人喜欢红车，有人喜欢蓝车，消费者的无差异曲线和生产可能性边界相切于 *M* 点，在 *M* 点上每个国家生产 500 辆红车和 500 辆蓝车，每个人购买 1 辆汽车，红车和蓝车的比价为 1。A 国和 B 国会发生贸易吗？设想 A 国只生产红车，产量为 2 000 辆；B 国只生产蓝车，产量为 2 000 辆。贸易使得 A 国的蓝车消费者用 1 000 辆红车从 B 国换取 1 000 辆蓝车，同时 B 国的红车消费者也从中得到 1 000 辆红车。和封闭经济时每人只能购买 1 辆汽车相比，这时每人能购买 2 辆汽车。增加的汽车消费量就是贸易收益。如图 4-4 所示，连接 *C* 点和 *D* 点的直线是贸易条件下的消费可能性曲线，和 *CD* 直线相切的无差异曲线表示国际贸易均衡中每个国家消费者所获得的效用水平。显然，国际贸易提高了每个国家消费者的效用，带来了贸易收益。

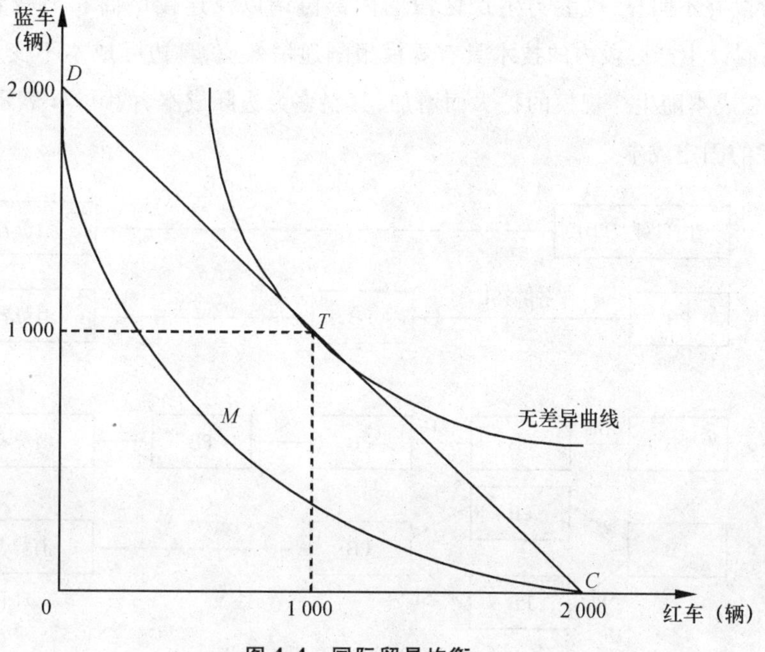

图 4-4　国际贸易均衡

为什么技术水平完全相同，要素禀赋也完全相同的两个国家还会发生贸易，而且产生贸易收益呢？根本原因在于存在规模经济。新贸易理论告诉我们：国际贸易不仅可以来源于比较优势，而且可以来源于规模经济。

二、规模经济与不完全竞争下的服务贸易

在探讨规模经济条件下服务贸易发生的基础和动因的相关文献中，代表性研究是琼斯和凯茨考斯基(1986)的生产区段和服务链理论。另外，马库森(1984)和弗兰科斯(1990)分别从服务业内部专业化和外部专业化的角度，论证了琼斯和凯茨考斯基的服务贸易规模经

济理论。

(一) 生产区段和服务链理论

埃塞尔(1979, 1982)提出,贸易国规模报酬递增体现在生产要素与产出相联系的线性生产函数中,这些生产函数通常被解释为固定成本和可变成本的组合关系。琼斯和凯茨考斯基采用这种思路分析各生产区段规模报酬递增的影响,认为生产规模的扩大受到来自国内和国外需求增长的驱动,进而提高了生产分散化水平,服务贸易或服务链正是起到促进生产区段国内外分散化的作用。

1. 服务活动的分散化

图 4-5 显示了生产过程的分散化。假设某个生产过程在同一地点完成,投入服务的作用在这一阶段并不明显,仅参与生产区段的内部协调以及连接厂商和消费者的活动,如图 4-5 中的 a;假设生产区段内的技术具有规模报酬递增效应,且边际成本不变,那么图 4-6 中线 aa' 表示总成本随生产规模的扩大而增加,其斜率为边际成本,截距 Oa 表示厂商和其他生产区段有关的固定成本。

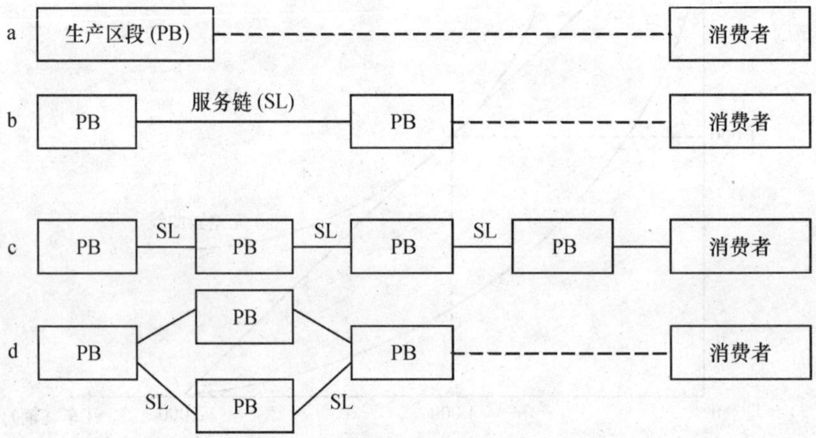

图 4-5　生产过程的分散化

生产的扩张使得社会分工和专业化日益加深,加速了生产过程的分散,表现如图 4-5 中的 b。假设生产分散化改变了固定成本和可变成本的比例,且生产区段之间增加投入的大量固定成本可以获得较低的边际成本,生产分散化后的总成本与产出的关系如图 4-6 中的实线 bb'。在该阶段,两个生产区段可以通过服务来连接,产生服务链成本。例如,生产区段的地理位置不同,服务链成本就应包括运输服务的成本,对两个生产过程的速度、产量和质量作出协调的服务成本等。由于生产分散化导致总成本中增加了连接生产区段的服务链成本,这时新的成本产出线应为虚线 bb'。服务链成本与生产规模无关,即使服务链成本随生产规模的扩大而增加，也只会出现虚线 bb' 稍陡峭于实线 bb'，因为含有服务链成本的边际成本低于相对集中生产的边际成本(aa')，否则厂商不会采用分散化生产方式。

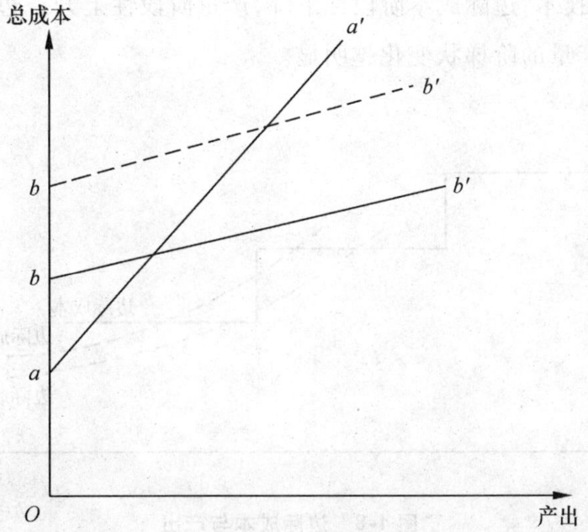

图 4-6 总成本与产出

重复图 4-6 所示的过程，生产区段和服务链的数量不断增加，总成本、平均成本与产出的关系演变为图 4-7 所示的情形。事实上，工业化进程正在加深劳动分工和专业化，造成生产分散化水平的提高和生产者服务贸易的增加。图 4-5 中的 c 表示前一生产区段的产品可能作为下一生产区段的投入，d 表示各生产区段同时运行，每一生产区段的产品在最后一个生产区段组装成最终产品。

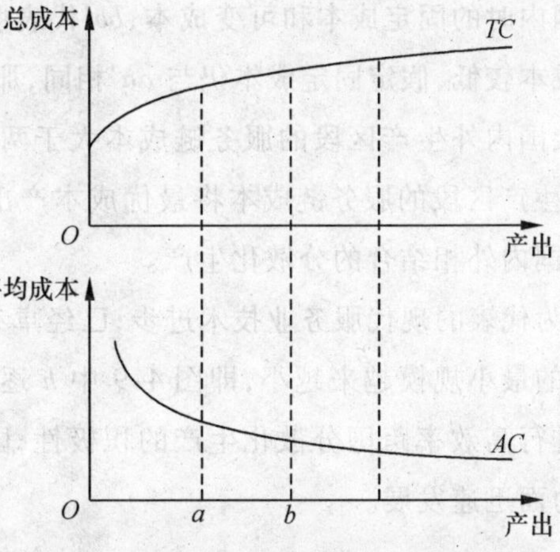

图 4-7 分散化后的平均成本与产出

对于任意分散化水平，生产区段内固定成本和边际成本的结合使得平均成本随产量的增加而下降。而且,当一项新的生产分散化的技术导致更高的分散化水平时,平均成本的下降速度更快。图 4-8 表明,随着生产规模的扩张,边际成本对产量的依赖刺激了厂商采用分散化水平更高的生产技术,边际成本阶段性下降,产量阶段性上升。边际收益曲线或相应需求曲线越富有弹性,产量的阶梯状变化越明显。

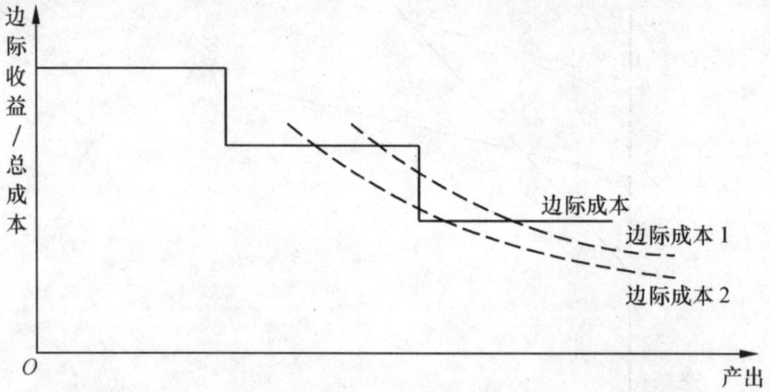

图 4-8 边际成本与产出

2. 国际贸易中的服务链

如果只交易最终产品而非中间产品和服务,一国将生产并出口集中反映本国比较优势的产品,规模报酬递增加剧了对集中生产的重视,最终产品贸易带来的专业化分工能够改善贸易国的福利。但是,任何一国不可能同时拥有在每一个生产区段和服务链上的成本优势,厂商为追求更高的效率,将生产分布至全球,引入外国服务链。图 4-9 表明引入外国服务链对成本的影响,即在同一分散水平上一条服务链连接的两个生产区段的比较优势结构。aa'代表两个生产区段都在国内时的固定成本和可变成本,bb'代表服务链成本的增加。如果国内外各有一个生产区段成本较低,假定固定成本仍与 aa'相同,那么 aa''则表示国内外组合生产时的成本线。由于连接国内外生产区段的服务链成本大于两个区段都在国内时的成本,即 $ac > ab$,用于连接跨国生产区段的服务链成本将最优成本产出曲线从 beb'折成 bec',即当产量大于 h 时,可以进行国内外相结合的分散化生产。

以通信、金融服务业为代表的现代服务业技术进步,已经卓有成效地降低了国际服务链成本,使得跨国生产所需的最小规模越来越小,即图 4-9 中 h 逐渐左移,这样便极大地刺激了厂商利用国际服务链进行高效率跨国分散化生产的积极性,国际服务贸易特别是生产者服务贸易获得巨大推动力而迅速发展。

(二)马库森理论

在埃塞尔研究的基础上,马库森发展出差异化中间要素贸易模型。在埃塞尔模型中,两个国家分别具有竞争性生产部门和需要使用中间要素或服务的生产部门,后者显示出规模

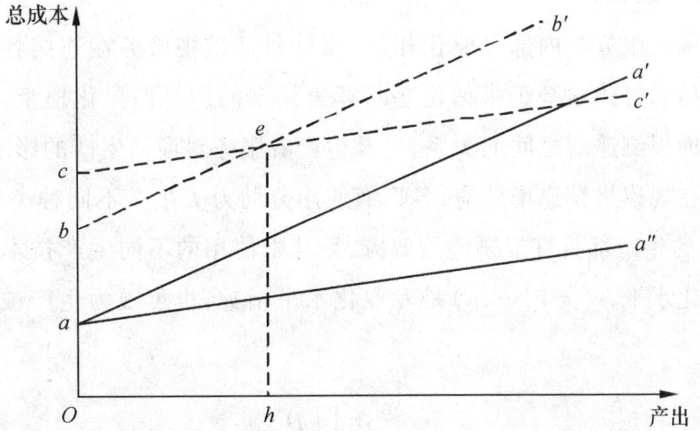

图 4-9　总成本与产出：外国服务链的影响

报酬递增效应和生产互补性。结果表明，有两个原因使含有生产要素的贸易优于单纯的最终产品贸易。

第一，由于价格和边际成本发生扭曲，当单纯的产品贸易不能保证帕累托改进时，允许生产要素贸易使得两个国家被扭曲部门的生产进一步扩张，这种扩张被作为当价格超过边际成本时获得贸易收益的充分条件。

第二，要素贸易优于单纯的最终产品贸易来源于，在最终产品生产中，国内与国外专业生产要素间的互补性以及自由贸易带来的更高水平的劳动分工。

马库森结合柯布—道格拉斯生产函数和熟练劳动力不变替代弹性函数，研究指出生产企业和专业化服务的规模报酬不变，而服务业与其提供的服务呈规模报酬递增。他认为，服务业产出虽然处于竞争性均衡，但未达到帕累托最优，因为没有考虑规模经济效应。服务业也存在先入者优势，报酬递增使率先进入服务市场的厂商以较低成本扩张规模，阻碍其他服务厂商提供同样的服务，从而降低后来者提供服务的竞争力。同样地，这也使小国规模报酬递增效应受到限制而降低其福利水平。马库森主张进行适当补贴以使福利最大化，补贴包括生产补贴和由政府无偿提供的公共投入。

在马库森模型及其假定情形的讨论中，规模报酬递增是资本密集型中间产品和知识密集型生产者服务的共同特征，而许多中间产品又呈现出差异化或与国内要素互补的特征。在含有高度熟练劳动的生产者服务贸易中，相对于初始固定成本，实际提供服务的边际成本比较低，使得服务贸易具有和传统 H-O 模型不同的成本特征，这在相当程度上引起专业化程度的加深和国际分工的发展。所以，马库森模型的主要结论是，生产者服务贸易优于单纯的最终产品贸易，但其核心不是服务和商品的区别，而是中间投入品与最终产品的区别。

（三）弗兰科斯理论

与马库森强调的服务业内部专业化相反，弗兰科斯重视服务在连接各专业化中间生产过程中的作用。他通过建立基于张伯伦垄断竞争模型的产品差异化模型，讨论了生产者服务与专业化导致的报酬递增之间的关系，以及生产者服务对商品生产的影响。

模型假定存在规模报酬递增效应，各厂商使用劳动力 L 生产不同种类的差异化产品 X。任意种类产品 x_j 的生产都具有报酬递增效应，且其中使用的不同生产技术 V 在生产过程中具有不同的专业化水平，$v(=1,\cdots,n)$ 是专业化水平指数，也可视为生产被分成不同过程或阶段的数量。

$$x_j = \beta_v \prod_{i=1}^{v} D_{ij}^{a_{iv}} \tag{4-6}$$

其中，$\beta_v = V^{\delta}, \delta > 1, a_{iv} = \frac{1}{v}$。$D_{ij}$ 表示种类为 j 的产品生产过程中使用的劳动。在既定专业化水平上，劳动投入被均等地配置在所有生产活动中，生产 j 产品对劳动的需求为

$$D_j = \sum_{i=1}^{v} D_{ij} = V^{1-\delta} x_j \tag{4-7}$$

厂商管理和协调服务活动的人员、工程师和其他技术人员所产生的间接成本为

$$S_j = \gamma_0 v + \gamma_1 x_j \tag{4-8}$$

由此，总成本函数可表示为

$$C(x_j) = v^{1-\delta} x_j + \gamma_0 v + \gamma_1 x_j \tag{4-9}$$

取 $v=0$ 时对(4-9)式的偏导数，求解 v 有

$$v = \left\{ \left(\frac{\delta - 1}{\gamma_0} \right) x_j \right\}^{\frac{1}{\delta}} \tag{4-10}$$

因此，专业化水平是 x_j 的增函数，是间接成本参数 γ_0 的减函数。当生产规模扩张时，专业化水平提高，生产者服务的相对重要性也得到提升。

弗兰科斯的理论分析认为，服务业的专业化导致规模经济出现，专业化应用于生产过程的程度取决于每个厂商的生产规模，而生产规模又受到市场规模的限制。服务贸易自由化增加了服务产品的种类，扩大了生产规模，使服务进口国的专业化水平不断提高，服务出口国或向专业化、或向非专业化方向发展，并使与要素报酬相联系的产品价格下降，随着本国厂商数量的减少，外国厂商数量会增加，但最终存于市场的本国厂商的规模较贸易自由化前增大。

专栏 4-1

中国服务贸易比较优势的变化

在中国对外服务贸易快速发展的过程中，服务业比较优势表现在哪些部门？各部门比较优势发生了怎样的变化？利用净出口显性比较优势指数(NXRCA)可为上述两个问题提供一个直观的解释。[①] 表 4-8 为 2002—2007 年我国服务贸易各部门 NXRCA 指数的计算结果。

表 4-8 我国服务贸易各部门净出口显性比较优势指数(NXRCA)

年 份	2002	2003	2004	2005	2006	2007
运输	-0.150	-0.160	-0.150	-0.130	-0.113	-0.080
旅游	0.180	0.100	0.150	0.140	0.130	0.080
通信	0.004	0.006	+0.000	-0.060	+0.000	0.002
建筑	0.010	0.010	0.006	0.010	0.010	0.022
保险	-0.070	-0.070	-0.080	-0.080	-0.080	-0.080
金融	-0.001	-0.001	-0.000	+0.000	-0.007	-0.002
计算机及信息	-0.004	0.040	0.009	0.005	0.020	0.020
专利权使用费和特许费	-0.070	-0.060	-0.060	-0.060	-0.060	-0.022
咨询	-0.030	-0.020	-0.020	-0.010	0.005	0.012
广告宣传	-0.001	0.002	0.004	0.005	0.007	0.010
电影音像	-0.002	-0.001	-0.020	-0.000	+0.000	0.002

加入世界贸易组织以来，我国服务贸易各部门只有旅游服务、建筑服务的 NXRCA 指数为正，说明这两个服务部门是我国具有比较优势的服务部门；运输、保险、金融(2005 年金融服务部门 NXRCA 指数极其微小)以及专利权使用费和特许费服务部门的 NXRCA 指数均为负，说明这四个部门是我国服务贸易的弱项。从指数值变化上看，只有建筑服务部门比较特殊，该部门 NXRCA 指数呈现比较优势持续增强的态势。除此以外，旅游服务部门的 NXRCA 指数逐步下降，运输、咨询、广告宣传、计算机及信息服务的 NXRCA 指数总体保持上升。特别是计算机及信息服务和广告宣传服务，自 2003 年起 NXRCA 指数由负转正，逐渐呈现微弱的比较优势。可见，根据 NXRCA 指数分析，我国服务业和服务贸易发展格局符合要素禀赋理论和我国当前的要素禀赋特征。

(转引自：邱小欢，我国服务贸易比较优势的测量与验证，《服务贸易评论》，2009 年第 1 辑。)

① 净出口显性比较优势指数(NXRCA)是一国某产业出口(X_{ij})在总出口(X_i)中的比重与该国该产业进口(M_{ij})在总进口(M_i)中的比重之差，其公式为：$NXRCA_{ij} = (X_{ij}/X_i) - (M_{ij}/M_i)$。该指数值大于 0 表示存在比较优势，指数值小于 0 表示不具有比较优势，指数值等于 0 表示贸易平衡。

专栏 4-2 企业异质性模型在服务贸易理论中的拓展

从事货物进出口的企业一般表现出规模更大、生产率更高的特点,它们利用资本更加密集的生产技术,雇用更高水平的熟练劳动力。货物贸易企业在整个行业中所占的比重很低,大部分出口企业只供应很少的外国市场且一般集中在本国销售。这些发现催生了大量解释异质性企业行为的理论研究,代表了国际贸易理论发展的新阶段(Melitz,2003;Bernard et al.,2003;Eaton, Kortun 和 Kramarz,2008;Bernard, Redding 和 Schott,2009)。

很明显,对于服务贸易企业异质性行为的研究相对较少,现有的企业异质性模型是否适用于服务贸易企业还有待检验。这首先依赖于企业层面服务贸易典型化事实的发现,如果服务贸易企业表现出与货物贸易企业相同的异质性,那么企业异质性理论在服务贸易领域的应用便有了现实依据。对此,Holger 和 Criscuoloz(2011)针对英国服务贸易企业数据进行的实证分析发现,服务贸易企业的行为特征和货物贸易企业典型化事实具有很强的相似性,异质性企业贸易模型可能也适用于解释企业层面的服务贸易。Holger 和 Criscuoloz 的分析对象是英国生产者服务企业,因为这些企业的服务贸易占英国服务出口的46%和进口的31%。他们的研究得出了11个关于服务贸易企业的典型化事实:

事实1:只有很少一部分企业参与服务贸易,英国8.1%(表4-9)的企业出口或进口服务。

细分来看,只有6.2%的企业参与出口,3.9%的企业参与进口,2%的企业同时参与进出口,但是企业贸易额占服务出口额的80%、进口额的86%,大约2%的企业占英国服务进出口的绝大部分。对于少数参与服务贸易的企业来说,出口和进口价值相对于它们的平均营业额是很小的。英国8个生产者服务部门都存在服务出口商和进口商,但参与贸易的企业在行业中所占的比重有很大差异,有的企业低至2%,有的企业高至20%。

表 4-9 2005 年英国企业的服务进出口(%)

	(1) 企业比重				(2) 贸易比重			
					出口		进口	
	Notrade	EnoI	InoE	EandI	EnoI	EandI	InoE	EandI
总计	91.9	4.2	1.9	2.0	20.2	79.8	13.7	86.4
采矿业	77.0	10.7	3.8	8.5	36.5	63.5	15.1	84.9
中低技术制造业	90.0	3.4	2.1	3.7	27.0	73.0	25.5	74.5
高技术制造业	80.3	9.6	4.0	6.1	26.5	73.5	20.8	79.1
建筑及公用事业	98.1	0.5	1.1	0.3	43.6	56.4	79.8	20.2
批发零售业	94.0	2.3	2.3	1.4	37.9	62.1	26.4	73.6
其他商业	94.8	2.9	1.2	1.1	8.0	92.0	11.6	88.4
计算机与科研	85.4	8.5	2.6	3.5	23.5	76.5	8.6	91.4

（续　表）

	(3) 贸易强度				(4) 部门占总体比重			
	出　口		进　口		就业	营业额	出口	进口
	EnoI	IandE	EnoI	IandE				
总计	30.7	27.2	9.0	12.5	100	100	100	100
采矿业	63.3	23.4	1.4	5.5	0.5	0.8	0.5	0.4
中低技术制造业	14.2	16.6	7.8	17.3	15.3	8.2	2.6	2.8
高技术制造业	25.0	22.1	6.4	10.6	7.7	6.8	9.6	9.3
建筑及公用事业	12.5	7.2	5.5	4.7	8.5	6.5	0.1	0.4
批发零售业	28.4	19.1	13.7	20.8	27.1	37.6	7.6	7.5
其他商业	24.0	29.5	10.5	10.9	25.8	25.0	31.2	35.5
计算机与科研	35.5	31.8	6.3	10.3	15.2	15.1	48.4	44.1
	(5) 就业比重				(6) 增加值比重			
	Notrade	EnoI	InoE	EandI	Notrade	EnoI	InoE	EandI
总计	77.6	5.6	10.1	6.8	70.4	6.4	9.8	13.4
采矿业	64.5	8.9	12.5	14.1	34.4	3.6	30.9	31.2
中低技术制造业	81.3	4.2	8.8	5.7	78.1	5.0	9.5	7.5
高技术制造业	58.1	8.6	12.4	21.0	51.6	9.2	12.6	26.6
建筑及公用事业	93.4	1.5	3.0	2.1	86.6	1.3	5.7	6.4
批发零售业	83.1	7.4	7.1	2.5	81.1	7.5	6.8	4.5
其他商业								
计算机与科研								

注：Notrade 指不参与服务进出口的企业；EnoI 指参与服务出口但不参与进口的企业；InoE 指参与服务进口但不参与出口的企业；EandI 指既参与服务出口又参与服务进口的企业。

事实2：服务出口商和进口商在就业量、营业额和增加值上大于非贸易企业，并且生产率更高、资本更加密集、工资水平更高，是外资或跨国公司一部分的可能性更大。

事实3：出口但不进口服务的企业比只进口不出口的企业规模更小，生产率更高，技术也更加密集。

事实4：只出口服务不出口货物的企业比只出口货物的企业规模更小，生产率略高，技术也更加密集。

事实5：服务贸易企业之间在进出口额、服务交易数量以及每个国家和每种服务的平均进出口额上存在较大差异。

事实6：服务的出口和进口高度集中在少数与多个国家贸易且具有多个贸易种类的少数企业。

事实7：企业的服务贸易是高度集中的，第1位出口目标国、进口来源国和第1位服务类型平均占企业总贸易量的70%以上。

事实8：企业间进出口的差异主要可由集约边际（Intensive Margin）的不同来解释，即各个国家和各种服务类型的贸易。

事实9:生产率更高、规模更大的企业与更多的国家贸易,且交易更多类型的服务,在每个国家和每种服务上进出口得更多。集约边际一方面解释了企业生产率与规模间的相关性,另一方面解释了生产率与企业水平贸易额之间的相关性。

事实10:英国与其他国家总进出口的差异主要是由外延边际驱动的,即贸易国的数量以及每个国家交易产品的种类。

事实11:外延边际一方面解释了双边距离和贸易伙伴国GDP之间的全部相关性,另一方面解释了和总贸易额之间的相关性。距离更远、GDP更高的国家吸引了更多的英国企业,英国也进出口更多种类的服务。

服务贸易表现出很大程度的企业水平异质性。出口和进口地位与企业规模、生产率等水平变量之间存在诸多差异,企业贸易地位与行为特征之间的关系具有重要启示,为把企业异质性融入服务贸易理论提供了很强的例证,暗示了现有异质性企业贸易模型可为此提供一个良好的起点。

(转引自:Breinlichy, H. and Criscuoloz, C., International Trade in Services: A Portrait of Importers and Exporters, *Journal of International Economics*, 2011, 84(2), pp. 188—206.)

专栏4-3　我国服务贸易品的技术含量提高了吗?

技术进步对国际服务贸易的影响正在不断深化,其不仅改变了服务贸易的方式和结构,更是扩大贸易领域和提升贸易竞争力的主要途径。我国服务贸易技术水平和贸易品的技术结构如何?与欧美发达国家相比是否存在差距?改革开放以来服务贸易品的技术含量提高了吗?遵循货物贸易的研究思路,可以构建服务贸易技术含量和技术结构指数,对中国服务贸易技术结构的变动进行相应测度。

如图4-10所示,1995—2007年我国各类服务贸易品技术含量的变化态势大致趋同,整体随时间不断提升,并且可以分为两个阶段:第一阶段是1995—2001年,主要特征是服务贸易品技术含量变化明显,而STC值的上升趋势不显著,在几乎无增长的通道内小幅波动;第二阶段是2001—2007年,各类服务贸易品的技术含量提升较快,增长率明显不同于第一阶段。可以看出,金融、专利权使用费和特许费以及保险服务的技术含量最高,金融服务技术含量峰值约为2007年的54 710。保险服务技术含量在1995—2000年处于中等水平,但自2001年开始其STC值增长迅速,增长率略高于金融服务,2007年技术含量提升至第2位。

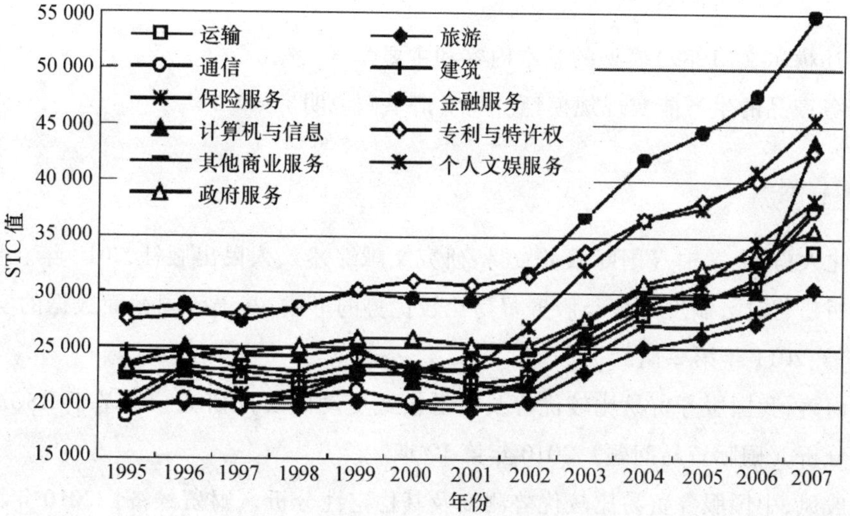

图 4-10　中国各类服务贸易品的技术含量

相对于金融和保险服务，专利权使用费和特许费服务的技术含量提升相对缓慢，不过1995—2002年其技术含量与金融、保险服务基本持平。但2002年以后，其技术含量增速不及金融和保险服务，从2006年起STC值下降到第3位。运输、旅游服务作为传统服务贸易，技术含量指标始终处于较低水平。其中，旅游服务STC值近10年一直最低，而运输服务贸易STC值稳中有升。通信、建筑、计算机及信息、其他商业服务、个人文化与娱乐以及政府服务的技术含量变化态势趋同。除计算机及信息服务外，各类服务贸易的STC值变化态势较为稳定。其中，计算机及信息服务2007年STC值首次超过专利权使用费和特许费，仅次于金融和保险服务。不过，属于技术、资本密集型服务的计算机及信息服务，STC值在各类服务贸易中优势并不明显，仅处于中等偏上水平。

（转引自：董直庆、夏小迪，我国服务贸易技术结构优化了吗？《财贸经济》，2010年第10期。）

重要概念

绝对优势　比较优势　S-S定理　罗布津斯基定理　H-O-S定理　规模经济

思考题

1．分别应用绝对优势理论和比较优势理论，各举一例说明两国间服务产品的专业化分工和交换。

2．为什么说服务价格国际差异模型是基于传统贸易理论对服务贸易理论研究的典范模型？

3. 简述梅尔文(1989)模型的基本内容和主要学术贡献。

4. 服务产品的生产能实现规模经济吗？请举例说明。

课后阅读材料

[1] 沈大勇、金孝柏,《国际服务贸易:研究文献综述》,人民出版社,2010 年。

[2] 胡超、张捷,制度环境与服务贸易比较优势的形成:基于跨国截面数据的实证研究,《南方经济》,2011 年第 2 期。

[3] 尚涛,我国服务贸易比较优势及贸易模式变动的实证研究——基于 RSCA 与 Lafay 指数等的分析,《国际贸易问题》,2010 年第 12 期。

[4] 殷凤,中国服务贸易比较优势测度及其稳定性分析,《财贸经济》,2010 年第 6 期。

[5] Deardorff, A., *Comparative Advantage and International Trade and Investment in Services, in Trade and Investment in Services*, Canada/US Perspectives, (ed. R. M. Stern), Toronto, Ontario Economic Council, 1985.

[6] Hoekman, B., Services-related Production, Employment, Trade and Factor Movements, in P. Messerlin and K. Sauvant (eds), *The Uruguay Round: Services in the World Economy*, Washington, DC: The World Bank and The United Nations Center on Transnational Corporations, 1990.

[7] Melvin, J. R., Trade in Producer Services: A Heckscher-Ohlin Approach, *Journal of Political Economy*, 1989, 97, pp. 1180—1196.

[8] Van Marrewijk et al., Producer Services, Comparative Advantage, and International Trade Patterns, *Journal of International Economics*, 1997, 42, pp. 195—220.

第三部分

服务贸易政策

第五章

服务贸易自由化与竞争力

引导案例

2012 年春节，北京网友“罗迪”发布了一条微博，诉说了他的一个朋友在海南省三亚市旅游时吃海鲜，只点了 3 个普通的菜却被收取近 4 000 元。短短半天，这条微博就已经有 3 万条回复。很快，新浪微博上发起“拒绝被宰”的话题，一天内就发出了超过 60 万条微博。不少网友纷纷通过微博诉说了自己在海南旅游时被宰的遭遇，天价海鲜、天价账单等不断被爆出。三亚“宰客门”的发生使一些原计划在春季实施三亚自由行的游客纷纷改变或暂缓了行程。

2009 年 12 月 31 日，国务院批复了海南打造国际旅游岛的规划。海南与美国夏威夷处在相近纬度，海岸线长达 1 528 公里，岛上终年气候宜人，四季鸟语花香，旅游资源丰富，其中热带雨林和红树林为中国少有的森林类型，非常适合发展旅游业，国际旅游岛建设符合海南生态特征、区位优势以及国际旅游业发展趋势。

然而，要想打造具有国际竞争力的国际旅游岛，需要营造一个消费友好型的社会环境，“宰客门”充分暴露了三亚市在这方面的软肋。姑且不论遥远的夏威夷，即使与同处亚洲的泰国普吉岛和印尼巴厘岛相比，海南在国际旅游岛的建设征途上，对外开放、商业氛围、地方文化、科学规划等方面都还有显著差距。当然，诚信的商业氛围一定是海南提升国际旅游服务竞争力的关键所在。

学习目标

- 了解服务业开放和服务贸易自由化的政策取向
- 理解服务贸易竞争力的内涵

第一节 服务贸易自由化

当今世界,任何一个国家的经济发展都离不开其他国家,经济全球化的趋势不可阻挡。其中,世界经济一体化的最主要途径便是贸易自由化:各国通过多边或双边谈判降低和约束关税,取消或削减多种形式的贸易壁垒,扩大和提高本国市场准入的范围和程度。服务贸易自由化是贸易自由化在国际服务贸易领域的具体体现。一般而言,自由贸易政策允许货物和生产要素在国际自由流动,而服务产品的特定属性决定了服务贸易自由化的特殊性,尤其表现为不同于货物贸易的各种贸易壁垒和国内服务业管制。

一、服务贸易自由化的理论分析

20 世纪下半叶,世界服务贸易的迅猛发展吸引了学者们的目光,人们在试图建立服务贸易理论或是检验国际贸易理论对服务贸易的适用性时,都大量涉及有关服务贸易自由化和服务业开放的讨论。特别是,20 世纪 90 年代中期以来,《服务贸易总协定》的签署使该领域的研究重心从服务贸易定义和模型逐渐转向服务贸易自由化,集中于服务贸易自由化的福利效应、服务贸易壁垒的测量,以及 WTO 框架下服务贸易自由化对发达国家和发展中国家的不同影响。

萨皮尔(1985)分析服务贸易自由化对发展中国家的影响后指出,发展中国家通常缺少和未加重视国民经济中的许多关键服务,并较多地利用国内政策设置服务贸易壁垒。巴格瓦蒂(1985)阐述了发展中国家和发达国家之所以对服务贸易谈判采取不同态度的原因:服务贸易自由化的绝大部分好处由发达国家获得,服务贸易谈判对货物贸易构成影响以及服务业市场准入关系国家安全和利益。赫克曼和布兰格(1997)在为世界银行所作的研究报告中提出,服务贸易的快速增长会使服务贸易自由化成为一项被高度关注的政策问题,为了更好地估计自由化的福利损益,需要对服务贸易壁垒进行量化。总结更多学者的研究成果可以发现,服务贸易自由化的理论研究着重验证贸易自由化对服务贸易量、技术进步和生产率增长等的影响。人们似乎更关心服务贸易自由化是否能为参与贸易的各方都带来好处,同时急欲找到理论佐证。

（一）贸易自由化促进竞争

一方面，消除贸易壁垒使厂商被迫直接与对手进行市场竞争，迫使其更为积极地提高劳动生产率。

另一方面，贸易自由化为厂商参与国际市场竞争提供了更多机会，如果规模报酬递增且厂商或行业产出增长，那么平均成本下降，劳动生产率得以提高。

（二）贸易自由化促进创新

贸易自由化改变了厂商面临的市场条件，例如可得技术和 R&D 投入的动机等，而技术创新和变革反过来又对厂商出口或与进口竞争形成更大的激励。

（三）有关服务贸易的启示

尽管如上理论尝试建立生产率增长与贸易自由化之间的联系，但事实上无一令人信服。另外，极少数发展中国家的部分贸易自由化实践与现行理论相互冲突。多数理论结论只是在某些情况下符合这一联系，况且以往研究大多针对制造业而非服务业，相比之下有关服务贸易自由化效应的讨论略显不足。然而有理由相信，服务业开放和服务贸易自由化不仅可以提高分配效率，同时有助于提升劳动生产率，因为相当数量的服务投入便利了技术创新和吸收。更为重要的是，国际服务贸易通常涉及生产要素而非产品的移动，更可能体现生产率增长的跨境外溢效应。所以，服务贸易自由化对提升劳动生产率和技术进步的积极作用，可能比没有要素移动的货物贸易自由化更大。

二、服务贸易自由化的政策取向

（一）发达国家服务贸易自由化政策

发达国家要求发展中国家开放服务业市场是以货物换服务，即发展中国家以开放本国市场为条件要求发达国家货物自由贸易，而对于其他国家或地区，则对等相互开放，即所谓的“服务贸易补偿论”。另外，发达国家还以维护国家安全和竞争优势为借口，强调有必要对本国服务出口采取管制政策。需要指出的是，发达国家迫使其他国家开放服务市场，同时限制本国所谓“敏感性”服务产品的出口，都是只作自身利益最大化考虑的结果。

（二）发展中国家服务贸易自由化政策

显然，服务贸易自由化是否符合发展中国家的利益，我们尚无法简单定论。但在服务贸易自由化的趋势下，发展中国家能否从中获利，很大程度上取决于自身的政策取向。

发展中国家出于自身政治经济安全和独立性的考虑，对外国服务的进出口实施各种限制乃至完全禁止的做法屡见不鲜。但如果开放本国服务业市场，不仅不利于尚不具有竞争力的大量服务部门培育优势、迅速成长，而且会使整体处于较低发展水平的国内服务业过早地面临巨大的竞争压力。这种情况下,渐进自由化的服务贸易发展战略成为发展中国家的首选。发展中国家在服务贸易自由化进程中,应注意两点:一是服务业对外开放的基本步骤和次序;二是开放进程的各个阶段涉及哪些服务部门或领域,它们对服务业开放和服务贸易自由化的影响如何。

三、服务贸易自由化与竞争力

众所周知,发展中国家在服务业发展水平和服务贸易竞争力上显著落后于发达国家,这使得服务贸易自由化对发达国家和发展中国家的损益形成明显差异。发达国家相对于发展中国家从服务贸易自由化中得到了更多的利益,而发展中国家则往往处于被动地位。因此,作为最大的发展中国家,我国对外服务贸易自由化的深入发展需要服务贸易竞争力的持续提升作为支撑。这不仅需要考虑本国对外服务贸易的比较优势,以及潜在竞争优势,而且意图在服务贸易自由化中占据有利地位,就必须加速培育服务贸易的动态比较优势。

在全球服务贸易自由化背景下,面对世界服务贸易的快速增长和自由化趋势的渐强,要尽快把竞争优势、比较优势和服务贸易自由化三者结合起来:竞争优势奠定了服务贸易比较优势的基础,比较优势会继而形成服务贸易自由化的动力。随着时间的推移,一个国家要保持长期比较优势,必须把原先的比较优势转化成竞争优势,在服务贸易自由化进程中,培育服务贸易的动态比较优势,实现该国服务贸易竞争力的长期可持续发展(见图 5-1)。

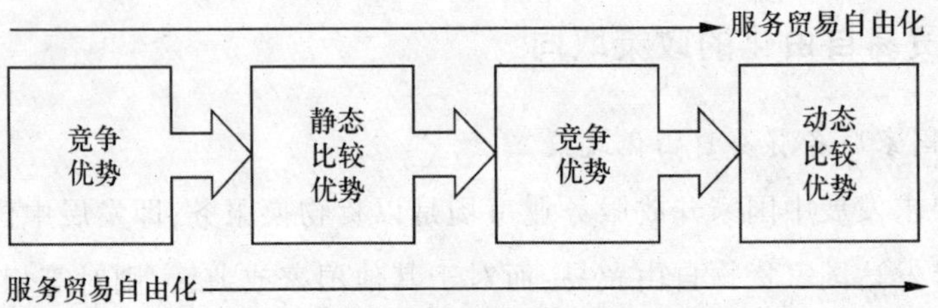

图 5-1　服务贸易竞争力的动态发展

第二节　服务贸易竞争力

一、服务贸易竞争力的界定

20 世纪下半叶以来,竞争力的理论和实证研究逐渐兴起并受到越来越多的关注。以下我们将从国家层面对服务贸易竞争力进行界定,所以首先简介若干主要的国家竞争力定义。

国际经合组织(OECD)认为,竞争力是"面对国际竞争,支持企业、产业、地区和国家在可持续发展的基础上进行相对较高要素投入的生产和较高要素利用的能力”。世界经济论坛在其《国际竞争力报告》中指出,竞争力是“一国或者一个公司在世界市场上均衡地生产出比其竞争对手更多财富的能力”。瑞士洛桑国际管理发展学院在《世界竞争力年鉴》中提出,竞争力是“一国企业或企业家设计、生产和销售产品和劳务的能力,其价格和非价格特性比竞争对手更具有市场吸引力”。金碚(1997)把国际竞争力作如下描述:“在自由贸易条件下(排除贸易壁垒因素),一国特定产业的产出所具有的开拓市场、占据市场并以此获得利润的能力。”薛荣久和刘东生(2005)认为,“国家竞争力是一个国家参与国际竞争所表现出来的整体竞争能力,它是一个国家参与国际竞争的所有资源与要素组合效率以及在国际市场上表现出来的竞争能力”。

以上对竞争力的认识分别从企业和产业的角度对国家竞争力进行了提炼和总结。在此,服务贸易竞争力与国家竞争力既有联系又有所区别。首先,服务贸易竞争力是国家竞争力的组成部分,代表一个国家在国际服务贸易领域的竞争能力。其次,服务贸易竞争力建立在国内服务业发展的基础上,具体反映在国际收支平衡表的经常项目中。结合以往研究文献,我们把服务贸易竞争力定义为:在贸易自由化进程中,一个国家服务贸易反映出的该国服务业对外进行国际竞争的能力和通过国际交换持续获得贸易利益的能力。由此,把服务贸易竞争力划分成两个层次:一是服务产品的出口能力,这是一国服务贸易竞争优势的直接体现,出口的数量越多,表明该国在此项服务上竞争力越强;二是获得贸易利益的能力,这是在贸易自由化背景下综合考虑服务产品进口的影响,获利能力反映一国服务贸易的国际竞争地位。

二、服务贸易竞争力理论

在前述有关比较优势理论对服务贸易适用性的探讨中,部分学者认同国际服务贸易依然基于比较优势理论,并指出服务贸易的基础在于价格差异,即服务本身价格差异和服务要素价格差异。但是,如何决定价格差异?学者们各自提出了不同观点,主要集中于自然资源、人力资本、实物资本以及技术水平等方面。另外,关于比较优势的动态发展,以及提升服务业部门的比较优势和进一步培育特定部门比较优势都尚无定论。根据比较优势理论对服务贸易的适用性研究,同时结合服务贸易竞争力的定义,应用比较优势原理能够较好地阐释服务产品出口所指向的服务贸易竞争力,但对考虑服务产品进口时服务贸易的获利能力及其如何持续解释力不足。

(一) 迈克尔·波特的竞争优势理论

竞争理论最早可以追溯到古典经济学派,是在古典学派同重商主义学说论战中出现和逐渐发展的。当时，亚当·斯密提出的自由竞争概念等成为后来竞争理论发展演化的起始。马克思在《资本论》中重点考察了竞争的两种基本形式：同一部门内部的竞争和不同部门之间的竞争。他首次明确了竞争在价值形成和实现过程中以及在剩余价值生产和分配过程中所起的作用，在承认竞争推动资本主义经济发展的同时，也揭示出竞争加剧了资本主义的基本矛盾。19 世纪晚期和 20 世纪中叶，相继出现和发展起来的竞争理论包括均衡竞争理论、博弈竞争理论和创新竞争理论等。20 世纪 80 年代至今，迈克尔·波特的国家竞争优势理论占据了竞争理论的主导地位。他在《国家竞争优势》一书中指出，“1980 年《竞争战略》(*Competitive Strategy*)主要提及产业结构调整，以及产业间争夺最有力的竞争地位”，“1985 年《竞争优势》(*Competitive Advantage*)剖析了企业竞争优势的来源，提出如何提升企业的竞争优势”，“1990 年《国家竞争优势》(*The Competitive Advantage of Nations*)力图解释在现代经济条件下，一国经济持续发展的源泉”。

波特首先对比较优势理论提出质疑，认为基于生产要素的比较优势理论不能解释当今世界丰富多样的贸易形态。比较优势理论在 18 世纪、19 世纪和 20 世纪上半叶之所以流行，与当时的产业结构、生产形态以及产品要素投入类型密切相关。但是，伴随技术变迁、资源利用的全球化和经济一体化，比较优势理论的局限性日益凸显。波特以廉价劳动力为例指出，“以生产要素界定比较优势的不足在于，更低成本的生产环境会不断变化，今天具有廉价劳动力的国家，明天可能就被新的廉价劳动力国家所代替”。他主张用国家竞争优势取代比较优势，同时将国家竞争优势理论用于解释竞争力。国家竞争优势理论著名的钻石模型(Diamond Model)由四大主力要素和两个辅助要素组成：

四大主力要素：生产要素(一国在特定产业竞争中有关生产方面的表现)、需求条件(国内市场对该项产业所提供产品或者服务的需求如何)、相关产业和支持产业的表现以及企业的战略、结构和竞争对手(企业的组织和管理形态以及国内市场竞争对手的表现)。四大要素正像一个钻石的四个基本面，构建出竞争环境的整体框架。

两个辅助要素：机遇角色和政府角色。

波特把国家竞争优势分成四个导向阶段：生产要素导向阶段、投资导向阶段、创新导向阶段、富裕导向阶段。前三个阶段是国家竞争优势发展的主要力量，第四个阶段则代表经济发展的转折点。

波特在《国家竞争优势》中特别论述了服务业与国家竞争优势的关系。他在钻石模型框架下提出国际服务竞争的六大驱动力，并借此分析服务贸易和服务业国家的竞争优势之所在。波特认为，国家竞争优势理论无疑适用于服务贸易，该理论从动态视角解释了竞争优势的建立、发展和转化，强调钻石模型中各要素对服务贸易竞争优势的影响。

(二) 比较优势和竞争优势的比较

总体而言,在对服务贸易竞争力的解释方面,比较优势理论和竞争优势理论各有利弊。

首先,比较优势理论是从静态视角把一国产业优势的来源归结为某一方面,而钻石模型中的要素分析框架涉及自然资源、劳动力、技术水平、市场需求以及规模经济等多种因素。同时,竞争优势理论不但重视比较优势的先天性和静态性,还强调竞争优势的后天性和动态性,其特别指出先天比较优势不能长久保持,需要通过后天的创造和培育来保持。

其次,目前尚不存在波特在其书中所谓"比较优势的退位",比较优势理论有其强大和合理的逻辑内核。比较优势深刻反映了各国不同产业之间的内在联系,体现为服务产品出口能力的大小,即前述服务贸易竞争力的第一个层次。竞争优势刻画了各国同一产业的联系,主要阐述国家之间产业冲突和产业替代的关系,其体现为服务贸易的获利能力,即服务贸易竞争力的第二个层次。

最后,比较优势理论的基本指向是自由贸易使得各国都能从中获利,反映为合作共赢的发展趋向。竞争优势理论侧重在贸易自由化过程中,本国如何获得更多的贸易利益,强调在国际竞争中确立自身优势地位。竞争优势可以形成比较优势,比较优势也可以形成竞争优势。在一国服务贸易长期发展中,比较优势和竞争优势实现良性互动,进而形成动态比较优势。将服务贸易竞争力划分为两个层次,就是在综合考虑短期和长期、静态和动态以及单边和双方的情况下,兼顾出口能力的提高和贸易利益的持续获取(见图 5-2)。

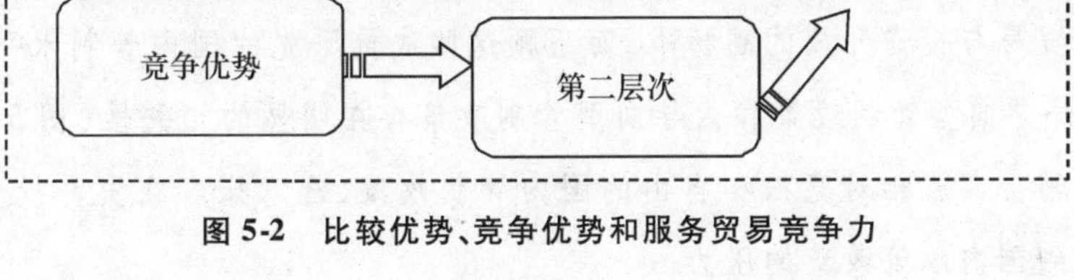

图 5-2　比较优势、竞争优势和服务贸易竞争力

专栏 5-1　服务业管制对服务贸易自由化的影响——来自 OECD 国家的证据

以 OECD 的产品市场管制指数(Product Market Regulations Index, PMR 指数)为基础(Paul Conway, et al., 2005),结合服务业管制的特点,把服务业管制政策分为外导向型管制

(Outward Oriented Policies)和内导向型管制(Inward Oriented Policies)。其中,外导向型管制政策是指一国与其他国家进行服务产品的贸易和投资时,该国政府对此实施的各种管制措施,较多反映在多边或双边贸易谈判的议题及各国提交的承诺减让表中;内导向型管制政策是指一国对境内服务业的运营情况进行管理的诸多措施,比如对服务产品价格和商业运作的调控、竞争政策等,其甚少出现在多边或双边贸易谈判中。

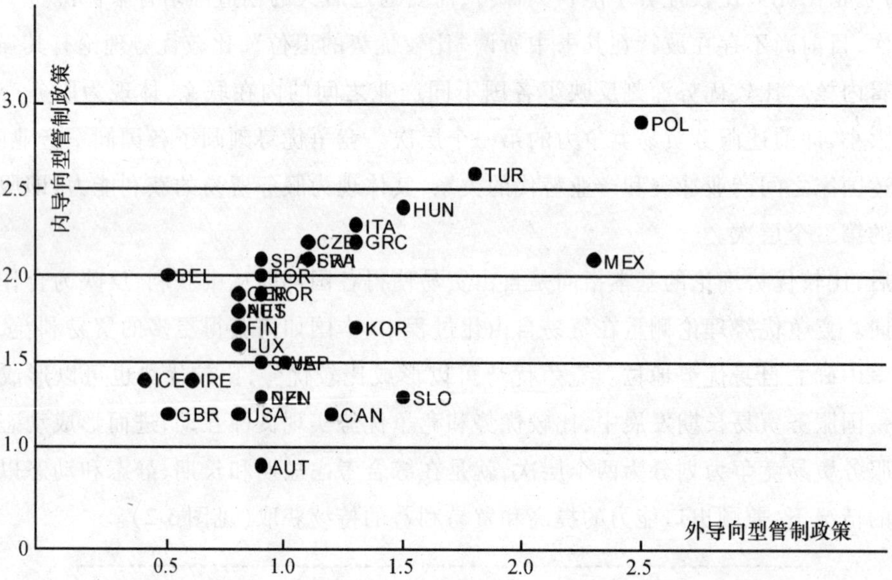

图 5-3　OECD 国家外导向型管制政策与内导向型管制政策的相关性

从 1998—2003 年 PMR 指数的变化来看,OECD 国家在产品市场管制政策上的差异变得越来越小,即以往对产品市场进行较大限制的国家比那些更为开放的国家取得了更大进步。其中,外导向型管制政策上的同质性变得更加显著,这主要是因为超国家机构(或协议)对其成员强加有关贸易与投资开放的高标准,而不顾这些成员原先的国内管制水平如何。另外,OECD 国家的外导向型管制政策和内导向型管制政策存在明显的相关性(图 5-3),即相对开放的经济体通常会实施相对宽松和自由的国内管制政策,这意味着在贸易投资上越开放的国家越容易受到国内政策改革的压力。

利用引力模型计量检验不同因素对服务进出口的影响时,就管制政策变量而言,服务进口国无论实施外导向型管制还是内导向型管制,都直接降低了服务进口额,而且两种政策所起的抑制作用基本相同。值得注意的是,服务进口国实施两种管制政策时,服务出口国的人均 GDP 回归系数从外导向型管制时的 0.699 增加到内导向型管制时的 1.02,这说明虽然 OECD 服务进口国可能实施了过度的、低效率的内导向型管制政策从而抑制了服务进口,但同时也产生了规范服务市场的间接效应，释放了部分服务出口国规模经济促进双边服务贸易的积极效应。服务出口国实施内导向型管制政策不会对本国服务出口产生任何影响，但当服务出口国实施外导向型管制政策时，却降低了本国服务出口的竞争力水平。如果双边服务贸易的两个国家都是欧盟成员，会增加服务进出口约1.75%—2.01%。这表明，随着欧盟在政策上更深层次的融合，包括统一服务市场管制政策，会形成与服务市场管制对服务贸易的抑制效应相反的结果，进而促进双边服务贸易。

（转引自：蒙英华、黄建忠，服务业内、外导向型管制政策与服务贸易自由化，《服务贸易评论》，2009年第1辑。）

重要概念

服务贸易自由化　竞争优势　服务贸易竞争力

思考题

1. 试比较发达国家和发展中国家服务贸易政策取向的异同，并说明形成原因。
2. 阐述服务贸易竞争力的内涵。
3. 以服务贸易为对象，说明比较优势、竞争优势和竞争力三者之间的转化关系。

课后阅读材料

[1] 王粤，《服务贸易——自由化与竞争力》，中国人民大学出版社，2002年。

[2] 黄建忠、袁姗，两岸服务贸易自由化评估及福建对台服务合作——基于两岸加入WTO与ECFA中服务贸易开放承诺的比较，《亚太经济》，2011年第4期。

[3] 盛斌，中国加入WTO服务贸易自由化的评估与分析，《世界经济》，2002年第8期。

[4] 郭根龙，金融服务贸易自由化下的金融管制研究，《上海经济研究》，2006年第3期。

[5] 唐保庆、陈志和、杨继军，服务贸易进口是否带来国外R&D溢出效应，《数量经济技术经济研究》，2011年第5期。

第六章

服务贸易政策工具

引导案例

2008年,欧盟表决通过了将航空业纳入欧盟碳排放权交易体系(EUETS)的草案。2011年,中国、美国、俄罗斯及印度等26个国家在新德里签署了有关反对欧盟碳排放权交易体系的联合宣言。2012年2月6日,国务院授权中国民航局发布指令称,未经政府有关部门批准,禁止各航空公司参与欧盟碳排放权交易体系,并禁止以此为由提高运价。同一天,美国参议院也通过了一项航空法案,禁止美国的航空公司加入欧盟碳排放权交易体系,美国称将动用一切外交、法律途径确保欧盟碳排放权交易体系不对美国航班征收碳排放费。

世界各国反对欧盟将航空业纳入碳排放权交易体系的立场越来越坚定,但仍未改变欧盟在此问题上的强硬态度。2012年1月1日起,欧盟航空业碳排放权交易机制如约生效。根据欧盟的规定,2013年4月起经营欧洲航线的各国航空公司必须缴纳2012年的碳排放费。对于各国而言,这个法律难题应该通过何种途径解决,成为横在欧盟以外各国面前的棘手问题,且留给这些国家的时间已经不多。

《华尔街日报》援引航空业智库——亚太航空中心董事长皮特·哈比森的话说,"发生航空贸易战的风险似乎进一步增强。欧盟针对航空业征收碳税只是一个开始,欧盟还计划将碳税延伸到航运业,以环保为名的服务贸易壁垒将持续扩大"。对于中国来说,欧盟此举不仅涉嫌违反《京都议定书》"共同但有区别的原则",而且涉嫌违反世界贸易组织的《服务贸易总协定》。

近年来,国际服务贸易的增长速度远远超过货物贸易的增长速度,对各国经济的重要性日益增强,而种类繁多的服务贸易壁垒也因此层出不穷。

学习目标

- 了解服务贸易壁垒、货物贸易壁垒和国内服务业管制的异同
- 熟悉不同标准下的服务贸易壁垒分类
- 掌握度量服务贸易壁垒的几种工具
- 了解衡量服务贸易壁垒影响的主要方法

第一节 服务贸易政策工具的识别

随着服务贸易占国际贸易的比重逐渐提高,服务贸易政策也成为各国对外贸易政策的重要组成部分。严格来看,服务贸易政策指一国对服务交易活动在宏观方面做出的原则性规定。它明确了政府在一定时期进行服务贸易管理的工作方针和目标,并通过相关法律程序加以贯彻实施。在不同发展阶段,各国对外服务贸易政策往往具有较大差异,其伴随经济发展水平和战略的变化以及服务贸易的发展目标而相应调整。

一般而言,服务贸易政策有自由贸易政策和保护贸易政策之分。服务贸易自由化更多地体现于贸易促进措施与法规,服务贸易保护则主要依靠政府各种贸易和行政管理措施付诸实施。由于服务贸易与国民经济发展联系密切,例如与其相关的就业政策、外汇政策、国际收支政策、幼稚产业保护政策、国内产业政策、国家安全政策和环境保护政策等,无论是发达国家还是发展中国家,在追求服务贸易自由化的同时,都或多或少地采取了针对服务贸易的限制措施,因此保护贸易政策成为服务贸易政策的主流。

一、服务贸易政策工具和货物贸易政策工具

由于服务贸易项目繁多、部门多样、形式各异,与其对应的管理政策和法规也层出不穷,加之实施管理的各国经济发展水平和具体情况千差万别,多数情形下人们预计服务贸易在保护政策的制定和实施方面的复杂性和难度都远远大于货物贸易。

(一)管理对象不同

货物贸易保护只针对产品本身,与产品提供者无关。只要不违背非歧视原则(最惠国待

遇原则和国民待遇原则)，进口国政府可以对进口产品采取关税和非关税限制。其中，只要外国产品达到进口国标准，产品提供者就保有管理生产过程的权利，即便某种产品不符合进口标准，进口国政府也只能将产品拒于本国关境之外，而无法干预产品生产。但对于国际服务贸易，很多时候需要将服务提供者与消费者联系起来，有时消费者需要进入提供者所在地(如旅游、医疗服务等)，有时提供者需要进入消费者所在地(如财政、电信服务)。由于服务提供者与消费者这种距离上的“亲密关系”，服务的生产与消费几乎同时进行，而调整服务贸易政策往往既要考虑服务提供者又要考虑服务消费者。

(二) 管理形式不同

在货物贸易领域，政府通常利用征收关税的手段实施贸易保护。关税政策是有关货物贸易保护的最古老、最传统的政策工具，也是多边货物协定约束的重要内容之一。但是，关税形式的贸易保护，尤其是从价税对服务贸易几乎无能为力。相当一部分服务贸易在生产并消费后才能确认价值和数量，贸易额难以反映在海关统计中，我们所能观测到的仅是服务提供者或消费者的移动，而非服务产品本身。因此，服务贸易政策工具主要以进口国法规和行政管理的形式存在，这也显示了服务贸易政策工具非关税化的趋势。

(三) 管理位置不同

货物贸易政策的具体措施往往设置在关境上，针对最终产品的出入施加管制，而服务贸易政策工具拥有超边界性。服务的生产与消费几乎同时进行，一般不存在服务贸易的边界限制。由于难以观察服务产品的过境，海关只能干预服务提供者进出关境的行为，无法影响服务产品的进出口。这种情况下，政府能够直接影响的领域极其有限，比如涉及服务进口的外汇买卖、对人(自然人、法人及其他经济组织)的资格或活动方面的限制。

(四) 透明度不同

现实中大量的服务贸易政策工具都隐含在进口国国内繁杂的政策法规中，缺乏应有的透明度，令外国服务企业及其产品无所适从。尽管《服务贸易总协定》规定，成员的保护贸易政策要依据透明度原则及时向其他成员公布，但服务贸易政策工具以国内政策为主，多数由国内不同部门掌握制定，庞杂繁复、不够统一。所以，不少歧视性待遇并不见诸公开发布的政策法规，而体现于具体政策实施过程，这使得外国服务企业更难把握和适应。

总之，服务贸易政策工具与货物贸易政策工具相比更具灵活性、隐蔽性，保护力度更强，更难监督、管理和规避，这决定了服务贸易自由化与货物贸易自由化相比具有更大的艰巨性和复杂性。

二、服务贸易壁垒与国内服务业管制

作为国内产业政策的一种，国内服务业管制在服务贸易保护中具有客观合理性，透明、公开、有效的国内服务业管制对服务贸易自由化具有积极作用，主要表现在以下两个方面：

一方面，针对服务业的天然垄断性和竞争不完全性，提高服务业市场的竞争程度。具体而言，国内服务业管制能够保证服务业市场的新进入者获得提供服务的关键设施的公平使用权，由于服务交易更注重提供者与消费者双方的互动，如果对外国服务提供者使用本国分销网络和基础设施采取一定程度的限制，将有效降低它们的竞争力，降低顾客的满意度。即便不通过增加服务提供者数量引入竞争，国内服务业管制也可以迫使具有垄断地位的服务提供者的行为更具有竞争性。

另一方面，通过缓解或纠正信息不对称和外溢性造成的市场不完全，提高服务业市场的效率。例如，国内服务业管制对服务提供者进行资格评估与审核，间接控制服务质量，有利于减少因信息不对称问题可能使服务消费者蒙受的损失。

服务贸易壁垒是一国政府对外国服务提供者提供和销售服务所设置的有阻碍作用的政策措施，其直接或间接使外国服务提供者增加提供和销售成本。服务贸易壁垒的目标有时与国内服务业管制互相交叉，甚至服务贸易壁垒只是国内服务业管制的副产品，所以在服务贸易壁垒与国内服务业管制之间很难划出明确界线。其实，并非所有对服务产品进口起抑制作用的管制措施都属于服务贸易壁垒，许多措施是基于合法合理的目的，比如保护健康、避免欺诈和其他不诚实行为等。如果这些措施是以非歧视性方式出现的，就不应被视为服务贸易壁垒，即使其可能使外国服务产品价格增加而减少服务产品进口。例如，由于在外国注册的保险公司的财务难以审计，为了保护保险服务消费者的利益，政府规定对这类保险公司的财务状况进行定期审计，同时要求这类保险公司必须在当地银行具有一定数额的存款。这时，政府对外国和本国服务提供者采取不同的管制措施，目的不是造成歧视性待遇，而是达到国内经济发展目标。

综上，服务贸易壁垒与国内服务业管制密不可分，这样不可避免地使服务贸易壁垒难以辨别，服务贸易壁垒和国内服务业管制之间存在许多“灰色区域”，服务贸易自由化目标的实现远比货物贸易更加复杂和困难。服务贸易自由化并不排斥国内服务业管制，而是对国内服务业管制提出了更高的标准和要求，缺乏透明、公开、有效的国内服务业管制反而可能构成服务贸易壁垒，阻碍国际服务贸易发展。

第二节　服务贸易政策工具的分类

20 世纪下半叶，发达国家和发展中国家均对服务产品的进出口做出了种类繁多的限制，在此时出现的非关税壁垒虽然表现形式各不相同，但都可以达到阻碍外国服务产品和要素进入本国市场的目的。总体来看,服务贸易壁垒的分类标准大致有三:壁垒的限制对象、壁垒的实施方式和WTO《服务贸易总协定》的具体承诺。

一、按照壁垒的限制对象对服务贸易壁垒分类

按照壁垒的限制对象可将服务贸易壁垒划分为四类:产品移动壁垒、资本移动壁垒、人员移动壁垒和开业权壁垒。这是目前应用较为普遍和流行的分类标准,它把服务贸易提供方式与影响服务产品提供和消费结合了起来。

(一)产品移动壁垒

产品移动壁垒表现为限制服务产品移动的各种措施,通常包括数量限制、补贴、政府采购、歧视性的技术标准以及低下的知识产权保护水平等。

(1)数量限制。采用数量配额、垄断或专营方式,或要求测定经济需求的方式,限制外国服务提供者的数量,限制服务交易的数量或限制雇用外国自然人的数量,限制外商股权参与的比例等。数量限制是目前最有效和直接的服务贸易壁垒。

(2)补贴。国内服务业较常见的非关税措施之一,即国家通过直接拨款或税收优惠等手段,针对本国特定服务业实施补贴,达到提升国际竞争力和出口促进的目的。不论是发达国家还是发展中国家,补贴都被广泛应用在运输、通信、医疗和教育等服务业部门。

(3)政府采购。规定只向本国厂商购买公共领域的服务,或政府以亏本出售方式进行市场垄断,从而直接或间接地排斥外国竞争者。这在数据处理、保险、工程建筑和运输服务业表现得尤为明显。

(4)歧视性的技术标准。通过要求外国服务提供者经过某一认证机构批准的方式设置贸易壁垒。特别是发达国家,往往利用较高的技术标准和语言、文化差异实施国内服务业保护。过高或歧视性的国内环境标准,也可以大大降低诸如运输、旅游等服务业部门的外国服务提供者跨境提供服务的可能性,这往往是发展中国家发展对外服务贸易遭遇的最大技术壁垒。

(5)知识产权保护。服务贸易领域出现的大量知识产权保护问题,例如计算机软件保护等已引起世界范围内的极大关注。缺乏有效的知识产权保护措施,直接损害了他国服务提供者的利益,这也在一定程度上阻碍了国际服务贸易的发展。

(二)资本移动壁垒

资本移动壁垒主要表现为外汇管制、浮动汇率和投资收益汇出的限制等。外汇管制是指政府对外汇在本国境内的持有、流通和兑换,以及外汇的出入境采取各种限制措施。浮动汇率会对除外汇交易以外的几乎所有外向型经济领域造成影响,不利的汇率将严重削弱服

务竞争优势，它不仅增加厂商经营成本，而且会削弱消费者的购买力。对投资者投资收益汇回母国的限制，比如限制外国服务提供者将利润、版税、管理费汇回母国，或限制外国资本抽调回国，或限制汇回利润的额度等，也在相当程度上限制了国际服务贸易的发展。

（三）人员移动壁垒

人员移动壁垒包括移民限制和烦琐的出入境手续，其中移民限制仅指外国服务提供者进入本国服务业市场遇到的限制措施。人员是服务贸易最重要的生产要素，国际服务贸易的顺利进行一般离不开人员的跨界移动，尤其对于商业存在、境外消费和自然人移动来说，服务提供者或消费者的跨界移动更是实现交易不可或缺的条件。各种形式的人员移动壁垒对国际服务贸易造成严重影响，直接或间接割裂了服务产品的跨境生产和消费过程。例如，对人员移动的任何阻碍都可能影响到外国服务提供者聘用工作人员；消费者本国的护照申请管理和外国签证管制均有可能耗费大量物力财力，导致境外消费的需求减弱。

（四）开业权壁垒

针对跨国投资形式的服务提供，即商业存在的服务贸易壁垒被称为开业权壁垒。这些投资限制既可归于服务贸易壁垒，也可视为投资壁垒。联合国贸易与发展会议（1996）把对外直接投资壁垒划分为三大类：

（1）市场准入限制。例如禁止或限制外国企业投资特定部门、审批核准要求、对外国服务提供者采取特定法律形式、最低资本要求、续资要求、地域范围限制和征收准入税。

（2）所有权和控制措施。例如强制与国内投资者合资、限制董事会中外国人的数量、政府指派董事、特定决策须由政府批准、限制外国股东权利、强制特定时期内作出权利当地转让。

（3）经营限制。例如效益要求、当地成分要求、劳动力与资本及原材料进口限制、经营许可、特许权使用费上限、资本和利润汇回限制等。澳大利亚曾禁止外国银行设立分支机构，加拿大规定外国银行在加拿大开设的银行数量在国内银行总数中所占的比重不得超过一定比例。

二、按照壁垒的实施方式对服务贸易壁垒分类

赫克曼和布雷加（1997）曾根据贸易限制措施的实施方式对服务贸易壁垒进行了分类。

（一）配额、当地成分及禁止措施

例如，对服务业企业的数量限制，对发出的签证数目实施配额，在数据产品服务（电视频道、收音频道、电影院等）的引入采取数量限制，在特定服务业部门（运输、电信服务业等）禁止外国服务提供者进入。

（二）价格措施

例如，签证费、进入或存续税、歧视性着陆费和港口税等。这些税收可能是包含服务的商品或用于生产服务的商品遇到的最大壁垒。特定服务业部门的定价须经政府批准或受其监控，有些则须接受政府补贴。

（三）资格标准、许可和政府采购

对于某些专业服务，政府通过专家资格认证、技术鉴定等手段控制外国服务提供者的服务供给，比如会计、法律等。另外，政府也可能偏好于购买本国服务产品而对外国服务提供者形成歧视。

（四）当地网络

相当数量的发展中国家政府歧视外国服务提供者进入本国电信、航空运输、广告、保险服务业的营销网络。

三、按照《服务贸易总协定》对服务贸易壁垒分类

根据 WTO《服务贸易总协定》的具体承诺，可以将服务贸易壁垒归纳为两大类：影响市场准入的措施和影响国民待遇的措施。

影响市场准入的措施是指各成员利用数量配额等手段，对进入本国服务业市场采取管制的限制措施。影响国民待遇的措施是指通过制定和实施相对歧视外国服务和服务提供者的差别待遇，创造有利于国内服务产品和服务提供者环境的措施。后者的作用路径或者是通过增加外国服务提供者进入市场的成本，或者是直接或间接为国内提供者提供支持，加强国内服务产品和服务提供者的竞争优势，相对削弱外国服务和服务提供者的竞争优势，达到保护和发展本国服务业及对外服务贸易的目的。例如，拒绝外国航空公司使用本国航班订票系统或收取昂贵的使用费。

政府通过灵活运用这些限制措施，或者对服务贸易的发生进行直接干预，或者增加外国服务提供者进入的固定成本和经营过程中的可变成本，保护国内服务业市场，提升本国服务贸易竞争力，最终实现社会经济发展的综合目标。

第三节　服务贸易壁垒的度量

度量服务贸易壁垒的目的是明确一国及其特定服务部门贸易限制的水平或程度。不像货物贸易壁垒那样具有关税、配额等定量工具，服务贸易壁垒一般表现为国内服务业管制的政策法规，度量服务贸易壁垒需要将有关的定性信息转化为可比较的定量信息，这种度量方

法称为直接度量法。另外，根据壁垒造成的结果间接推断服务贸易壁垒的程度，称为间接度量法。其中，结果可以是价格成本差，也可以是消费者价格，或者服务贸易量。一般而言，限制越大，服务企业的价格成本差越大，消费者价格也越高，服务贸易量越小，可据此度量服务贸易壁垒的水平。

直接度量法和间接度量法各有利弊：前者对象明确、简便可行，并将定性信息转化为定量数值，同时直接度量也有主观判断之嫌，且只能选择那些现实中可明确的贸易限制；后者能够从数量上确定壁垒的影响，但须事先约定基准或参照值，高于基准的部分被认定为贸易壁垒所致，超过部分越高，壁垒程度越强。但是，确定基准非常困难，需要剔除影响价格的诸多因素，比如市场结构、消费者需求和商业周期等。

一、服务贸易壁垒度量的指标

对于服务贸易壁垒的度量指标，有学者主张将货物贸易壁垒的度量指标适用于服务贸易，也有学者认为应根据服务贸易壁垒的特点创建独立的服务贸易壁垒度量方法。

（一）借鉴货物贸易壁垒的度量指标

1. 名义保护率（Nominal Rate of Protection，NRP）

名义保护率是衡量贸易保护程度的最普遍使用的指标。世界银行将名义保护率定义为：由于保护引起的国内市场价格超过国际市场价格的部分与国际市场价格的比值。

$$\text{NRP} = \frac{\text{国内市场价格} - \text{国际市场价格}}{\text{国际市场价格}} \times 100\%$$

名义保护率在服务贸易领域的适用性有较大的局限，因为服务贸易壁垒主要表现为限制性的政策法规，只能对物化部分的服务贸易采取传统的关税和过境监管方式。

2. 有效保护率（Effective Rate of Protection，ERP）

所谓“有效保护”最初由澳大利亚经济学家科登和加拿大经济学家约翰逊提出。一国的关税政策是否有效，不仅要看其最终产品受到保护的程度，还要看受保护产业的中间产品进口是否也受到了保护，从而使得该产业的实际保护为正。

$$\text{ERP} = \frac{\text{最终产品名义保护率} - \text{中间产品价格} / \text{最终产品价格} \times \text{中间品名义保护率}}{1 - \text{中间品价格} / \text{最终产品价格}} \times 100\%$$

计算服务贸易的有效保护率，需要获取有关服务业的投入产出系数等数据信息，但其往往难以获得，这就限制了有效保护率作为服务贸易保护政策数量分析工具的作用。

3. 生产者补贴等值（Producer Subsidy Equivalent，PSE）

生产者补贴等值或生产者补贴等值系数最早被 OECD 用于对其成员的农业政策和农产品贸易的分析。这一方法受到许多国家的青睐，并在使用中不断得到改进，尤其在乌拉圭回合中被决策者们广泛接受之后，该指标日益受到重视，并被不断完善。生产者补贴等值是测算关税和非关税壁垒，以及其他政策变量保护程度的指标。以关税壁垒为例，生产者补贴等值的关税影响体现在关税产品（$P_t - P_f$）和生产数量（Q_s^t）两个方面。

$$\text{PSE} = \frac{(P_t - P_f)Q_s^t}{P_t Q_s^t} = \frac{P_t - P_f}{P_t}$$

其中，P_t 表示征收关税后的国内市场价格，P_f 表示国际市场价格，Q_s^t 表示生产数量。由此可知，生产者补贴等值实际衡量的是政策给予生产者的价值转移或政策对生产者收益的影响。

（二）服务贸易壁垒度量的工具方法

1. 频度工具法

（1）赫克曼指数

频度工具法是以所观察到的特定国家、部门或某类贸易的非关税壁垒为基础，计算各类壁垒发生的频率，以及壁垒在部门、贸易或生产中的覆盖率，以此衡量贸易限制的程度。

最先构造服务贸易壁垒频度指数的是赫克曼（1995）。他对 GATS 划分的 155 个服务部门、4 种提供方式分别赋予不同的分值。如果某一服务部门的某种提供方式没有限制（自由进入），则赋予权数 1，部分限制的赋予权数 0.5，没有承诺（不准进入）的赋予权数 0。赫克曼把这些分值称为“开放/限制因子”。由此，每个成员共有 155 ×4 =620 个开放/限制因子。根据这些因子，赫克曼计算得到三种部门覆盖率指数，或称为赫克曼指数：第一种指数，一国在 GATS 中所做承诺数除以最大可能值 620；第二种指数，也称为平均覆盖率，经开放/限制因子加权的部门/模式占最大可能值的比重；第三种指数，没有承诺的部门在成员全部承诺中或 155 个部门中所占的比重。赫克曼认为，覆盖率越接近于 1，意味着政府越倾向于服务贸易领域的自由贸易。

覆盖率本身或稍做变换（1 - 赫克曼指数）在一定程度上可以度量贸易限制的规模。例如，一国在 620 个部门/模式中有 10% 做了承诺，即该国的赫克曼指数为 0.1，则其限制性分值为 1 -0.1 =0. 9，表示 90% 的部门/模式是封闭的。赫克曼（1995）频度指数的经验数据显示，高收入国家在 GATS 中所做出的承诺远远高于低收入国家，发达国家平均为 47%，而发展中国家平均为 16%。

为了方便部门间比较以及在经济模型中进行分析，通常把覆盖率转化为关税等值。关税等值是以面向外国服务提供者的从价关税形式等效表现的服务贸易的非关税壁垒。非关税壁垒在功能与政策目标方面与关税壁垒大致相同，都为限制外国厂商进入本国市场或削弱本国市场中已有的外国厂商的竞争能力，正是这些相通之处，为服务贸易非关税壁垒向关税壁垒的转换提供了计算基础。覆盖率转化为关税等值，是以保护程度最高的国家的可能关税等值的估计值为基准,乘以(1 - 赫克曼指数)得到目标国家的关税等值。例如,世界上保护程度最高的国家采取的贸易限制措施相当于征收50%的关税,那么这个限制性分值为0.9的国家关税等值为45%(0.9×50%)。

(2)贸易限制指数

澳大利亚生产力委员会研究小组从以下两个方面对赫克曼指数进行了改进:一是将所用数据资料来源大大扩展,不仅限于GATS承诺表,还从国内服务业管制的相关政策法规、政府和行业协会报告,以及APEC、OECD、WTO等国际组织和美国贸易代表办公室等获取贸易壁垒的有关信息;二是以对有关限制的经济影响主观判断为基础的更具体的加权/评分系统,且分别针对外国服务提供者的限制(外国指数)和针对所有服务提供者的限制(国内指数)计算分值(见表6-1)。

表6-1　澳大利亚生产力委员会研究小组服务贸易壁垒频度工具法的构造

	部　门	主要数据来源	计算方法
Warren(2001)	电信	国际电信联盟(ITU)	多步骤加权/评分方法:(1)把各种部门限制(比如McGuire和Schuele把影响银行商业存在的限制分为许可、直接投资、合资安排、人员永久居留权和其他)或部门(比如Kemp把教育分为五个次部门)分为几类,根据其对部门经济影响的主观判断分配权数;(2)根据限制的不同程度给每类限制记分(比如McGuire和Schuele对“许可”限制,不颁发新的银行许可记为1,根据谨慎性要求最多只发三张记为0.75,最多只发六张记为0.5,最多只发10张记为0.25,不限制记为0),并按4种服务提供方式和/或两类限制(市场准入和国民待遇)加以区分;(3)根据上述分值和权数计算国家/部门贸易限制指数,有时还采用不同评分系统进行敏感性分析,比如Kemp(2001)。
McGuire和Schuele(2001)	银行	GATS承诺表;WTO贸易政策评述;APEC单边行动计划	
McGuire等(2000)	海运	NGMTS(1994);GATS承诺表;WTO贸易政策评述	
Kemp(2001)	教育	GATS承诺表	
Kalirajan(2000)	分销	GATS承诺表;WTO贸易政策评述;OECD贸易报告数据库	
Nguyen-Hong(2000)	专业服务(法律、会计、建筑设计和建筑工程)	OECD影响专业服务贸易的措施目录;WTO关于会计服务限制的问卷调查;APEC专业服务指南;ILSAC法律服务简介	

据此,澳大利亚生产力委员会研究小组构建出新的频度工具法——贸易限制指数。贸易限制指数衡量对外国和本国服务提供者进行限制的数量和严厉程度,取值一般在0—1之间,数值越高,限制越强。该指数可以分为非歧视性限制(对国内和外国服务提供者的限制是一样的)和歧视性限制(仅对外国服务提供者进行限制)。以银行业为例,要求外国投资者采取与当地合作的合资形式、对外国银行经营许可和募集资金方式上的限制均为歧视性限制措施,而非歧视性限制措施有:对银行许可证数量或分支机构数量的限制、对银行基金

筹款和放款的地点和方式的限制,以及对银行能否经营其他业务(如保险或证券)的限制。对于法律服务,歧视性限制措施为对外国从业者国籍或公民身份的要求,以及开业是否需要配额和需求测试,而非歧视性限制措施有:对机构创建形式(比如法人机构是否被批准)的限制、对许可证的发放和委托授权要求的限制、对广告和费用规定的限制、对其他部门的业务(比如会计服务)能否在律师事务所之外实施的限制。

贸易限制指数应针对本国和外国服务提供者分别计算。国内指数衡量对本国服务提供者的限制,一般只包括非歧视性限制(多数服务部门限制不会歧视本国公司)。国外指数衡量阻止外国公司进入某经济体和在其中经营的所有限制,包括歧视性限制和非歧视性限制。国外指数包含国内指数,因为国内指数只有关于市场准入的信息,而国外指数还考虑了国民待遇的实施。国外指数和国内指数的差异可以用来表示对外国企业的歧视程度。图 6-1 和图 6-2 为 McGuire, Schuele 和 Smith(2000)描绘的美洲国家和欧洲国家海洋运输服务部门的贸易限制指数。

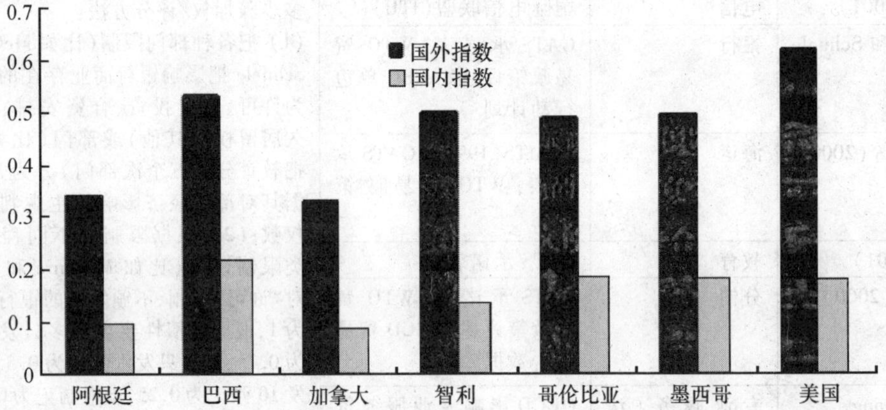

图 6-1　美洲国家海洋运输服务部门贸易限制指数

资料来源:McGuire, Schuele 和 Smith(2000)。

注:分值越高,限制越强,取值范围在 0—1 之间。

在发达国家中,美国的贸易限制指数一枝独秀。例如,《1920 年美国海运法》("琼斯法案")要求:在美国国内港口之间的货物水运,都应由美国人拥有的、经营的、建造的船只运载,这些船只的船员也应该是美国人。美国保留对美国船只运输路线和仅运载美国货物的外国船只运输路线施加报复性措施的权利。虽然某些欧洲国家(比如卢森堡)为陆地所包围,只能对内河运输设限,但与美国相比,欧洲国家对海洋运输服务的限制普遍偏低。

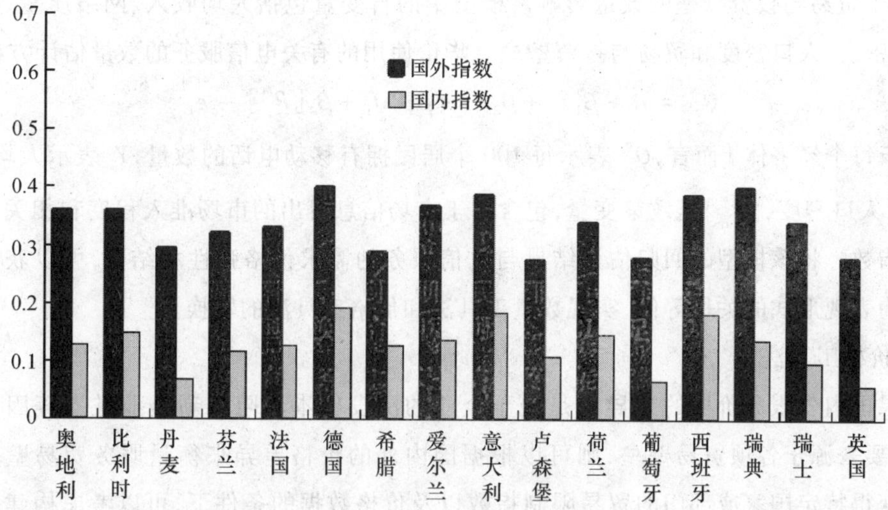

图 6-2　欧洲国家海洋运输服务部门贸易限制指数

资料来源：McGuire，Schuele 和 Smith(2000)。

注：分值越高，限制越强，取值范围在 0—1 之间，其中包括内河运输。

2. 数量工具法

构造数量工具的基本思想是，比较没有壁垒情况下的贸易额与现实情况下的贸易额，衡量服务贸易壁垒对贸易量的影响。尽管能够观察到现实情况下的实际贸易额，但困难在于如何测算没有壁垒情况下的贸易额。人们通常会利用贸易模型（比如 H-O 模型、引力模型）尝试接近自由贸易的理想情形，用计量经济方法估计残差（实际贸易额和模型预测值的差额）或以各种虚拟变量度量壁垒规模。这类研究多集中于商品领域，服务领域具有代表性的方法主要有两项：

(1) 引力模型估计

弗朗西斯和赫克曼(1999)以新加坡和中国香港地区为基准，运用引力模型估计了美国与其主要贸易伙伴之间的商业/金融服务和建筑服务贸易。模型中的自变量包括人均收入、国内生产总值和虚拟变量。实际进口额和预测进口值的差额表示贸易壁垒规模。他们的研究结果显示，服务贸易壁垒低于货物贸易壁垒，比如印度尼西亚、中东和北非的服务贸易关税等值低于货物关税的平均水平。印度尼西亚的货物贸易平均关税为 13%，商务/金融服务贸易关税等值为 6.8%，建筑服务贸易关税等值为 9.6%。中东和北非的货物贸易平均关税为 20%，商务/金融服务贸易关税等值为 4%，建筑服务贸易关税等值为 9.5%。

(2) 线性回归估计

华伦(2001)通过计量经济模型对 136 个经济体的电信服务贸易（固定服务和移动服

务)估计了贸易与投资壁垒的数量影响。模型中的自变量包括人均收入、网络质量、等待列表、家庭密度、人口密度和贸易与投资壁垒。华伦使用的有关电信服务的数量估计方程为

$$Q_i^m = \alpha + \beta_1 Y_i + \beta_2 Y_i^2 + \beta_3 \mathrm{PD}_i + \beta_4 [P_i^m] + \varepsilon_i$$

对于每个经济体 i 而言,Q_i^m 表示每 100 个居民拥有移动电话的数量,Y_i 表示人均 GDP,PD_i 表示人口密度,$[P_i^m]$是政策变量,包含基于市场信息得出的市场准入程度和相关的贸易与投资指数。将该模型的回归估计结果与电信服务的需求价格弹性相结合,可以获得以价格楔子为表现形式的关税等值,实现数量工具法和价格工具法的转换。

3. 价格工具法

如果国内外服务价格的差异不是由于企业的沉没成本和阻碍新企业进入等因素造成的,而主要来源于各项贸易壁垒,则可以根据国内外的价格差异来衡量服务贸易壁垒的规模。在获得特定国家或部门的贸易限制指数以及价格数据的条件下,可以考虑构建有关影响因素的计量经济模型,将贸易限制指数作为其中一项解释变量,该指数的估计系数可用于衡量贸易壁垒对价格的影响。

$$P = \alpha + \beta \mathrm{BRI} + \gamma E + \varepsilon$$

其中,P 表示某国/地区某项服务的价格,BRI 表示该服务的贸易限制指数,E 是影响价格的政策环境变量,包括市场结构、政府管制、消费者偏好、汇率等。以航空服务为例,对于服务价格,需要对距离和其他特定路线变量作回归分析。假定估计的航空服务价格不受贸易限制措施的影响,那么估计系数 β 衡量限制程度为 1 时,飞机票价的提高幅度(相对于限制程度为 0 时的飞机票价)。

弗朗西斯和赫克曼(1999)提出以营业毛利润率,即总销售收入扣除总成本后的差额占总收入的比重,衡量服务贸易壁垒的价格工具方法,也称为财务指标。营业毛利润率显示了不同行业的相对获利性,从而刻画了可能存在的进入壁垒的相对规模。虽然企业的利润水平取决于很多经济与制度因素,比如市场规模、竞争政策、产品替代性、固定成本等,但由于使用不同国家、不同部门的相对利润水平,这些数据也能够为估计单个国家或部门现有壁垒的相对规模提供启示。赫克曼(2000)利用 1994—1996 年上市公司财务数据,按照国别和部门核算相应的营业毛利润,并将其与自由贸易基准国家的平均利润率进行比较。研究发现,从服务部门看,服务业总体利润水平高于制造业 10%—15%,在服务业内部,旅游和金融服务部门的利润水平高于批发零售业;从国家/地区角度看,贸易自由化程度较高的中国香港地区和新加坡的服务利润水平最低,大约为 20%,而智利、印尼、泰国、中国和美国的相应数据都超过了 40%。结果表明,不同国家/地区既定服务部门的相对利润水平与贸易壁垒规模存在一定的正相关关系。

为了使结论更加可靠,澳大利亚生产力委员会研究小组计算了多个发达国家和发展中国家的服务贸易壁垒价格指标,被考察的行业包括航空运输、食品批发与零售、银行、海运、工程服务、电信、工业供电等。考虑到价格效应和数量效应可能与各种潜在贸易限制有关,他们通过计量经济分析区分了"行业或整体经济影响"和"贸易限制措施"分别对价格和成本的作用,更加准确地反映出贸易壁垒对利润的影响。

二、频度工具法、数量工具法和价格工具法的比较

赫克曼指数仅关注服务贸易壁垒的相对限制程度,无从考察从价关税等值的绝对水平。其局限性在于,由于假定成员就服务部门对 GATS 没有做出正向承诺就意味着限制,可能具有误导性或存在偏见。此外,赫克曼指数给予所有服务部门的限制以同等权数,并未考虑不同服务部门在不同成员国民经济中的地位和影响。澳大利亚生产力委员会创建的贸易限制指数较赫克曼指数与现实的拟合度更高。一方面,其使用的数据信息是对服务贸易壁垒的实际估计,而非单纯来自各国关于 GATS 的承诺;另一方面,其评分体系(权数的分配)更为复杂,而赫克曼指数的分值体系较为简单,只有 0、0.5 和 1 三个取值。总之,频度工具法有利于确定壁垒类型和对特定部门保护的相对程度。但是,频度工具法包含的有关服务贸易壁垒规模的判断及其保留或取消产生的经济影响的内容十分有限,同时应用频度工具法时进行主观判断的成分较高。

价格工具法和数量工具法的估计主要有两种途径:使用贸易壁垒频度指标直接估计,或从残差估计营业毛利润对某些自由贸易基准的偏离间接推得。因此,就准确性和可靠性而言,价格/数量工具法不如频度工具法。因为以频度指标作为计量经济模型中的解释变量,所得估计值的准确性和可靠性不会比频度工具法本身更强。但间接方法也存在严重缺陷:第一,用残差间接推得服务贸易壁垒规模,对计量经济模型设定的准确性应十分敏感;第二,即便模型设定十分准确,把所有对竞争性均衡的偏离都归因于贸易壁垒也未必可取,很多导致价格偏离竞争水平的壁垒并非由政府设立。所以,间接方法有夸大壁垒规模的内在倾向。当然,频度工具法也可能高估或低估壁垒实际规模,尤其当加权/评分体系不适当的时候。除此之外,价格/数量工具法是一个问题的两个方面,因为特定服务产品的价格和需求数量在市场上是同时确定的。价格工具法是对服务贸易壁垒关税等值的直接测量,数量工具法则是间接计算——先确定数量指标,再利用该市场对服务产品的价格需求弹性求出价格差,最终得到壁垒的关税等值。其中,数量工具法需要经过估算价格需求弹性这一额外步骤,其结果的偏差可能大于价格工具法。

综合上述三类方法,从信息含量、解释范围、数据资料的要求以及指标的准确性和可靠

性来看，它们都存在这样或那样的不足。例如，与频度工具法相比，价格工具法和数量工具法的信息含量更加丰富，对服务贸易壁垒规模的考察更为深入，不仅能够反映显性壁垒，而且可以反映频度工具法通常无法捕捉到的隐性壁垒。但是，这两类工具法对数据资料的要求也更高，而且不同服务部门之间的可比性较差，限制了其使用范围。弗朗西斯和赫克曼(1999)提出的营业毛利润率是一个重要例外，适用于跨部门和跨国的比较。价格工具法和数量工具法并不适用于所有经济体。例如，财务指标可用于已达到一定开放水平的市场经济国家，特别是在没有新的国内竞争者而只有国外竞争者进入市场时，毛利润率的下降幅度可以较好地体现壁垒削减的真实程度。在具有浓重计划经济色彩或政府干预程度很强的国家，价格信号严重失真，很难通过毛利润率或价格指标衡量开放前后贸易壁垒的规模。此外，在发展中国家，某些行业在开放之初完全处于空白，价格工具法和数量工具法也就变得毫无意义了。从贸易谈判的角度看，频度工具法能够为衡量谈判目标国的服务贸易壁垒水平和自由化进程提供充足信息，且在准确性和可靠性方面更好，所以更适合作为贸易谈判的参考。

第四节　服务贸易壁垒的影响

一、衡量服务贸易壁垒影响的两种方法

度量服务贸易壁垒的影响，一般通过模拟标准国际贸易理论的局部均衡或可计算一般均衡模型进行。

(一) 局部均衡分析法

拉钦德拉姆(2003)就全球86个发展中国家1985—1999年的数据对基础电信服务部门进行了局部均衡分析，他的研究重点是：① 所有权、竞争和规制方面的政策变化；② 政策改革和其他互补性改革措施的搭配；③ 改革次序对三者的经济影响。主要结论是：① 私有化和竞争的引入显著提高了劳动生产率以及电信主线的密度；② 私有化和竞争政策的相互作用有助于达到最优效果；③ 在私有化之前引入竞争政策会趋于最优。

尽管局部均衡分析法的数据要求较低、与特定服务部门结合度较高，以及研究目标具体和明确，但考虑到各服务部门在资本、劳动力等方面的相互关联，加之单个服务部门贸易自由化的影响对其他服务部门的溢出效应，所以考察服务贸易自由化的实际效应有必要引入一般均衡分析。

(二) 一般均衡分析法

目前，度量服务贸易壁垒的影响时应用最为广泛的是可计算一般均衡分析法，但其对象

集中在货物贸易而非服务贸易和外国直接投资。这主要是因为服务贸易的跨境交易、外国直接投资和服务贸易壁垒的数据较难获得,相关界定还不十分清晰。利用可计算一般均衡分析法度量服务贸易壁垒的影响有两种途径:一是在模型中明确不同服务提供方式,二是明确服务部门中的外国直接投资(表6-2)。两种途径通常采用全球生产与贸易密歇根模型(Michigan Model of World Production and Trade)和澳大利亚外国直接投资与贸易分析模型(Foreign-Investment and Trade Analysis Project)。

表6-2 有关服务贸易壁垒影响的一般均衡分析

	服务部门数量	提供方式的壁垒	外国直接投资	评估服务贸易壁垒的来源	所用模型
第一类:不明确不同服务提供方式					
Brown et al. (1996)	5	×	√	Hoekman(1995)	密歇根模型
Hertel et al. (1999)	5	×	√	Hoekman(1995)和 Francois(1999)	GTAP 模型
Benjamin 和 Diao (2000)	1	×	√		
Chadha (2000)	8	×	√	Hoekman(1995)	密歇根模型的变体
Robinson et al. (1999)	6	×	√	Hoekman(1995)	Berkley 模型
第二类:明确服务部门中的 FDI					
Mckibbbin 和 Wilcoxen (1996)	1	√(间接)	√		G 立方模型
Petri (1997)	1	√	√	Hoekman (1995)	GTAP 模型
Brown 和 Stern (2001)	1	√	√	Hoekman 和 Francois (1999)	新密歇根模型
Dee 和 Hanslow (2000)	1	×	√	Kalirajan et al. (2000)和 Warren (2000b)	FTAP 模型
Verikios 和 Zhang (2000)	6	√	√	Kalirajan et al. (2000)和 Warren (2000b)	FTAP 模型

密歇根模型最早于20世纪70年代中期由迪尔道夫和斯特恩(1986)基于完全竞争和产品差异化假定对34个国家、29个部门进行一般均衡分析发展而成。之后,在布朗和斯特恩(1989)对美国与加拿大的针对性研究的基础上,一般均衡分析进一步引入垄断竞争、规模报酬递增,以及企业而非出口国的产品差异化等假定。密歇根模型原本用于测算多边或区域货物贸易自由化的部门效应,近年来被扩展至服务贸易领域(布朗、迪尔道夫和斯特恩,1995;布朗和斯特恩,2001;迪尔道夫和斯特恩,2003)。

另外,澳大利亚FTAP模型(迪和汉斯陆,2000)是有关服务贸易领域中商业存在提供方式,即外国直接投资的全球贸易分析模型(GTAP)①。FTAP模型由澳大利亚生产力委员会研制和完善起来,是一个覆盖19个地区(亚洲、南北美洲和欧洲)、3个产业(农业与食品业、制造业和服务业)的可计算一般均衡模型,其在GTAP模型的基础上添加了为支持服务贸易自由化分析而必需的要素。

---

① GTAP模型由美国普度大学农业经济系的世界贸易分析中心主持研发,其数据库收纳了全球87个国家/地区57个行业部门的宏观经济数据,包括地区间的双边贸易、行业保护和交通数据,以及单个国家/地区的投入产出数据,是一个全球性的跨国家/地区、跨部门的综合数据库。

对比来看,密歇根模型使用标准 GTAP 数据库(4.0 版本),假定服务贸易壁垒一次性完成削减,其比较静态分析不考虑壁垒削减对经济增长的动态影响,而主要考察服务贸易四种提供方式中的跨境交付和境外消费,将自然人移动和以外国直接投资为表现形式的商业存在排除在外。相反,FTAP 模型结合考虑资本积累和国际资本流动,反映削减服务贸易壁垒的动态影响。由于以商业存在作为主要考察对象,FTAP 模型对 GTAP 数据库进行了补充和修正,以获得有关对外直接投资和产出水平的数据,即现有的两大数据来源:GTAP 数据库(4.0 版本)和澳大利亚生产力委员会计算的 FDI 存量及企业相关活动。

总之,一般均衡分析法的优越性在于:第一,可以用于整体测算全球服务贸易壁垒,通过分析服务部门与其他经济部门的投入产出关系,评估贸易政策调整对经济的影响。第二,可以为进一步的贸易谈判提供参考咨询。例如迪和汉斯陆研究发现,局部贸易自由化不能实现帕累托最优,应同步消除各种服务贸易壁垒,使得收益最大化。这种方法的局限性体现在:第一,各国对服务贸易不同部门的统计尚未形成统一标准,四种提供方式的数据难以获得。不仅现有统计对服务部门的分类与 GATS 的分类存在差异,而且统计对象主要为过境交付,其他提供方式的服务贸易数据都不健全。第二,度量服务贸易壁垒多半采用赫克曼(1995)的计算方法,忽视了赫克曼指数的固有缺陷。第三,不能把四种提供方式的服务贸易统统纳入模型,将服务贸易壁垒引入模型时,很大程度上受到数据限制。

二、利用 FTAP 模型衡量削减服务贸易壁垒的影响

FTAP 模型把服务贸易壁垒分为开业壁垒和经营壁垒,这与商业存在和其他提供方式的区分很相似。正如 GATS 在市场准入限制和国民待遇限制方面的规定,FTAP 模型中的准入限制既适用于当地公司,也适用于外国公司,而国民待遇限制意味着对外国公司的歧视。

FTAP 模型的服务贸易壁垒用等价税表示,其中开业壁垒用资本税表示,经营壁垒用生产税和出口税表示。外国公司的生产税和资本税比本国公司更高,因为其显示了市场准入限制和国民待遇限制的双重影响。

迪和汉斯陆(2000)利用 FTAP 模型,从价格效应和收入效应的角度考察了服务贸易壁垒的经济影响。服务贸易壁垒的价格效应表现为租金收益(超额利润)和成本增加。他们认为,服务贸易壁垒的保护作用主要表现为租金收益,而贸易自由化的好处则由“三角形”的配置效率体现,因为三角形收益小于矩形收益,所以该模型倾向于低估服务贸易自由化得益。对于收入效应,迪和汉斯陆(2000)预期贸易自由化的部分效益将来自开放市场准入,而非放开对国民待遇的限制。

表 6-3 服务贸易自由化对实际收入[a]的影响 单位:十亿美元

	取消市场准入限制	取消国民待遇限制	两者[b]
取消开业壁垒	56.8	3.7	64.2
取消经营壁垒	25.6	12.9	39.3
两者[b]	98.8	19.3	133.4

注:a. 10 年自由化进程和相关的资源调整对实际收入带来的预计收益。b. 不同类型部分自由化之间的相互作用,"两者"一栏的数字不可累加。

结果表明,FTAP 模型预期贸易自由化的大部分收益来自对歧视性限制的取消。在服务业,如果国民待遇限制被取消而重要的市场准入壁垒仍然存在,经济体会将垄断收益拱手让给外国,却无法得到降低国内消费价格、削减支出的好处。另外,当只涉及某种限制被取消时,难以寻求一种途径保证一些经济体从部分贸易自由化中获益,而不损害其他任何经济体的利益。这说明,实现贸易自由化的最好策略可能就是通过谈判同时削减所有贸易限制。

沃利奇斯和张(2001)使用 FTAP 模型分别研究金融和电信服务业中取消贸易壁垒的影响。他们发现,两部门贸易自由化带来的世界总收益将达 479 亿美元。其中,约 240 亿美元来自电信服务贸易自由化,239 亿美元来自金融服务贸易自由化。

重要概念

产品移动壁垒　开业权壁垒　名义保护率　有效保护率　赫克曼指数　FTAP 模型

思考题

1. 简述服务贸易壁垒与货物贸易壁垒、国内服务业管制之间的区别和联系。

2. 简述服务贸易壁垒中产品移动壁垒的具体内容。

3. 度量服务贸易壁垒规模的频度工具法包括哪些主要方法?试比较其与数量工具法和价格工具法的优劣。

4. 运用 FTAP 模型阐述削减服务贸易壁垒的经济影响。

课后阅读材料

[1] 俞灵燕,服务贸易壁垒及其影响的量度:国外研究的一个综述,《世界经济》,2005 年第 4 期。

[2] 王小梅,服务贸易壁垒的经济学分析,《世界经济研究》,2005 年第 6 期。

[3] Mukherjee, N., Multilateral Negotiations and Trade Barriers in Service Trade: A Case Study of U.S. Shipping Services, *Journal of World Trade*, 1992, 2(5), pp. 45—58.

[4] Nguyen-Hong, Duc, Restrictions on Trade in Professional Services, *Productivity Commission Staff Research Paper*, *AusInfo*, *Canberra*, 2000.

第七章

服务贸易协议

引导案例

“中美出版物市场准入案”是中国在WTO框架下的第一个服务贸易争端，历时四年之久。2007年4月10日，美国应用WTO争端解决机制正式就“中国影响出版物和视听娱乐产品的贸易权及分销服务”请求与中国磋商。根据《服务贸易总协定》，美国认为中国没有给予外资经销商同本土经销商同样的待遇。例如，中国禁止外资经销商作为读物和电子出版物的独家代理商；对有读物分销权的外资企业，在注册资本、经营项目、许可程序等方面施加了比本土经销商更多的限制等。这些措施违反了中国的服务贸易市场准入承诺和国民待遇义务。6月5日至6日，各方在日内瓦进行磋商，但未果。2009年8月12日，WTO专家组公布的裁决报告支持了美方的大部分诉求，认为中国限制外国音像出版物进入中国市场违反了GATS的规定和中国有关贸易权开放的入世承诺。另外，专家组不支持中国援引《关税与贸易总协定》第20条(a)“公共道德”例外作为辩护。2009年9月22日，中国就专家组裁决报告中的某些法律问题以及专家组在报告中采用的某些法律解释向上诉机构提起上诉，10月5日美国应诉。12月21日，WTO上诉机构公布了中美出版物市场准入争端案的裁决报告，驳回了中国的上诉。2010年7月12日，中国和美国达成一致：中国同意在裁决生效后14个月内，即2011年3月19日以前执行裁决。

美国此番胜诉的主要依据是《服务贸易总协定》，它作为 WTO 的重要组成部分，是第一部具有法律效力的国际服务贸易多边规则。本章我们学习包括 GATS 在内的世界主要服务贸易协议，它们对国际服务贸易的发展起到了引导、促进和规范的作用。

学习目标

- 了解《服务贸易总协定》的文本内容
- 熟悉多哈回合服务贸易谈判的背景、现状和障碍
- 认识当今世界重要的区域服务贸易安排

第一节 《服务贸易总协定》

《服务贸易总协定》(General Agreement on Trade in Services, GATS)于 1994 年 4 月 15 日正式签署，作为第一个多边服务贸易协定，其对全球和区域服务贸易自由化的发展具有里程碑意义。本节内容将对 GATS 做出系统性介绍和评价：乌拉圭回合服务贸易谈判的背景和 GATS 的签署、GATS 文本内容的分层解读，以及对 GATS 的正反两方面评价。

一、GATS 产生的背景

(一) GATS 是经济全球化和世界服务贸易迅猛发展的必然产物

第二次世界大战以来，特别是新科技革命至今，经济全球化不断深入，国际分工细化和贸易与投资自由化的趋势日渐明显。国际间商品、服务以及资本、技术、信息等各种要素部分实现自由流动和配置，使得各国经济相互影响，依存度大大提高。其中，国际贸易的增长速度高于世界经济的增长速度，而国际服务贸易的增长速度又远远高于货物贸易的增长速度。

但是，由于服务业和服务贸易涉及的范围十分广泛，包括国民经济、社会、文化等诸多领域，长期以来形成了复杂的市场准入限制、国内政策管制和贸易壁垒，服务贸易的加速发展急需破除这些障碍，建立统一、合理、有效的管理国际服务贸易运行的全球机制，维持世界服务贸易发展的良好势头，进一步推动服务业开放和服务贸易自由化。在这种背景下，GATS 应运而生。

(二) GATS 是发达国家与发展中国家利益争夺的矛盾产物

20 世纪 70 年代初，国际服务贸易作为独立的领域开始得到关贸总协定及其成员的关

注,服务业部门的竞争和服务产品的国际交换成为这一时期的焦点议题之一。针对服务贸易自由化,发达国家和发展中国家的态度截然相反。发达国家积极倡导服务贸易自由化,而发展中国家是由坚决抵制到逐步接受。

1. 以美国为首的发达国家积极倡导服务贸易自由化

作为世界上服务业发展水平最高、服务贸易出口最多的国家,美国在货物贸易逆差连年增加的同时服务贸易始终保持顺差,其急切期望通过双边或多边的谈判磋商推动和早日实现区域或全球服务贸易自由化。

欧洲众多发达经济体起初对美国的倡议表示担忧,但伴随其对外服务贸易竞争力日渐提高,明确表现出对美国的坚定支持。虽然日本在绝大多数服务业和服务贸易领域都具有较强的竞争优势,但总体上服务贸易呈现逆差状态,不过其出于改善同美国持续吃紧的货物贸易关系,仍然加入了以美国为首的服务贸易自由化阵营。这样,发达国家基本统一了通过多边谈判机制加快推进国际服务贸易自由化的认识和决心。

2. 发展中国家对服务贸易自由化由抵制到逐渐接受

美国积极推动的服务贸易自由化谈判没有得到发展中国家的积极响应,由于自身服务业发展尚处于幼稚阶段,尤其是金融、保险、咨询等资本、知识密集型行业一时较难参与国际竞争,加之部分服务业涉及国家经济安全、国民意识形态等敏感问题,发展中国家普遍反对快速的服务贸易自由化。

随着世界各国特别是发达国家在服务贸易自由化问题上达成共识,发展中国家对此的态度也由坚决抵制出现了松动。一方面,一些新兴经济体在部分服务业上已经取得相当优势,并正在积极培育对外服务贸易竞争力;另一方面,发展中国家意识到,与其被动接受发达国家制定的服务业和服务贸易规则,不如主动回应和参与服务贸易多边谈判,在与发达国家的博弈过程中使损失减至最低,利益得到保障。在双方的共同努力下,服务贸易作为崭新议题被纳入乌拉圭回合多边谈判议程,从此开启了多边纪律约束下世界服务贸易发展的新阶段。

经过四个阶段、为期八年的艰苦谈判,乌拉圭回合各参与方于 1994 年 4 月在摩洛哥马拉喀什正式签署了《服务贸易总协定》。

二、GATS 的文本内容

作为第一部具有法律效力的国际服务贸易多边规则,GATS 最终文本由四大部分组成:第一部分是正文,包括 6 个部分 29 个条款,规定了有关服务贸易的原则、规则与一般定义和范围;第二部分是 8 个附件,具体明确了航空、金融、海运、电信等较复杂的服务业部门的定义、范围、原则与规则，包括正文第 2 条的最惠国待遇豁免清单；第三部分是在“肯定列表”的基础上，各国做出的关于市场准入和国民待遇的部门“承诺细目表”；第四部分是部长级会议决定与谅解等。

（一）正文

GATS 正文的主体内容是：前言、范围与定义、普遍义务与原则、承担特定义务、逐步自由化、组织机构条款、最终条款。其中，前言提出了签订 GATS 的宗旨、目标和原则。

第一部分是范围与定义，确定了 GATS 的适用范围、服务贸易的定义和部门覆盖范围。GATS 按照跨境交付、境外消费、商业存在和自然人移动四种提供方式界定服务贸易，同时将服务贸易部门划分为 12 个部门、155 个分部门，在各成员提交的“承诺细目表”中，结合法律规则和义务，对单个部门及分部门分别进行谈判磋商和约束。

第二部分是普遍义务与原则，由 14 个条款和两项附则组成，是 GATS 正文的核心内容。该部分确立了服务贸易的法律原则和纪律，构成了各成员方权利和义务的基础。其中，14 个条款分别对最惠国待遇、透明度、发展中国家的更多参与、经济一体化、国内规定、认可、垄断、商业惯例、紧急保障措施、支付和转让、国际收支平衡的保障限制、政府采购以及一般例外和安全例外等的义务与原则进行了统一规定。

第三部分是承担特定义务。GATS 从市场准入、国民待遇和附加承诺三个方面对各成员在部门和分部门中涉及的具体承诺列出了应遵守的原则和规定，为各成员的承诺细目表制定了一致标准。

第四部分是逐步自由化，具有“逐步”和“自由化”两层含义。GATS 规定，各成员应在协定生效起不迟于 5 年启动新一轮多边谈判，以逐步提高服务贸易自由化的水平。

第五部分是组织机构条款，包括争端解决机制在内的 5 个条款。GATS 未对服务贸易的争端解决机制做出进一步规定，而是沿用了《建立世界贸易组织的马拉喀什协定》的附件 2《争端解决规则与程序谅解》。

第六部分是最终条款，由利益的否定、术语定义和附件组成。

（二）附件

作为 GATS 不可分割的重要组成部分，附件涵盖航空服务、金融服务、电信服务、自然人移动等多个服务贸易领域。这些附件充分考虑了服务的复杂性、多样性和服务提供方式的差异性，对特定的服务部门以附件和部长级会议的文件形式确立具有针对性的补充规定，并为进一步推动服务贸易自由化所做的后续谈判提供指导。

（三）承诺细目表

GATS 的承诺细目表是具体反映各成员服务业和服务贸易部门开放的条件和状况的有

效文件，为了便于成员间的比较分析，承诺细目表采用统一格式，如表 7-1 所示。

表 7-1 GATS 承诺细目表范例

提供方式		市场准入限制	国民待遇限制	附加承诺
1. 水平承诺				
所有部门	① 跨境交付	无限制	无限制	
	② 境外消费	无限制	无限制	
	③ 商业存在	无限制	研究与开发补贴	
	④ 自然人移动	除企业之间的高层管理人员为期 4 年以上的初次流动无限制，逗留期限取决于经评估的经济需要	除市场准入栏所标明的事项外无限制	
2. 部门承诺				
会计服务	① 跨境交付	无限制	无限制	
	② 境外消费	无限制	无限制	
	③ 商业存在	只有自然人可以作为注册会计师	公司中至少有一名财产合伙人为永久居民	
	④ 自然人移动	除水平承诺部分标明外无限制	除水平承诺部分标明外无限制	

1. 承诺义务

(1) 市场准入方面，规定了 6 类限制措施：① 对服务提供者的数量限制；② 对服务交易及其总金额的限制；③ 对服务活动数量的限制；④ 对所雇用的自然人数目的限制；⑤ 要求以某种形式的法人实体或合资方式进行服务贸易的限制性措施；⑥ 对外国资本进入的限制。

(2) 国民待遇方面，规定某一成员方给予任何其他成员的服务和服务提供者的待遇应不低于给予本成员相同的服务和服务提供者的待遇。

(3) 附加承诺方面，规定影响服务贸易但又不同于上述市场准入和国民待遇的其他义务与原则，扩展了服务贸易的特定义务范围。

2. 水平承诺和部门承诺

GATS 的承诺细目表从两个部分对市场准入和国民待遇两个方面进行了规定：

第一部分规定适用于所有服务部门的所有承诺的限制条件，即水平承诺，这是评估任一服务部门具体承诺的前提。

第二部分规定适用于所承诺的服务贸易的具体部门。

在 WTO 框架下，按照服务产品特征将承诺细目表涉及的服务业划分为 12 个服务部门和 155 个服务分部门。如表 7-2 所示。

表 7-2 服务业部门分类

服务部门	具体服务活动	合 计
商业服务	11 项专业服务 +5 项计算机服务 +3 项研发服务 +2 项不动产服务 +5 项有条件租赁服务 +20 项其他服务	46
通信服务	邮政服务 + 国际快递服务 +15 项电信服务 +6 项视听服务 + 其他服务	24
建筑工程服务		5
销售服务		5
教育服务		5
环境服务		4
金融服务	4 项保险服务 +12 项银行服务 + 其他服务	17
健康与社会服务		4
旅游及相关服务		4
娱乐、文化与体育服务		5
交通运输服务	6 项海运服务 +6 项河运服务 +5 项空运服务 + 空间服务 +5 项铁路服务 +5 项公路服务 +2 项管道服务 +4 项运输辅助性服务 + 其他服务	35
其他服务		1

3. 四种服务提供方式

(1) 跨境交付,在一个成员方境内向任何其他成员方提供服务。

(2) 境外消费,在一个成员方境内向任何其他成员方的服务消费者提供服务。

(3) 商业存在,一个成员方的服务提供者在任何其他成员方境内以商业实体的形式提供当地化的服务。

(4) 自然人移动,一个成员方的服务提供者在任何其他成员方境内以自然人的形式提供服务。

4. 三种承诺方式

GATS 承诺细目表对 155 个服务分部门的 4 种提供方式(155 ×4 =620 种服务提供方式)进行了承诺表示。承诺表示可以分为如下三种形式:

(1) 无限制(Full Commitments/None)表示在所承诺的服务部门和服务贸易提供方式中,对市场准入或国民待遇无限制,开放程度最高。

(2) 不承诺(Unbound)表示在所承诺的服务部门和服务贸易提供方式中,继续执行、保留或增设与市场准入或国民待遇有关的限制措施,开放程度最低。

(3) 有限制的承诺(Commitment with Limitations)表示将取消部分现存的违背市场准入和国民待遇的限制措施,并承诺未来不再新增,开放程度介于“无限制”和“不承诺”之间。

(四) 部长级会议决定与谅解

部长级会议决定与谅解包括具体部门、具体义务和具体原则在内的 11 项内容,从制度上进一步保证了 GATS 及其附件的顺利执行。

三、对 GATS 的正反评价

(一) 积极方面

1. GATS 为世界服务贸易发展创立了国际规范

自 1947 年关贸总协定诞生以来,尽管全球服务贸易迅猛发展,但由于各国产业结构和经济发展水平的显著差异,服务贸易发展极不平衡,长期以来尚未形成对管理国际服务贸易的统一规范。GATS 适应了这一迫切要求,为各国发展对外服务贸易和参与国际服务贸易竞争提供了一个广泛认可、可供遵循的国际准则。GATS 的出现是多边贸易自由化的重大突破,使传统多边贸易体制由货物贸易延伸到服务贸易,标志着国际贸易体制日臻完善。

2. GATS 进一步推动世界服务贸易的全面增长

在乌拉圭回合谈判中,各方意识到服务贸易对国民经济发展的重要性,共同认为国际服务贸易壁垒会影响全球贸易的健康发展。而 GATS 的制定和实施能够抑制服务贸易领域保护主义的蔓延,加强和巩固服务贸易自由化的发展态势,从而大大推动世界服务贸易的全面增长。

3. GATS 首次关注发展中成员的更多参与问题

GATS 考虑到发展中国家的实际情况,明确了对发展中成员的诸多保留和例外,给予发展中成员特殊和差别待遇。例如,发达国家对发展中国家承担技术援助的义务,对最不发达国家在经济贸易和财政方面给予特殊支持。这些都为发展中成员的服务贸易发展提供了必要条件,使之在激烈的国际竞争中得到保护和发展。

4. GATS 对构建国际经济新秩序具有重要意义

在传统秩序中,发展中国家对国际事务没有发言权。当前,发展中国家已登上世界政治经济舞台,是国际法的当然主体,正在积极谋求有利于自身发展的环境和条件。GATS 是在发达国家和发展中国家的共同参与下制定的,一定程度上体现了发展中国家的诉求,反映了发展中国家的国际地位,对构建国际经济新秩序具有重要促进作用。

(二) 不足之处

目前,GATS 只为多边服务贸易体系提供了一个基础框架,更多问题还须各成员继续谈判以达成明确一致的规则,在此过程中仍要面对和解决诸多新问题,GATS 也正在不断补充和完善。

1. GATS 的承诺范围十分有限

乌拉圭回合谈判达成的具体承诺,不论是涵盖的服务部门,还是在承诺中仍然保留的限制,都是服务贸易自由化的最低程度。乌拉圭回合中做出的所有承诺都是在现状基础上,承诺不会在所列部门中出现比谈判时更高水平的限制，说明各方愿意止步于现状，尚未真正迈出自由化的步伐。在所涵盖的服务部门上，发达国家承诺涉及的部门数量约占总量的一半。对于发展中国家，大约 1/4 的成员方的承诺细目表只对 3% 的服务部门做出了承诺。要真正实现服务贸易自由化，应在 GATS 框架下通过继续谈判逐步提升成员方具体承诺的总水平。实际上，包括基础电信、金融服务等在内的众多服务部门的多边谈判都是在乌拉圭回合之后进行的。

2. GATS 的适用范围较难界定

GATS 文本条款的一部分表述过于折中，导致适用范围模糊不清，较难确定。具体表现为：① "肯定列表"清单中，市场准入与国民待遇不具有普遍约束力，容易引发争端；② 最惠国待遇的豁免存在被滥用的可能；③ 政府采购与补贴等规定不够明确，影响了 GATS 内容的完整性；④ GATS 对国际服务贸易的约束只适用于承诺细目表中的具体承诺，且各国承诺细目表的设计缺乏透明度。

第二节　多哈回合服务贸易谈判

2001 年 11 月，在卡塔尔首都多哈举行的世界贸易组织第四次部长级会议上，新一轮多边贸易谈判正式启动，被称为"多哈回合"。由于多哈回合将发展作为谈判主题，将帮助发展中国家发展经济、解除贫困作为主要目标，该轮谈判又被称为"多哈发展回合"。

多哈回合主要包括 19 个议题①、8 个谈判专题②、3 个关键领域③和 3 个主要焦点④。其中，作为主要议题之一，各国就服务贸易多边规则的制定和服务业市场准入等内容进行谈判，对于加快多哈回合整体进程和促进全球范围内的服务贸易自由化具有重要作用。

以下将对多哈回合做出整体描述，并从谈判背景、谈判进程、谈判内容和谈判前景四个方面对多哈回合服务贸易谈判的现状、遇到的瓶颈和推进的可能进行深入分析。

一、谈判背景

伴随经济全球化日益深入并且席卷世界各个国家和地区，20 世纪 90 年代以来世界经济

---

① 19 个议题：农业；服务；非农产品市场准入；与贸易有关的知识产权；贸易与投资的关系；贸易与竞争政策的相互作用；政府采购透明度；贸易便利化；WTO 规则；争端解决谅解；贸易与环境；电子商务；小经济体；贸易、债务和财政；贸易与技术转让；技术合作和能力建设；最不发达国家；特殊与差别待遇；工作计划的组织和管理。

② 8 个谈判专题：农业问题；非农产品市场准入；服务贸易；贸易与发展；规则谈判；争端解决；知识产权；贸易便利化。

③ 3 个关键领域：农业国内支持；农产品市场准入；非农产品市场准入。

④ 3 个主要焦点：要求美国进一步削减扭曲国际贸易的国内支持；要求欧盟降低农产品的关税；要求发展中国家降低非农产品关税。

发生了巨大变化,国际服务贸易发展呈现出以下一些新特点:

第一,国内服务业高速增长,尤其是发达国家服务业已经跃居国民经济的主导产业。以2006年为例,世界平均水平、发达国家以及发展中国家第三产业生产总值占各国国内生产总值的比重分别为69.0%、72.4%和54.6%,且绝对值还在不断上升。相应的,第三产业就业人数占国内总就业的比重也表现出相同的发展态势。

第二,与服务业在一国国民经济中的地位提升相适应,国际服务贸易进入了迅速发展时期。服务贸易的进出口无论是总量还是增长率,都有了极其显著的增加。和1980年相比,2009年世界服务贸易进出口总额从7674亿美元增至64261亿美元,是1980年的八倍有余。

第三,服务贸易地区和国别分布的不平衡性加剧。2009年,从地区上看,欧洲、亚洲和北美占据全球服务贸易进出口总额的前三名,非洲和拉美位列其后,但差距悬殊。从国家上看,发达国家在服务贸易进出口方面优势明显,美、德、英、日、法、意占据前六位,且所占比重很大;较之发达国家,发展中国家如韩国、新加坡、中国、印度等服务贸易额逐年增长,已进入进口或出口排行榜的前二十位,不过仍然无法撼动发达国家的主导地位。这种不平衡性,一定程度上源于发达国家为了保持在服务贸易领域的竞争优势,奉行贸易保护主义,利用服务贸易壁垒阻碍发展中国家的服务出口。

在此背景下,服务业和服务贸易重要性的显著提升使得世界各个国家和地区越来越重视服务贸易发展。为此,旨在消除服务贸易壁垒、促进国家间服务贸易往来、全面推进服务贸易自由化的多边服务贸易谈判就受到各国的广泛关注和响应,多哈回合服务贸易谈判势在必行。

二、谈判进程

尽管多哈回合服务贸易谈判于2001年11月世界贸易组织第四次部长级会议正式启动,但严格意义上的新一轮服务贸易谈判在多哈回合启动前就已经开始了。根据GATS的规定,各成员就服务贸易的谈判应不迟于5年内进行,2000年1月WTO正式发起新一轮服务贸易谈判,对谈判目标和原则、谈判范围、谈判方式和程序三个方面展开磋商。

由于多哈回合的复杂性以及各谈判议题的相互牵制,多哈回合服务贸易谈判的进展并不顺利,特别是受到农业议题等的影响,谈判曾一度中断。综合谈判内容、谈判进展和谈判效果,多哈回合服务贸易谈判大致可以分为三个阶段:

(一)第一阶段(2000年2月—2001年3月)

这一阶段主要针对服务贸易的多边规则制定,集中在两大议题上:一是确定与谈判相关的规则和程序,包括服务贸易谈判的准则、程序以及服务贸易评估、服务贸易自由化模式等;

二是 GATS 框架下的规则制定与补充，包括紧急保障措施、政府补贴、政府采购、国内管制等。

总体上看，成员方对该阶段问题基本达成共识，为进一步的服务贸易谈判提供了基础框架和原则。但是，仍有个别议题，如政府补贴等，被遗留在下一阶段的谈判中。

（二）第二阶段（2001 年 4 月—2006 年 7 月）

这一阶段主要针对服务贸易的市场准入，除了解决第一阶段遗留的规则制定方面的议题以外，各成员侧重就服务贸易自由化领域的市场准入进行相关的具体承诺谈判。

2004 年以前，由于各成员将多哈回合的谈判重点放在农业问题上，服务贸易谈判进展缓慢。

（1）柳暗花明。2004 年 8 月，《多哈工作计划》明确了各成员提交具体承诺的期限，从这之后服务贸易谈判的进程开始加快。2005 年伴随农业出口补贴、棉花补贴、最不发达国家支持三个议题上各成员达成共识，服务贸易问题才得到重视，有关最不发达国家特殊待遇、服务贸易自由化评估、自主自由化待遇等方面的谈判渐次进行，谈判成效逐渐显现。

（2）峰回路转。2006 年 4 月，中国、印度、巴西等发展中成员在自然人移动方面要求发达国家在包括医疗、建筑等的 24 个领域向发展中国家的技术人员提供一定居留时间的入境和劳务许可，发达国家不予回应，两大谈判集团在该问题上形成僵持，加之在农业和非农产品市场准入谈判中的巨大分歧，多哈回合被迫中断。

（三）第三阶段（2006 年 8 月以后）

2007 年 4 月，各成员在多哈回合重启后首次就服务业举行为期两周的集中正式谈判，并以诸边和双边谈判为主要形式，对放松服务部门的市场准入限制重点磋商。2008 年 7 月的部长级会议上，来自世界贸易组织的 32 个成员齐聚一堂，给各成员提供了信息交换的大好机会。成员方在后续谈判中都表现出在市场准入条件等问题上的缓和态度以及推进服务贸易自由化的坚定立场。

总体而言，自多哈回合服务贸易谈判正式启动，各成员方均表示将积极参与谈判并期待在服务贸易领域取得实质性成果，尽管目前谈判的阶段性结果尚不尽如人意，仍不可否认也为多哈回合后续谈判打下了一定基础。

三、谈判焦点

如上所述，多哈回合服务贸易谈判主要包括规则制定谈判和市场准入谈判，此外还涉及服务贸易自由化评估、发展中成员特殊和差别待遇等议题。以下针对规则制定中的紧急保障措施、政府补贴、政府采购、国内管制以及市场准入中的自然人移动等进行详细说明。

（一）规则制定

1. 紧急保障措施(Emergency Safeguard Measures,ESM)

这是成员方为使本国服务贸易自由化取得稳健均衡发展所制定的政策措施。由于该问题关系重大利益、各成员分歧明显,有关ESM的谈判一直举步维艰。自1995年3月以来,在世界贸易组织多次会议中各成员已就ESM谈判提交意见,并就在GATS框架下是否需要设立ESM以及如何实施进行了充分讨论。

涉及ESM的焦点和难点问题主要包括:ESM的必要性、以何种模式设立ESM、援引保障措施的理由、适用ESM的条件(进口、国内产业、严重损害和严重损害威胁)、不同服务提供方式下ESM的实施。2007年3月的非正式会议提交了一份关于ESM的意见书,其中包含构建服务贸易ESM的法律规则和条款,同时阐述了其政策和经济基础,对ESM的规则制定具有重要作用。

2. 政府补贴

为避免不当补贴,合理的政府补贴的规则标准作为公平竞争的重要前提需要统一规范。在多哈回合服务贸易谈判中,各成员针对规范服务贸易政府补贴的必要性、GATS现有规范的约束性、扭曲服务贸易补贴的概念性以及反补贴程序的适用性进行了讨论,尽管成员方积极参与,但在补贴定义等方面分歧明显,谈判进展微乎其微。

2005年谈判取得一定突破,美国提出缩小信息交换范围,建议采用一个临时的服务贸易补贴定义。随后,智利、中国香港、墨西哥、秘鲁和瑞士提交了一份有关服务贸易补贴临时定义的文件,提议各成员自主选择五个服务部门,就此进行信息交换。不过由于对五个服务部门的选择和时限分歧较大,最终也未能获得实质性成果。

3. 政府采购

由于GATS没有对服务的政府采购做出开放说明,发达国家和发展中国家在这一问题上态度对立,相关谈判进展缓慢,成果乏善可陈。多哈回合之前,世界贸易组织已经针对政府采购的透明度、定义、范围和规则等进行过多次讨论,多哈回合服务贸易谈判中各成员进一步就政府采购的市场准入和国民待遇问题深入磋商。

事实上,大多数发展中国家因为某些服务部门关系国计民生或国家安全而不愿开放政府采购市场,各成员在这一问题上缺乏共同的认识基础和协调机制,政府采购谈判在短期内不会出现较大突破。

4. 国内管制

在国际贸易领域中,贸易自由化和国内管制的关系历来是各国政策制定的重点和实施的难点,然而服务的无形性和服务贸易壁垒的隐蔽性使得这一问题在服务贸易领域显得格外突出。一方面,有效合理的国内管制能够保障和促进服务贸易自由化;另一方面,国内管制不当容易形成外国服务的进入壁垒,不利于服务贸易自由化。对此,发达国家和发展中国家都保持着较高关注度,但立场的侧重点有所不同。发展中国家总体上重视水平规则的建立,细节方面重视资格要求和程序,特别是与自然人移动相关的资格问题;发达国家总体上重视服务部门基础上的规则制定,细节方面重视透明度、许可要求等。

对于国内管制,多哈回合服务贸易谈判中成员方经过积极磋商,于 2008 年 5 月达成共识,认为有必要加强多边纪律,但对于应纳入多边纪律约束的国内管制范围则有不同意见,最终妥协提出通过研究具体的国内管制措施界定范围以及制定规则。

(二) 市场准入

服务贸易谈判与农业谈判、非农产品市场准入谈判并称为多哈回合的三大市场准入谈判,各成员主要针对金融服务、基础电信、海运服务、专业服务、自然人移动等的市场准入条件进行要价和讨论。其中,谈判共涉及 17 个服务部门的 163 个行业,是多哈回合服务贸易谈判的核心。《多哈宣言》提出,各成员方应在 2003 年 3 月 31 日之前完成初步报价,但从截至目前的实际进展来看,谈判并不顺利。一方面,部分成员由于缺乏有效的国内协调,并未按期公布要价;另一方面,发达国家与发展中国家在关键问题上鲜明对立、僵持不下。

例如,在自然人移动问题上,发达国家与发展中国家的矛盾十分突出。站在发达国家的立场上,扩大自然人移动的适用范围,将普通劳务的移动纳入自然人移动的范畴,势必影响以知识、技术密集型服务业为主的发达国家的国际竞争力。因此,一方面发达国家极力将自然人移动的范围限定在"高级专业人员";另一方面对自然人移动这种提供方式,多数发达国家在承诺细目表中不做承诺。站在发展中国家的立场上,因为主要利益集中在独立的人员跨界流动,并且服务贸易比较优势体现在劳动密集型行业中,所以发展中国家积极寻求自然人移动的进一步市场开放。

四、谈判前景

综上所述,多哈回合服务贸易谈判屡经波折,却仍然发挥了积极作用,在曲折中不断前进。谈判不仅在明确准则、程序和内容的基础上,启动了规则制定和市场准入的具体谈判,为全面促进服务贸易自由化迈出重要一步,而且各成员对多边服务贸易谈判的探索和尝试,反映出世界各国对服务贸易自由化的重视和良好预期。与此同时,必须看到如同多哈回合其他领域一样,服务贸易谈判无论在规则制定还是在市场准入方面进展都十分缓慢,远未达到回合启动之初的设定目标。

首先,服务贸易谈判受到整个多哈回合进程的制约和其他谈判议题的牵制,这是谈判进展缓慢的直接原因和外部原因。服务贸易自由化水平的提升,有赖于全球贸易自由化的日益深入,取决于多边贸易机制的不断完善以及多哈回合的顺利推进。自多哈回合启动以来,农业谈判一直是重中之重,各成员在农产品关税减让、国内支持和出口补贴等方面分歧严重,至今没有达成共识,这不仅影响了多哈回合的整体进程,也挫伤了许多成员参与其他议题的积极性。

其次,服务贸易本身十分复杂,这是服务贸易谈判进展缓慢的内部原因。从乌拉圭回合开始,服务贸易才被纳入多边贸易体制的框架,其自由化进程起步较晚、水平较低。况且,各成员对服务贸易大多采取了不同程度的保护,对于全面开放国内服务业市场仍持谨慎态度,这就决定了服务贸易在相当长的时期内只能选择渐进自由化的发展路径。

最后,服务贸易谈判受到不同成员之间利益博弈的影响,这是谈判进展缓慢的深层原因。一方面,发达国家与发展中国家矛盾突出,发达国家偏重知识密集型服务业的市场准入,并倾向于较高的服务业标准以形成技术壁垒,发展中国家更注重紧急保障措施、自然人移动等,更多体现发展中国家的利益;另一方面,由于国际竞争日趋激烈,发达国家在谈判中出于自身利益的考虑也相互指责、互不让步。

据此,展望多哈回合服务贸易谈判的前景,过程艰难同时取得一些新的突破,具体表现在以下四个方面:

(一) 议题的广泛性

随着服务贸易谈判的不断推进和各成员服务贸易自由化水平的不断提高,更多的服务贸易议题将被列入谈判范围,服务贸易自由化的领域将进一步扩展。

(二) 任务的艰巨性

既有服务贸易自身的主观原因,又有其他议题相互制约的客观原因,还包括各成员之间立场对立、矛盾突出的深层原因,多边服务贸易谈判必然面临多方面的困难,需要各成员持续改进、共同努力。

(三) 成果的有限性

服务贸易谈判中的各种分歧都随着服务贸易自由化进程和成员自身的不断发展逐步解决,在这一漫长的过程中,谈判的成效将逐渐显现,现阶段谈判能够取得的成果十分有限。

(四) 影响的深远性

尽管任务艰巨、成果有限,但多哈回合服务贸易谈判对世界服务贸易发展、发展中国家的更多参与、不同利益集团之间的协调都具有显著的导向作用,影响着各国内部经济政策及其对外经济政策。

第三节 区域服务贸易协议

目前,世界服务贸易发展具有越来越复杂的地区和结构差异,旨在全面推进服务贸易自由化的多边贸易谈判越发困难,多哈回合举步维艰正是这一问题的深刻反映。与此同时,服务贸易的区域自由化作为服务贸易自由化的另一种重要模式,在推动全球服务贸易发展的道路上扮演了日益重要的角色。以下将分别对欧盟、北美自由贸易区和东盟在服务贸易领域的具体政策安排进行总结评析。

一、欧盟的服务贸易安排

欧盟一直采取积极有效的措施,目标是消除国家间在货物、服务、资本和劳动力流动方面的限制,促进各贸易领域的协调发展、整体的经济增长和各成员国一体化发展。其中,服务贸易在欧盟经济中占有举足轻重的地位。2008 年欧盟服务贸易额占总体 GDP 的 65.5%,服务业就业人数占欧盟总就业的 62.9%。因此,欧盟对区域服务贸易发展和服务贸易自由化政策的制定极为重视。

随着 1993 年 1 月《马斯特里赫特条约》的生效和欧洲统一大市场的正式启动,欧盟的服务贸易自由化步伐不断加快,在较短的时间内基本消除了成员间的服务贸易壁垒。《马斯特里赫特条约》对欧盟服务贸易自由化的实施、推进和深化给予了原则性规定和制度保障,体现在以下几个方面:

① 人员流动方面,将可以自由选择居住和工作地点的自然人范围扩大至所有正在工作的自然人、学生和退休人员;

② 资本流动方面,设立了欧盟中央银行,为完全资本流动和欧盟单一金融服务市场的建立创造了条件;

③ 共同对外方面,成员国对欧盟以外的任何国家,在政治、经济上均采取共同原则,保证盟区内服务贸易自由化和对外服务贸易竞争力;

④ 运输服务方面,基本实现交通运输领域的服务贸易自由化。

在《马斯特里赫特条约》的基础上,欧盟为了建立全面的统一服务市场,陆续出台了各服务部门的开放和贸易自由化措施:

① 金融服务领域,欧盟于 1999 年发起"金融服务行动计划"(Financial Services Action Plan,FSAP),FSAP 包括实现一体化程度更高的金融服务市场所需要的法律与非法律措施以及相应的时间表,被视为欧盟经济增长促进战略的核心;

② 电信服务领域，1998 年 1 月欧盟 15 国（瑞典和英国早于统一安排）的电信基础设施与服务实施自由化，打破垄断、引入竞争，提升了区域电信服务贸易的自由化程度；

③ 运输服务领域，2001 年 9 月，针对公路运输、铁路运输、航空运输、内河与海洋运输等众多交通运输部门，欧盟提交了一份包括 60 项改革措施的行动方案，计划 2010 年建成现代、平衡、可持续发展的欧盟交通体系；

④ 旅游服务领域，2003 年 11 月，欧盟委员会提出旅游业与经济、社会和环境可持续发展的观点，强调成员国旅游政策的统一性，号召旅游业之间、旅游目的地之间开展国家、区域和地方各层次合作，促进旅游收入的增长与欧洲文化完整性的保存。

综上，在《马斯特里赫特条约》以及相继出台的各种措施下，联盟成员国之间在服务贸易市场准入、国民待遇、最惠国待遇等方面几乎已不存在障碍，欧盟区域内服务贸易自由化基本实现。

二、《北美自由贸易协定》的服务贸易安排

美国、加拿大和墨西哥于 1992 年 8 月 12 日签署《北美自由贸易协定》（North American Free Trade Agreement，NAFTA），1994 年 1 月 1 日协定生效。NAFTA 服务贸易部分具有涉及面广、规定细化、操作性强的特点，其较完善的细节条款和较高的服务贸易自由化水平为世界其他区域服务贸易协议提供了成熟模板。

（一）协定背景

20 世纪 80 年代起，欧洲经济一体化进程加快，日本对北美市场的进攻也咄咄逼人，美国和加拿大的国际经济地位与竞争优势相对减弱，这使双方意识到进一步加强双边经贸联系的必要性。1980 年，里根在竞选美国总统时提出包括美国、加拿大、墨西哥及加勒比诸国在内的“美洲共同市场”的设想；1983 年，加拿大也提出建立美加自由贸易区的方案；1986 年，美国和加拿大签署《美加自由贸易协定》，构建美加自由贸易区；1991 年，美国、加拿大和墨西哥为建立北美自由贸易区启动谈判；1992 年，三国代表正式签署《北美自由贸易协定》，NAFTA 在《美加自由贸易协定》的基础上正式诞生。

美国作为协定的主导国和支撑力量，在服务贸易自由化方面一直态度积极、立场坚定。1973—1979 年东京回合谈判时，美国根据《1974 年贸易法》的授权，试图把服务贸易列为 GATT 议题，以寻求所谓“更公平的贸易”。1979 年和 1984 年，美国分别出台《贸易协议法》和《贸易与关税法》，均授权政府就服务贸易进行多边谈判，并计划针对未在该问题上达成妥协的国家采取报复。1988 年，美国颁布《综合贸易与竞争法》，再次确认美国服务贸易谈判的原则和目标，使其解决服务贸易争端时有法可依。因此，美国格外关注 NAFTA 及其服务

贸易自由化的相关内容。

（二）协定内容

随着NAFTA有关服务贸易条款的逐步完善，其不但吸收了《美加自由贸易协定》的成熟做法，同时借鉴世界贸易组织《服务贸易总协定》的经验，基本涵盖了全方位的服务贸易自由化政策措施。

1. 涉及面广

NAFTA共分19章，其中涉及服务贸易的内容有：第1章目标、第9章与标准有关的措施、第10章政府采购、第12章跨境服务贸易、第13章通信服务、第14章金融服务，以及第16章商务人员的临时进入。对非歧视原则、政府采购、争端解决机制、原产地规则以及各服务部门开放等都做出了全面规定。

2. 规定细化

NAFTA在15年内逐步取消美、加、墨之间的所有关税和非关税限制，实现商品、服务、资本和劳动力的自由流动，以及劳工、环保标准和法规的一体化，建成世界上最大的区域经济组织。为此，NAFTA遵循以最惠国待遇和国民待遇为核心的非歧视原则，细化了争端解决机制，扩大了政府采购领域的服务自由化范围，明确了跨境服务贸易中的自由化措施，采用“否定清单”①在具体服务部门特别是金融、通信领域做出不同程度的开放承诺。

3. 操作性强

协定采用了“否定清单”的承诺方式，有利于更多的服务部门开放，实现服务贸易自由化。而且，协定在规定细化的基础上对墨西哥做出特殊安排，比如墨西哥在金融服务、投资服务、基础电信服务、空运和海运服务以及政府服务等方面享有保留权，同时拥有金融服务的过渡期保护权。这些安排为各成员的服务业开放和服务贸易自由化提供了更多操作上的便利和可能性。

（三）与GATS相比的进展

和GATS相比，NAFTA的服务贸易自由化无论在开放水平还是在规定细节上都有相当程度的提升，具体表现在以下四个方面：

1. GATS采用“肯定清单”，NAFTA采用“否定清单”

GATS基于“肯定清单”的开放承诺仅适用于做出承诺的服务部门或服务提供方式，更高水平的服务贸易自由化须经多轮谈判逐步实现，这种方式也称为“祖父条款”，自由化进程相对受限。

① “否定清单”是指除了列入清单的部门外，所有部门都应开放。除了在清单中保留的措施外，不得采取其他限制措施。

NAFTA"否定清单"具体列明成员不开放或有条件开放的服务部门。否定列表下,NAFTA 三个成员均承诺开放更多的服务部门和分部门,服务贸易自由化水平大大提高。

2. NAFTA 的最惠国待遇条款比 GATS 更完善

最惠国待遇是多边贸易体制的基本原则,GATS 对其做出了十分详细的规定。该条款要求各成员对任意成员方的服务以及服务提供者的待遇应立即、无条件地适用于其他成员。类似地,NAFTA 也遵循以最惠国待遇和国民待遇为核心的非歧视原则,但特别提出所谓"齿轮条款",即成员方的协定承诺伴随其国内自由化措施的改善而自动改善,无须再作承诺。与 GATS 相比,NAFTA 实质上增加了对公平和平等的更高要求。

3. NAFTA 的政府采购条款比 GATS 更完善

GATS 第 13 条对政府采购的规定是"原则上关于最惠国待遇、国民待遇和市场准入的各项规则,不涉及成员方涉及政府采购的法律、法规和规章"。实际上,GATS 对政府采购的服务贸易自由化不作要求。与之相比,NAFTA 对政府采购的货物和服务实行公开、透明、竞争三原则,使得涉及政府采购的服务部门开放有了质的变化。

4. NAFTA 的争端解决机制比 GATS 更完善

GATS 对争端解决机制未作特别规定,适用《建立世界贸易组织的马拉喀什协定》附件 2《争端解决机制与程序谅解》。而 NAFTA 不仅重点改进了专家选择程序,而且借鉴了美国、加拿大与其他国家签署的双边投资协定,建立了以"联合国国际贸易法委员会"的争端解决规则为基础的"投资者/国家制"争端解决机制。

三、中国—东盟自由贸易区《服务贸易协议》

(一) 协议背景

20 世纪 90 年代以来,全球区域经济合作蓬勃发展,区域贸易自由化更是高潮迭起,越来越多的国家和地区参与其中。2001 年 11 月在文莱斯里巴加湾召开的第五次东盟和中国领导人会议上,中国正式提出中国—东盟自由贸易区(China-ASEAN Free Trade Area,CAFTA)的构想。

与此同时,随着各国服务业开放和服务贸易渐进自由化,服务业投资和国际服务贸易正在成为全球竞争与合作的新领域。目前来看,中国和东盟的服务业发展各有千秋,双方在服务产品的进出口方面竞争性与互补性并存。中国的工程承包、劳务合作等服务大量出口到东盟,而东盟在海洋运输、航空运输、金融服务、建筑工程服务等领域已将中国作为最重要的出口目的地。显然,双边服务贸易逐渐成为发展中国—东盟经贸关系的重要基础和动力。

在此背景下,2007 年 1 月中国与东盟 10 国签署《服务贸易协议》,正式宣告服务业相互开放和区域服务贸易自由化进入了一个新阶段,也为2010年全面建成中国—东盟自由贸易区奠定了坚实基础。

(二)协议内容

CAFTA《服务贸易协议》参照了GATS,同样包括定义和范围、义务和纪律、具体承诺以及机构条款四个部分,共33个条款和1个附件,附件列示了中国和东盟10国的具体承诺减让表。《服务贸易协议》的框架与基本内容和GATS相似,当然也具有自身特点,具体表现在如下两个方面:

1. "南南型"区域服务贸易协议

中国—东盟自由贸易区《服务贸易协议》是典型的"南南型"协议,即发展中国家之间缔结的服务贸易协议。由于发达国家的服务业发展水平较高,其积极推动全球和地区服务贸易自由化进程,但发展中国家服务业发展相对滞后,对服务贸易自由化普遍持谨慎态度。因此,在一定程度上,"南南型"服务贸易协议的自由化水平低于"南北型"。

2. 基于"肯定列表"的承诺方式

中国—东盟自由贸易区《服务贸易协议》承袭了GATS的"肯定列表",中国和东盟10国仅对自身承诺部门实施开放或贸易自由化,未在清单内的则不予开放,现阶段服务贸易自由化水平相对较低。

尽管CAFTA《服务贸易协议》相比"南北型"及发达国家之间的区域服务贸易安排自由化程度较低,但较之GATS,CAFTA各成员的服务业开放和服务贸易自由化水平仍有大幅度提升。

表7-3 中国—东盟《服务贸易协议》的承诺量化

	总数	新加坡	马来西亚	中国	菲律宾	泰国	印尼	文莱	缅甸
商业服务	46	16	7	13	2	4	0	0	2
通信服务	24	13	15	0	11	0	0	0	2
建筑服务	5	0	5	5	1	0	4	0	0
分销服务	5	4	0	0	0	0	0	0	0
教育服务	5	2	1	0	0	3	0	0	0
环境服务	4	2	0	4	1	0	0	0	0
金融服务	17	16	4	0	0	0	0	0	1
健康服务	4	2	1	0	0	0	0	0	0
旅游服务	4	2	0	0	3	3	3	1	0
娱乐服务	5	3	1	1	0	0	0	0	0
运输服务	35	10	2	9	0	1	0	3	5
总计	154	70	36	32	18	11	7	4	10

注:老挝未加入世界贸易组织,越南、柬埔寨沿用GATS下的承诺,因此只考虑其余8国的承诺变化情况。

表 7-4 中国与东盟成员国在 GATS 下的承诺

	新加坡	马来西亚	中国	菲律宾	泰国	印尼	文莱	缅甸
商业服务(46)	19	24	26	3	22	12	8	0
通信服务(24)	14	15	15	12	9	10	8	0
建筑服务(5)	5	5	5	0	3	4	0	0
分销服务(5)	0	0	5	0	1	0	0	0
教育服务(5)	0	0	5	0	3	0	0	0
环境服务(4)	0	0	4	0	4	0	0	0
金融服务(17)	16	15	12	16	6	14	5	0
健康服务(4)	0	1	0	0	0	0	0	0
旅游服务(4)	2	2	2	2	3	2	0	2
娱乐服务(5)	1	2	0	0	1	0	0	0
运输服务(35)	3	3	11	13	9	2	1	1
总计(154)	60	67	85	46	61	44	22	3

注:同表 7-3。

表 7-5 中国与东盟各成员国的实际承诺

	新加坡	马来西亚	中国	菲律宾	泰国	印尼	文莱	缅甸
商业服务(46)	31	25	31	5	22	12	8	2
通信服务(24)	16	17	15	13	9	10	8	2
建筑服务(5)	5	5	5	1	3	4	0	0
分销服务(5)	4	0	5	0	1	0	0	0
教育服务(5)	2	1	5	0	5	0	0	0
环境服务(4)	2	0	4	1	4	0	0	0
金融服务(17)	16	15	12	16	6	14	5	1
健康服务(4)	2	1	0	0	0	0	0	0
旅游服务(4)	3	2	2	3	3	3	1	2
娱乐服务(5)	3	3	1	0	1	0	0	0
运输服务(35)	12	5	13	13	10	2	4	6
总计(154)	96	74	93	52	64	45	26	13

注:同表 7-3。

如表 7-3、表 7-4 和表 7-5 所示,中国在 GATS 承诺的 85 个服务部门的基础上对 24 个部门进一步开放,并新开放 8 个部门;新加坡在 GATS 承诺的 60 个服务部门的基础上对 34 个部门进一步开放,并新开放 36 个部门;马来西亚在 GATS 承诺的 67 个服务部门的基础上对 29 个部门进一步开放,并新开放 7 个部门;菲律宾在 GATS 承诺的 46 个服务部门的基础上对 12 个部门进一步开放,并新开放 6 个部门;泰国在 GATS 承诺的 61 个服务部门的基础上对 8 个部门进一步开放,并新开放 3 个部门;印度尼西亚在 GATS 承诺的 44 个服务部门的基础上对 6 个部门进一步开放,并新开放 1 个部门;文莱在 GATS 承诺的 22 个服务部门的基础上新开放 4 个部门;缅甸在 GATS 承诺的 3 个服务部门的基础上新开放 10 个部门。除此之外,GATS 框架下各成员对商业、通信、旅游、金融、运输等服务部门承诺较多,但对分销、教育、环境、健康、娱乐等较敏感的服务部门承诺较少;CAFTA《服务贸易协议》下,各国对敏感部门的开放承诺均有增加,比如新加坡在分销、健康、教育和环境服务部门新增承诺,中国在娱乐服务新增承诺,马来西亚对教育服务新增承诺,菲律宾对建筑服务新增承诺等。

专栏 7-1　ECFA 框架下服务贸易开放评析

2010 年 6 月 29 日,两岸签署海峡两岸经济合作框架协议(Economic Cooperation Framework Agreement,ECFA)。有关服务贸易领域以早期收获的形式加以规定,双方在短期内将进一步开放部分服务领域,并在较长时间内进行后续磋商合作。在赫克曼方法的基础上,可以尝试通过五级分类加权平均对两岸加入世界贸易组织的服务贸易承诺减让表和 ECFA 中服务贸易早期收获分别反映的自由化水平做出定量评估和比较。

ECFA 签署以前,两岸服务业开放由各自的《服务贸易承诺减让表》加以约束。服务贸易自由化水平可由以下条款计算:《中华人民共和国加入议定书》之附件 9,即《服务贸易具体承诺减让表》和《台湾、澎湖、金门和马祖个别关税领域服务业特定承诺及最惠国待遇豁免表》。ECFA 签署以后,评估两岸服务贸易自由化水平则须增加考虑《服务贸易早期收获部门及开放措施》。ECFA 有关服务业分类和适用范围与入世承诺表并无差异,只是涉及服务部门和承诺比重较小。具体内容上,ECFA 只涉及市场开放承诺和其他承诺,没有国民待遇承诺,并忽略了自然人移动服务贸易提供方式。

在世界贸易组织多边框架下,台湾较大陆的服务贸易开放承诺水平更高。ECFA 框架下台湾的服务业开放水平较大陆更低,但大陆也并未超过台湾之前的服务贸易自由化水平。具体承诺方面,两岸有共同点,也有明显差异。大陆和台湾对于商业存在和自然人移动的限制都很严格,大陆对部分行业完全未作承诺。承诺服务部门的侧重点略有不同,双方的优势和劣势有交叉的现象。根据《附件 9》和《豁免表》,两岸入世承诺减让表涉及的 1 232 个服务部门中,大陆有 293 项市场准入方面的和 291 项国民待遇方面的服务部门承诺开放,台湾的数值分别为 416 和 415。从承诺服务部门所占比重来看,环境服务,健康与社会服务,娱乐、文化及体育服务两岸相差悬殊,说明两岸服务业的开放序列存在差异,开放先后和力度均有不同。此外,"没有限制"的承诺部门在两岸所有承诺类型中比重较小,且两岸在金融和运输服务上限制较多,极少给出不作限制的承诺。

在市场准入和国民待遇上,大陆和台湾通常在市场准入方面加以限制或不作承诺,而对国民待遇却不作限制。一方面,商业存在作为服务贸易主要提供方式,政府一般会持谨慎态度,开放较为缓慢或在水平承诺中加以限制,在具体承诺中不作额外承诺。

总而言之，大陆没有完全改变谨慎渐进的服务贸易自由化进程，台湾也只对入世承诺稍作修改。两岸在ECFA框架下的合作更多集中在货物贸易方面，似乎对服务贸易都有所保留，第一阶段早期收获计划的开放部门极为有限，承诺水平也不高。目前，两岸尚未实质性地就跨境交付和境外消费达成更高水平的开放承诺，对于商业存在也只停留在双方合资合作，而自然人移动毫无涉及。

（转引自：黄建忠、袁姗，两岸服务贸易自由化评估及福建对台服务合作，《亚太经济》，2011年第3期。）

重要概念

GATS　NAFTA　否定清单　CAFTA

思考题

1. GATS正文的主体内容由哪几个部分组成？
2. 如何评价GATS的积极作用和不足之处？
3. 简述多哈回合服务贸易谈判的主要障碍和前景。
4. 试比较NAFTA和GATS的服务贸易自由化水平。

课后阅读材料

[1] 黄建忠、刘莉，《国际服务贸易教程》，对外经济贸易大学出版社，2008年。

[2] 程大中，中国服务贸易显性比较优势与"入世"承诺减让的实证研究，《管理世界》，2003年第7期。

[3] 王毅，WTO国民待遇在服务贸易和知识产权领域的适用，《法学研究》，2004年第3期。

[4] 张华容，新一轮WTO服务贸易谈判及我国在谈判中的价值取向，《财贸经济》，2004年第1期。

[5] 东艳、冯维江、邱薇，深度一体化：中国自由贸易区战略的新趋势，《当代亚太》，2009年第4期。

[6] 孟夏、于晓燕，论中国区域服务贸易自由化的发展与特点，《国际贸易》，2009年第9期。

第四部分

世界服务贸易

第八章

国际服务贸易发展

引导案例

韩国的金融服务自由化始于20世纪80年代，那时政府推行资本账户自由化的主要政策是鼓励资本进入、限制资本流出，仅仅容许企业和金融机构的跨境交付，不允许个体居民的跨境交付。相比之下，银行在与外国客户交易方面比企业享有更大的自由。1991年，韩国允许企业和金融机构在海外发行证券，且为了吸引外资，取消了对外资银行较高资本要求的限制；1992年，政府允许外国证券公司进入韩国市场（仅允许建立分公司）；1995年，允许企业海外借款。整个20世纪90年代，韩国的短期贸易融资相对自由，在进口的延期付款和出口的预付款方面几乎没有限制。但是，韩国部分和渐进的金融服务自由化忽略了政府在解决金融市场扭曲等问题上的角色。同时，金融体制改革严重滞后，透明度和市场纪律流于形式，韩国的金融监管未能防御市场自由化带来的风险。

葡萄牙在1983—1993年间成功实施了金融自由化改革。20世纪80年代的宏观经济失衡为葡萄牙金融服务自由化提供了良好的契机，银行体系逐步实现内外开放，银行提供服务的范围也被大大拓宽。1986年葡萄牙加入欧盟，资本流动和跨境交付进一步开放。20世纪90年代早期，资本管制被完全取消，跨境交付市场开放也获得了成功。总结葡萄牙成功的原因：第一，改革实施在国家加入欧盟之时，这使得改革的政治压力减弱；第二，其他欧盟成员的改革过程为葡萄牙进行次序、步骤的选择，特别是谨慎规制的强化提供了宝贵经验；第三，资本账户和跨境交付的开放发生在其国内市场竞争机制形成之后。

韩国和葡萄牙的金融服务自由化导致两国的金融服务业乃至整体宏观经济发展迥异，而各国服务业和服务贸易发展当然也各具特色。本章我们一起来了解不同国家服务贸易发展的特点、竞争力及未来前景。

学习目标

- 熟悉美、欧、日等发达经济体的服务贸易发展
- 了解发展中经济体，尤其是“金砖国家”服务贸易发展

20世纪70年代以前，服务贸易在世界经济中还不是一个引人注目的领域。随着经济全球化的深入和全球产业结构的调整，世界服务贸易实现了跨越式发展。1970年，各国服务出口只有710亿美元，在这之后的10年间，服务出口与货物出口均保持快速增长且大体持平。进入20世纪80年代，服务贸易依然保持较快的增长势头，年均增长率5%，开始超过货物贸易，是其同期增长率的两倍。到了20世纪90年代，服务贸易年均增速呈波动下降趋势，回到与货物贸易基本持平的状态。1993年，世界服务贸易额达到10 300亿美元，占国际贸易总额的1/4。1994年《服务贸易总协定》的签署标志着各国进一步开放服务业市场和服务贸易自由化，使得进入21世纪以来全球服务出口实现稳定增长，增幅逐渐回升，2004年首次突破2万亿美元。1970—2009年，世界服务出口从710亿美元提升到33 500亿美元，40年间增长约47倍。年均增长速度超过了同期货物贸易，成为各国获取外汇收入、改善国际收支的重要手段，很大程度上决定了一国对外贸易发展和国际竞争力。

第一节　发达国家(地区)服务贸易发展

在发达国家，特别是主要发达国家，服务业创造的国内生产总值占GDP总量的70%—80%，能够提供约80%的就业岗位。目前，发达国家在世界服务贸易中占据绝对重要的地位。2008年世界贸易组织公布的国际服务贸易排行榜显示了服务出口和进口前30位的国家和地区(如表8-1所示)。

表 8-1　2008 年世界服务出口和进口前 30 位国家(或地区)

位次	出口国（地区）	金额（10 亿美元）	比重（%）	增长（%）	位次	进口国（地区）	金额（10 亿美元）	比重（%）	增长（%）
1	美国	522	14.0	15	1	美国	364	10.5	8.5
2	英国	283	7.6	7	2	德国	285	8.2	16.1
3	德国	235	6.3	19	3	英国	199	5.7	2.9
4	法国	153	4.1	17	4	日本	166	4.8	5.5
5	中国内地	146	3.9	20	5	中国内地	158	4.6	22.0
6	日本	144	3.9	6	6	法国	137	3.9	14.1
7	西班牙	143	3.8	12	7	意大利	132	3.8	13.1
8	意大利	123	3.3	13	8	西班牙	108	3.1	11.5
9	印度	106	2.8	—	9	爱尔兰	103	3.0	11.3
10	荷兰	102	2.7	12	10	韩国	93	2.7	9.7
11	爱尔兰	2.6	10	11	11	荷兰	92	2.7	3.4
12	中国香港	91	2.4	11	12	印度	91	2.6	—
13	比利时	89	2.4	22	13	加拿大	84	2.4	5.0
14	韩国	74	2.0	15	14	比利时	84	2.4	26.7
15	瑞士	73	2.0	19	15	新加坡	76	2.2	8.4
16	新加坡	72	1.9	8	16	俄罗斯	75	2.2	31.8
17	丹麦	72	1.9	17	17	丹麦	63	1.8	13.2
18	瑞典	71	1.9	13	18	瑞典	54	1.6	12.5
19	卢森堡	68	1.8	13	19	泰国	46	1.3	21.2
20	加拿大	62	1.7	1	20	澳大利亚	45	1.3	18.0
21	奥地利	62	1.7	15	21	中国香港	44	1.3	10.1
22	希腊	50	1.3	16	22	挪威	44	1.3	18.5
23	俄罗斯	50	1.3	31	23	巴西	44	1.3	30.8
24	挪威	46	1.2	18	24	奥地利	42	1.2	12.6
25	澳大利亚	45	1.2	13	25	卢森堡	40	1.2	12.7
26	波兰	35	0.9	25	26	瑞士	37	1.1	13.5
27	土耳其	34	0.9	25	27	中国台北	34	1.0	-3.5
28	中国台北	33	0.9	9	28	波兰	30	0.9	32.7
29	泰国	32	0.9	14	29	马来群岛	29	0.8	7.0
30	马来群岛	30	0.8	7	30	墨西哥	25	0.7	2.8
	合计	3 142	84.2	13		合计	2 824	81.4	11.0
	世界	3 731	100.0	15		世界	3 469	100.0	13.0

资料来源：世界贸易组织秘书处。

2008 年，服务出口前 30 位的国家和地区的总出口额占世界服务总出口额的 84.2%，服务进口前 30 位的国家和地区的总进口额占世界服务总进口额的 81.4%。发达国家在世界服务贸易发展中处于支配地位。

一、美国

(一) 美国服务贸易发展现状

依靠科技进步推动产业结构升级以及积极的政策干预,美国成为世界头号服务贸易强国。近年来,美国的服务业尤其是现代服务业发展迅速,服务贸易涵盖运输、旅游、通信、建筑、保险、金融、计算机及信息服务、其他商业服务和个人文化及娱乐服务等。美国服务业较高的发展水平强有力地推动了对外服务贸易的快速增长。

20 世纪 80 年代以来,美国对外服务贸易持续增长。1997—2008 年美国服务进出口情况如表 8-2 所示。2008 年服务贸易总额达 9 508 亿美元。其中,服务出口的规模急剧扩大,服务贸易顺差不断增加,1997 年达 809 亿美元。随后服务贸易顺差出现下滑,2004 年又有所好转,2008 年达到 1 533 亿美元,部分抵消了美国当年的货物贸易逆差,对平衡国际收支起到了重要作用。

表 8-2　1997—2008 年美国服务进出口

年份	进出口总额(亿美元)	出口		进口		顺差(亿美元)
		数额(亿美元)	增长率(%)	数额(亿美元)	增长率(%)	
1997	3 848.3	2 328.7	7.5	1 519.6	9.1	809.1
1998	4 046.8	2 385.3	2.4	1 661.5	9.3	723.8
1999	4 425.6	2 590.5	8.6	1 835.1	10.4	755.4
2000	4 859.7	2 780.9	7.3	2 078.8	13.3	702.1
2001	4 711.4	2 666.6	-4.1	2 044.8	-1.6	621.8
2002	4 826.0	2 732.1	2.5	2 093.9	2.4	638.2
2003	5 065.3	2 841.8	4.0	2 223.5	6.2	618.3
2004	5 888.5	3 301.8	16.2	2 586.7	16.3	715.1
2005	6 422.2	3 621.3	9.7	2 800.9	8.3	820.4
2006	7 186.3	4 041.3	11.6	3 145.0	12.3	896.3
2007	8 095.5	4 707.9	16.5	3 387.6	7.7	1 320.3
2008	8 832.5	5 183.2	10.1	3 649.3	7.7	1 533.9

资料来源:联合国贸易与发展会议网站, www.unctad.org。

美国对外服务贸易的整体优势带来了巨大顺差。但是,不同服务业部门发挥的作用却有所差异。2008 年,美国分部门服务进出口如表 8-3 所示。

表 8-3 2008 年美国分部门服务进出口

	出口			进口		
	金额(亿美元)	比重(%)		金额(亿美元)	比重(%)	
	2008 年	2004 年	2008 年	2008 年	2004 年	2008 年
运输	905.7	16.9	17.5	1 047.4	30.5	28.7
旅游	1 349.1	28.5	26.0	853.7	26.9	23.4
通信	94.6	1.5	1.8	77.9	2.0	2.1
建筑	76.0	1.0	1.5	19.1	0.2	0.5
保险	107.6	2.2	2.1	429.4	11.2	11.8
金融	601.9	8.4	11.6	191.4	2.1	5.2
计算机及信息	126.0	2.0	2.4	161.4	0.8	4.4
专利权使用费	916.0	17.2	17.7	266.2	9.0	7.3
其他商业服务	870.4	20.0	16.8	584.0	17.0	16.0
个人文化及娱乐	136.0	2.3	2.6	18.8	0.2	0.5
总计	5 183.2	100.0	100.0	3 649.3	100.0	100.0

资料来源:联合国贸易与发展会议网站, www.unctad.org。

2008 年,美国运输服务出口 905.7 亿美元,进口 1 047.4 亿美元,逆差达到 141.7 亿美元,这是美国服务贸易三大部门中唯一存在逆差的部门。在旅游服务贸易方面,实现顺差 495.4 亿美元,有力改善了美国国际收支。2004—2008 年,美国旅游收入增长迅速,从 941.1 亿美元增加到 1 349.1 亿美元。对于其他服务贸易,美国的竞争优势更加明显。特别在金融服务、专利权使用费和其他商业服务中,美国服务贸易顺差达 1 346.7 亿美元。这些服务业部门属于知识、技术和资本密集型行业,而美国恰恰在这些方面领先于世界。

(二) 美国对外服务贸易伙伴

从图 8-1 和图 8-2 可以看出,美国对欧盟的双边服务贸易远远超过其他国家,二者互为服务进出口的主要市场。美国服务出口的其他主要市场为日本、加拿大、瑞士、澳大利亚等,它们同时也是美国除欧洲以外的主要服务进口市场。中国内地位于美国服务出口目的地的第十位,中国香港位于第八位。进口方面,中国香港是美国第十大服务来源地。

(三) 美国服务贸易发展特点

1. 对外服务贸易发展平稳

2009 年,世界服务贸易总额下降 12.4%。其中,服务出口 33 116 亿美元,同比下降 12.9%;服务进口 31 145 亿美元,同比下降 11.9%。但是,美国继续稳居全球服务贸易第一大国的位置,其服务贸易总额、服务出口总额、服务进口总额及服务贸易顺差保持世界第一。2009 年,美国服务贸易总额比上年仅下降 9.3%,其中出口下降 9.3%,进口下降 9.4%。

2. 服务贸易向多元化发展

不难发现,美国的对外服务贸易伙伴逐渐趋向多元化。美国最大的服务贸易伙伴是欧

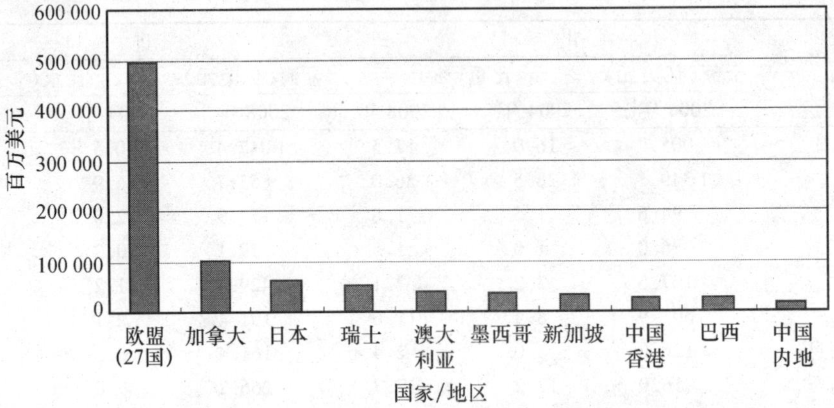

图 8-1　美国跨国公司境外服务主要国家和地区

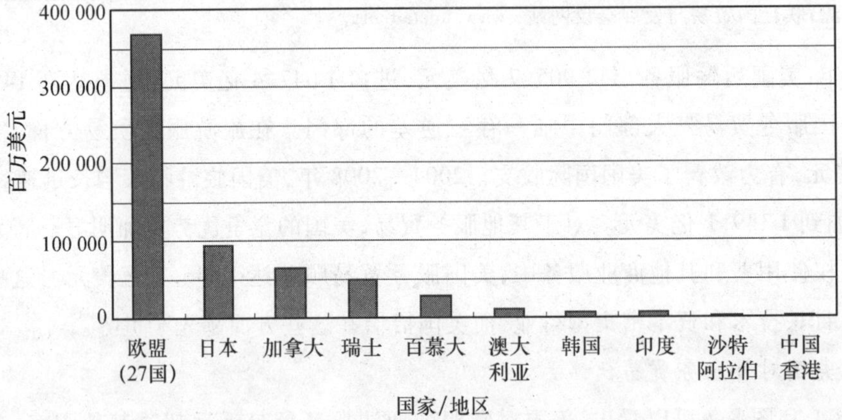

图 8-2　外国跨国公司在美国的服务贸易

盟，对日本的服务进出口也占有相当大的比例。近年来，美国不断加强对发展中国家的服务出口，比如墨西哥、巴西、阿根廷、中国、韩国、马来西亚、新加坡、泰国等。

3. 服务贸易内部结构合理

美国的众多服务业部门居于世界领先地位，比如旅游、运输、金融、教育、通信、计算机及信息服务等，这些部门为美国创造了巨额的服务贸易顺差。旅游、运输及其他商业服务是美国的主要创汇部门，其他服务贸易部门发展平衡，结构较为合理。

二、欧盟

（一）欧盟服务贸易发展现状

欧盟不仅是全球最大的货物贸易集团，也是世界上最大的服务贸易集团。据统计，服务业是欧盟最重要的经济部门，占 GDP 总量和总就业的 2/3。2000 年，欧盟服务贸易额为 5 772 亿欧元，其中金融、商业和建筑等服务占欧盟服务贸易额的 48%，交通和旅游服务占 52%，是全球第一大服务进口国和仅次于美国的第二大服务出口地区。2006 年，欧盟的服务业增加值占 GDP 总量的 69.6%，服务业就业人数占总就业的 68.6%。服务贸易增速接近货物贸易增速，且远远高于 GDP 增速和服务业产值的增速。

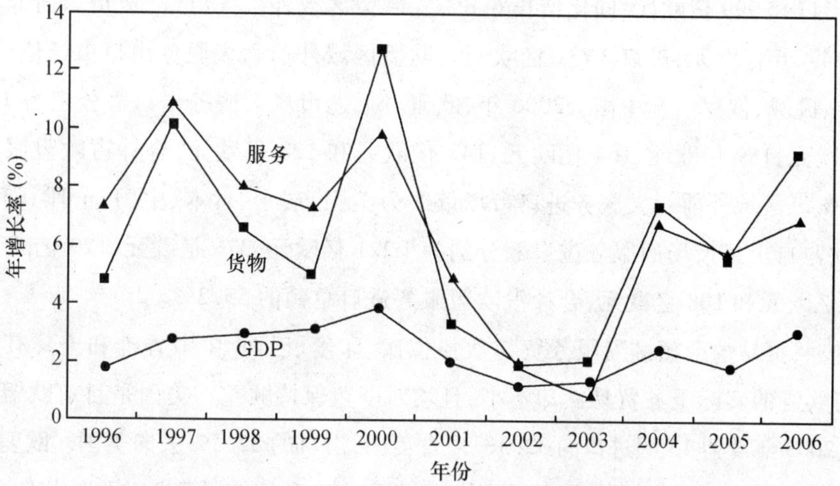

图 8-3　1996—2006 年欧盟 GDP、货物出口和服务出口

资料来源：中国服务贸易网。

注：以 1995 年的价格和汇率为基准。

（二）欧盟部门服务贸易发展

欧盟跨境服务贸易统计主要包括运输、旅游、通信、建筑、保险、金融、计算机及信息服务、专利权使用费、其他商业服务、个人和文化娱乐服务十大行业。其中，其他商业服务可分为三个分部门：营销和其他与贸易有关的服务、营业租赁服务、杂项商业和专业技术服务。

欧盟部门服务贸易中，保险服务出口的增长最明显，2006 年比 2005 年增长 1.3 倍；其次是计算机及信息服务、金融、通信服务，比 2005 年分别增长 21.8%、19.1% 和 17.3%；其他商业服务进口增长也较为显著，增速超过两位数。从欧盟对外服务贸易分部门盈利情况看，欧盟具有传统优势的服务部门是：保险、金融、建筑、交通和杂项商业服务、专业技术服务等，而在通信、个人和文化娱乐服务方面，欧盟长期保持贸易逆差。

虽然交通服务是欧盟服务贸易的强项之一，但在其项下的其他运输服务优势正在逐步丧失，海运服务的盈利能力增长，空运服务保持稳定。欧盟在旅游服务贸易上，除 1997 年稍有盈余之外，1998—2003 年一直处于逆差状态。作为传统优势部门，欧盟金融、保险服务在

1997—2003 年稳定增长，为欧盟对外服务贸易盈余做出较大贡献。值得注意的是，欧盟新兴服务部门——计算机及信息服务成长迅速，短短几年已经成为欧盟对外服务贸易盈余的主要来源之一。

（三）欧盟对外服务贸易伙伴

2006 年，欧盟近 59% 的服务贸易为成员国间服务贸易，区域内服务出口（一成员国向另一成员国出口）5 999 亿欧元，同比增长 6.8%。欧盟区域外服务出口（成员国向非成员国和地区出口）4 416 亿欧元，进口 3 731 亿欧元。欧盟区域外前六大服务出口市场依次为美国、瑞士、日本、挪威、俄罗斯和中国。2006 年，欧盟对上述市场的服务出口额分别为 1 347 亿欧元、527 亿欧元、189 亿欧元、164 亿欧元、142 亿欧元和 128 亿欧元，合计占欧盟服务出口总额的 56.5%。区域外前六大服务进口市场依次为美国、瑞士、日本、中国、土耳其和俄罗斯。2006 年，欧盟自上述市场的服务进口额分别为 1 221 亿欧元、378 亿欧元、129 亿欧元、113 亿欧元、110 亿欧元和 108 亿欧元，合计占欧盟服务进口总额的 55.2%。

由于按照贸易盈余额排列服务贸易伙伴位次，印度、巴西、中国香港和土耳其虽然排位靠后，但与欧盟的实际服务贸易额却不小，且均对欧盟保持顺差。美国是目前欧盟的第一大贸易伙伴，2003 年欧盟 15 国进口的 32.3% 来自美国，出口的 32.5% 去向美国。欧盟在对美服务贸易中，交通、保险和金融服务等占有优势，而美国在专利权使用费上对欧盟占有最大优势。

三、日本

（一）日本服务贸易发展现状

第二次世界大战以后，日本制造业得到空前发展，货物贸易竞争力大幅提升，一度成为全球最大的货物贸易顺差国。但是，日本服务贸易发展却呈现出另外一种局面，服务贸易竞争力低下。1997—2008 年日本服务进出口情况如表 8-4 所示。

表 8-4 1997—2008 年日本服务进出口

年份	进出口总额（亿美元）	出口		进口		逆差（亿美元）
		数额（亿美元）	增长率（%）	数额（亿美元）	增长率（%）	
1997	1 902.2	681.4	2.7	1 220.8	-5.1	539.4
1998	1 724.9	617.9	-9.3	1 107.0	-9.3	489.1
1999	1 744.8	603.1	-2.3	1 141.7	3.1	538.6
2000	1 839.9	683.0	13.2	1 156.9	1.3	473.8
2001	1 707.0	636.7	-6.8	1 070.3	-7.5	433.6
2002	1 715.2	649.1	1.9	1 066.1	-0.4	417.0
2003	1 861.9	759.3	17.0	1 102.6	3.4	343.3
2004	2 289.4	949.3	25.0	1 340.1	21.5	390.8

（续　表）

年份	进出口总额（亿美元）	出　口		进　口		逆差（亿美元）
		数额（亿美元）	增长率（%）	数额（亿美元）	增长率（%）	
2005	2 404.8	1 078.8	13.6	1 326.0	-1.1	247.2
2006	2 490.4	1 151.4	6.7	1 339.0	1.0	187.6
2007	2 757.4	1 270.6	10.4	1 486.8	11.0	216.2
2008	3 138.8	1 464.4	15.3	1 674.4	12.6	210.0

资料来源：联合国贸易与发展会议网站。

与其货物贸易的国际地位相比，日本服务贸易相对落后，不过服务业整体竞争能力仍然很强，发展速度较快。尽管日本对外服务贸易持续逆差，但服务出口增长迅速，逆差显示出逐渐缩小的态势，同时不同部门服务进出口情况差异也较大。2008 年，日本服务贸易分部门情况如表 8-5 所示。

表 8-5　2008 年日本服务贸易分部门情况

	出　口			进　口		
	金额（亿美元）	比重（%）		金额（亿美元）	比重（%）	
	2008 年	2004 年	2008 年	2008 年	2004 年	2008 年
运输	468.4	33.9	32.0	539.5	31.9	32.2
旅游	108.2	11.9	7.4	279.0	28.5	16.7
通信	6.5	0.5	0.4	10.8	0.5	0.6
建筑	138.1	7.2	9.4	113.6	3.6	6.8
保险	9.4	1.1	0.6	51.3	2.6	3.1
金融	54.5	4.6	3.7	39.8	2.0	2.4
计算机及信息	9.5	1.1	0.6	39.7	1.6	2.4
专利权使用费	257.0	16.5	17.6	183.1	10.2	10.9
其他商业服务	411.3	23.1	28.1	405.5	18.4	24.2
个人文化及娱乐	1.5	0.1	0.1	12.1	0.8	0.7
总计	1 464.4	100.0	100.0	1 674.4	100.0	100.0

资料来源：联合国贸易与发展会议网站。

2008 年，虽然日本的两大传统服务部门均为逆差，即运输服务贸易逆差 71.1 亿美元，旅游服务贸易逆差 170.8 亿美元，但在其他服务贸易上顺差为 31.9 亿美元，特别是专利权使用费表现出较强的竞争能力。

（二）日本服务贸易发展特点

近年来，日本对外服务贸易发展状态标志着其已步入增长轨道，总结起来呈现出以下一些新特点：

1. 经济复苏及服务业日趋完善有利于服务贸易发展

进入 21 世纪，日本经济的回暖为日本服务贸易发展创造了有利条件。近年来，日本服务业保持稳定增长，占 GDP 总量的比重接近 70%，这为对外服务贸易的进一步增长打下了基础。

2. 出口增速快于进口，贸易逆差逐渐缩小

自 2000 年以来，日本服务贸易逆差不断缩小，且于 2006 年降至历史最低的 187.6 亿美元。2000—2008 年，日本服务出口和进口的年均增速分别是 10.7% 和 4.6%，出口增势明显强于进口，贸易逆差规模总体缩减。

3. 渐进式开放增强了对外服务贸易竞争力

在服务业渐进式开放模式下，日本向欧美国家学习先进经验和技术的同时，注重提升金融、保险服务的国际竞争力，努力扩大服务出口。目前，日本正加快服务业和服务贸易发展，积极调整服务贸易发展策略，攫取更大贸易利益。

第二节 "金砖国家"服务贸易发展

一、"金砖国家"服务贸易发展现状

进入 21 世纪以来，世界服务出口总额由 15 323 亿美元增长至 2008 年的 37 310 亿美元，同期货物贸易由 61 882 亿美元增长至 160 700 亿美元。不过，两个近似比例的增长在不同国家和地区却表现出极大的差异，主要体现为发达国家服务贸易顺差与货物贸易逆差逐渐扩大，而以中国为代表的发展中国家货物贸易顺差和服务贸易逆差同时增加。例如，OECD 国家服务贸易顺差从 2001 年的 537 亿美元一路飙升至 2006 年的 1 881 亿美元，且顺差年均增速始终保持在 15% 以上，部分年份甚至超过 50%，而作为发展中国家的代表——"金砖国家"除印度以外服务贸易逆差正在逐年扩大。

表 8-6 "金砖国家"服务出口总额及世界情况比较 单位：亿美元

	1990	2000	2005	2007	2008
巴西	37	90	149	226	288
俄罗斯	—	96	247	391	507
印度	46	160	522	875	1 026
中国	57	301	739	1 217	1 464
世界	7 804	14 813	24 803	33 724	37 779

资料来源：国家统计局。

表 8-7 "金砖国家"服务进口总额及世界情况比较　　　　单位:亿美元

	1990	2000	2005	2007	2008
巴西	67	156	224	347	444
俄罗斯	—	162	378	577	746
印度	59	189	470	707	836
中国	41	359	832	1 293	1 580
世界	8 203	14 542	23 523	31 139	34 892

资料来源:国家统计局。

不难看出,二十多年来,"金砖国家"服务贸易发展迅速。根据世界贸易组织的统计,巴西服务出口从 1990 年的 37 亿美元增长到 2008 年的 288 亿美元,占世界服务出口总额的比重从 0.5% 上升至 0.8%;同期巴西服务进口从 67 亿美元上升到 444 亿美元,占世界服务进口总额的比重从 0.8% 提高到 1.3%。2008 年,俄罗斯服务出口升至 507 亿美元,占世界服务出口总额的比重达到 1.3%,而服务进口为 746 亿美元,占世界服务进口的 2.1%。印度服务出口从 1990 年的 46 亿美元发展至 2008 年的 1 026 亿美元,其占世界服务出口总额的比重也从 0.6% 上升到 2.7%,其服务进口则从 59 亿美元增长到 836 亿美元,其占世界服务进口总额的比重从 0.7% 增加到 2.4%。作为新兴市场国家代表的中国,过去 20 年间服务出口从 57 亿美元上升到 1464 亿美元,占世界服务出口总额的比重由 0.7% 升至 3.9%,服务进口从 41 亿美元提高到 1 580 亿美元,占世界服务进口总额的比重从较低的 0.5% 上升至 4.5%。

尤其近十多年来,"金砖国家"服务贸易均保持较快增长,中国服务贸易总额一直处于首位,印度和俄罗斯次之,巴西相对落后。但从增长速度来看,印度快于中国,名列首位,其次是中国和巴西,俄罗斯服务贸易增长相对缓慢。

二、"金砖国家"服务贸易竞争力

(一)"金砖国家"服务贸易综合竞争力

1. 基于 CAI 指数的竞争力分析

比较优势指数(Comparative Advantage Index, CAI)反映了一国某一产业是净出口还是净进口,以及净出口或净进口的相对规模。

$$CAI = (X_{ij} - M_{ij})/(X_{ij} + M_{ij})$$

其中,X_{ij}为 i 国 j 产业的出口额,M_{ij}为 i 国 j 产业的进口额。CAI 指数位于 -1 与 1 之间,如果 CAI > 0,该国 j 产业的国际竞争能力较强,且 CAI 指数越接近 1,竞争能力越强;如果 CAI < 0,该国 j 产业的国际竞争能力较弱。图 8-4 列示了 1994—2007 年"金砖国家"服务贸

易的比较优势指数。

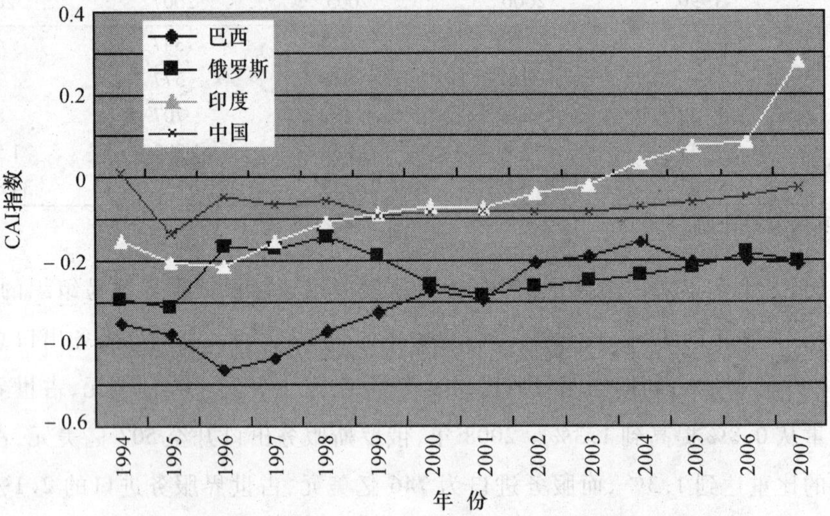

图 8-4 1994—2007 年“金砖国家”CAI 指数

从国别来看，自 2004 年起印度服务贸易从净进口国转变为净出口国，且 CAI 指数上升迅速，2004—2007 年增速达到 97.85%，2007 年甚至比 2006 年增长了 225%，显示出印度服务贸易竞争力的强劲增长。中国除 1994 年 CAI 指数为正外，考察期间的其余年份均为负，说明中国一直是服务贸易的净进口国，服务出口竞争力较弱。从长期趋势来看，中国服务贸易竞争力变化平稳，2000 年以来稍有缓慢增长。俄罗斯和巴西考察期间的 CAI 指数均为负，表明两国长期以来也是服务贸易的净进口国，出口竞争力较中国更弱。俄罗斯总体水平强于巴西，1996—1999 年 CAI 指数在 -0.2 与 -0.1 之间波动，2000 年以后竞争力进一步减弱，CAI 指数在 -0.3 与 -0.2 之间波动，不过出现了缓慢增长的迹象。巴西服务业缺口较大，长期处于深度服务贸易净进口状态，在考察期间 CAI 指数先抑后扬，1996 年至今服务贸易竞争力逐年提升，近年来接近 -0.2 的水平。

总体上，四国服务贸易竞争力都不强，14 年间的 CAI 指数均值低于 0.006 的世界平均水平，均处于服务贸易净进口地位。相对而言，四国中印度最强，其次为中国和俄罗斯，巴西最弱。四国的服务贸易竞争力状态基本反映了各国服务业发展水平。

2. 基于 RCA 指数的竞争力分析

显性比较优势指数（Revealed Comparative Advantage Index，RCA）反映了一国某一产业的出口相对世界平均水平的情况。

$$RCA = (X_{ij}/X_{it})/(X_{wj}/X_{wt})$$

其中，X_{ij}为 i 国 j 产业的出口额，X_{it}为 i 国的出口总额，X_{wj}为世界 j 产业的出口额，X_{wt}为世界出口总额。一般认为，RCA > 2.5 表示该产业具有极强的竞争力，1.25 < RCA < 2.5 表示该产业具有较强的竞争力，0.8 < RCA < 1.25 表示该产业具有中等竞争力，RCA < 0.8 表示该产业竞争力较弱。图 8-5 显示了 1994—2007 年"金砖国家"服务贸易的显性比较优势指数。

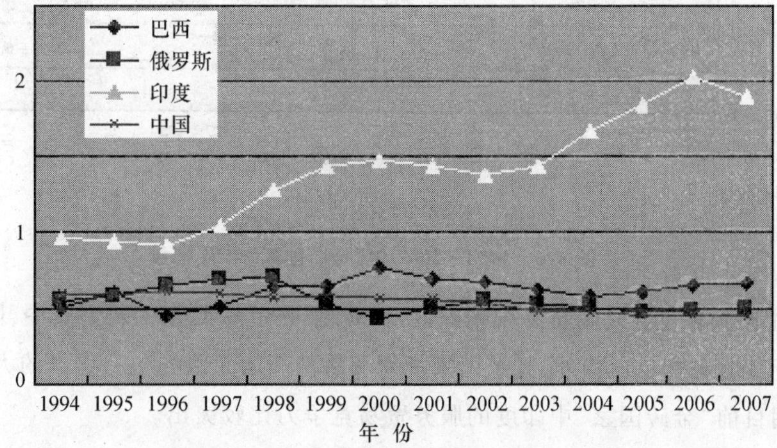

图 8-5　1994—2007 年"金砖国家"RCA 指数

由图 8-5 可知，只有印度显示出较强的竞争力，其余三国竞争力较弱。在考察期内，印度前四年的 RCA 指数显示出中等竞争力，自 1998 年起 RCA 指数呈明显上升态势，2006 年达到最高点，随后稍有回落。巴西的显性比较优势强于俄罗斯和中国，这与 CAI 指数的情况有所差异，因为 RCA 指数仅描述出口相对世界平均水平的状况，而巴西服务出口占其贸易总额的比重为 12.16%，高于俄罗斯的 10.88% 和中国的 10.65%。印度之所以遥遥领先，在于其该比重达到了 27.78%。

3. 基于 MSI 指数的竞争力分析

国际市场占有率指数(Market Share Index，MSI)，即一国某一产业或产品的出口额占世界出口总额的比重，在考虑该国整体规模的基础上，可以简明表示该产业或产品的对外竞争力。

$$MSI = X_{ij}/X_{wj}$$

其中，X_{ij}为 i 国 j 产业的出口额，X_{wj}为世界 j 产业的出口总额，图 8-6 显示了 1994—2007 年"金砖国家"服务贸易的国际市场占有率指数。

从各国服务贸易在世界服务贸易总额中的占比来看，14 年均值说明中国规模为最，其次是印度和俄罗斯，巴西最小，仅占世界服务贸易总额的 0.55%。四国服务贸易总额不足全

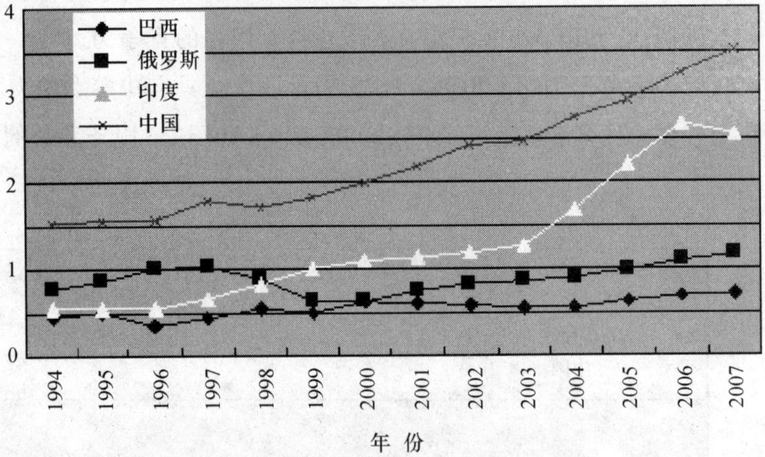

图 8-6　1994—2007 年“金砖国家”MSI 指数

球的5%，相比其在世界货物贸易中占比 8.39%，服务贸易明显偏弱。其中，除印度货物贸易份额低于其服务贸易份额外，其余国家货物贸易份额均为服务贸易份额的大约 2 倍，一定程度上表明目前“金砖国家”中印度的服务贸易竞争力比较突出。

（二）“金砖国家”服务贸易行业竞争力

考察期间，巴西的其他商业服务贸易占总额平均 51%，且占比呈增长态势，旅游平均占比约 23%且相对平稳，运输平均占比约 27%但呈下降趋势，表明现代服务贸易领先于传统服务贸易，服务贸易行业结构不断优化。俄罗斯服务出口中，运输、旅游和其他商业服务占比 35%、36%和 29%，进口中运输、旅游和其他商业服务占比 15%、50%和 36%，表明以传统行业为主导的服务贸易结构特征。印度以占总额高达 60%的其他商业服务出口及其 30%的年均增长速度充分显示其以现代服务业为主的服务贸易结构特征，运输和旅游服务出口分别占 16%和 24%，年均增速分别为 12%和 11%。中国对外服务出口中，旅游约占半壁江山，运输净进口已具规模，其他商业服务接近四成，表明中国以传统服务贸易为主，同时现代服务贸易不断增长的行业结构特征。

为了比较“金砖国家”服务贸易的行业竞争力，进一步测度 1994—2006 年各国各行业的比较优势指数。

表 8-8　1994—2006 年"金砖国家"服务业 CAI 指数

	巴西			俄罗斯			印度			中国		
	运输	旅游	其他商业服务	运输	旅游	其他商业服务	运输	旅游	其他商业服务	运输	旅游	其他商业服务
1994	-0.32	-0.39	-0.37	0.12	-0.49	-0.42	-0.45	0.49	-0.17	-0.42	0.41	0.05
1995	-0.38	-0.55	-0.27	0.07	-0.46	-0.36	-0.50	0.44	-0.22	-0.48	0.41	-0.26
1996	-0.49	-0.72	-0.25	0.17	-0.17	-0.41	-0.53	0.51	-0.22	-0.54	0.39	-0.03
1997	-0.55	-0.69	-0.16	0.10	-0.17	-0.36	-0.56	0.37	0.00	-0.54	0.20	-0.02
1998	-0.46	-0.61	-0.16	0.07	-0.14	-0.30	-0.6	0.27	0.10	-0.49	0.16	-0.09
1999	-0.57	-0.31	-0.22	0.15	-0.31	-0.27	-0.58	0.20	0.08	-0.53	0.13	-0.14
2000	-0.51	-0.37	-0.15	0.21	-0.44	-0.32	-0.63	0.13	0.18	-0.48	0.11	-0.09
2001	-0.51	-0.30	-0.21	0.22	-0.44	-0.44	-0.61	0.03	0.17	-0.42	0.12	-0.13
2002	-0.39	-0.09	-0.18	0.32	-0.46	-0.41	-0.55	0.02	0.19	-0.41	0.14	-0.12
2003	-0.30	0.05	-0.22	0.33	-0.48	-0.33	-0.51	0.11	0.16	-0.40	0.07	-0.01
2004	-0.29	0.06	-0.18	0.33	-0.47	-0.32	-0.50	0.12	0.22	-0.34	0.15	-0.07
2005	-0.24	-0.10	-0.23	0.28	-0.50	-0.24	-0.56	0.11	0.32	-0.30	0.15	-0.06
2006	-0.31	-0.14	-0.18	0.20	-0.41	-0.20	-0.54	0.10	0.31	-0.24	0.17	-0.06

由表 8-8 可知,巴西服务贸易行业竞争力水平总体偏低,但正不断增长,尤以旅游和其他商业服务增长较快,其中后者的出口占服务贸易总额的 57%,超过发达国家 50% 的平均水平。俄罗斯传统服务贸易强于现代服务贸易,运输服务的 CAI 指数考察期间均为正,且有三年数值超过 0.3,显示出较强竞争力,而其旅游和其他商业服务相对较弱,但后者 CAI 指数 15% 的年均增速说明俄罗斯正朝着发展现代服务贸易的方向调整。印度现代服务业较为发达,CAI 指数近年来达到 0.3,竞争力甚至超过许多发达国家,运输和旅游出口相对比重下降。中国服务贸易竞争力快速增长,旅游服务 CAI 指数考察期间均为正,位居全球旅游出口国的前 15 位,运输服务 CAI 指数虽然在考察期间均为负,但劣势正在逐渐减小,2007 年已进入世界运输出口国前五位,其他商业服务贸易竞争力接近国际平均水平,2000 年以来中国其他商业服务出口一直居于三大服务业之首。

第三节　发展中国家(地区)服务贸易发展

一、发展中国家服务贸易发展现状

世界贸易组织中的发展中成员大致可以分为三类:① 最不发达成员,根据 1995 年世界银行制定的标准,是指人均国民生产总值 765 美元及其以下的国家和地区,符合这样条件的世界贸易组织成员有 29 个;② 人均国民生产总值低于 1 000 美元的国家和地区,比如玻利维亚、喀麦隆、埃及、加纳、肯尼亚、摩洛哥、尼加拉瓜、尼日利亚、巴基斯坦、菲律宾、塞内加尔、斯里兰卡和津巴布韦等;③ 其他发展中成员,即不属于以上两类的发展中国家和地区。目前,全球200多个经济体中,有170多个属于发展中国家和地区。

总体来看,二十多年来发展中国家服务业产值和就业人数占国内生产总值和总就业的比重现在已分别达到或接近50%,对外服务贸易也得到了迅速发展。虽然发展中国家服务贸易在规模上与发达国家相比仍然较小,且其资本、技术密集型服务业较发达国家明显落后,但纵向来看,发展中国家的服务经济在国民经济中的地位不断上升,服务出口占世界服务出口总额的比重逐渐提高。据世界贸易组织统计,2008年服务出口前30位的国家和地区中,作为发展中国家的中国、印度、韩国、波兰、土耳其、泰国分别占世界服务出口额的3.9%、2.8%、2.0%、0.9%、0.9%、0.9%;中国、韩国、印度、泰国、巴西、波兰、墨西哥分别占世界服务进口额的4.6%、2.7%、2.6%、1.3%、1.3%、0.9%、0.7%。

二、发展中国家服务贸易发展特点

(一) 发展中国家服务贸易占世界服务贸易份额较小

2008年,居前十位的服务出口国家和地区中,除了中国和印度以外仍然都是发达国家。并且,同年跃居前30位的主要发展中国家和地区只有中国内地、印度、中国香港、韩国、波兰、土耳其、中国台湾、泰国、马来群岛等,其服务出口额加总只占全球服务出口总额的15%。

(二) 发展中国家现代服务业及服务贸易竞争力偏低

在服务贸易部门结构方面,发展中国家的传统服务业处于极其重要的地位。发展中国家在劳务输出、建筑承包、旅游服务等领域具有较大优势,同时其资本、技术密集型的现代服务业发展水平与发达国家相比差距较大。在金融、保险、信息和海运服务等领域,虽然发展中国家的竞争力不断加强,但短期内仍难改变发达国家的长期垄断地位。

(三) 发展中国家的内部差异导致服务贸易发展各异

由于服务业和服务贸易伴随一国国内经济发展而发展,当今发展中国家经济社会发展水平千差万别,各自的对外服务贸易状况也不尽相同。中国香港、新加坡等服务贸易较为发达,几乎连年顺差;中国、墨西哥、巴西等存在大幅逆差;乌干达、乍得、卢旺达等服务贸易规模较小且连年逆差。具体而言,在服务出口方面,部分发展中国家和地区获得了一定成功,比如中国香港、新加坡的金融服务,韩国的建筑服务,印度的计算机及信息服务等。

(四) 发展中国家较发达国家整体服务贸易逆差显著

就大多数发展中国家而言,对外服务贸易水平较低、发展缓慢。其中,服务贸易逆差的最大来源是其他商业服务、运输服务,具有一定顺差的是旅游服务,但所占比重极小。中国、墨西哥、巴西、印度这些世界主要发展中国家普遍存在大量服务贸易逆差。

三、发展中国家对服务贸易自由化的态度

广大发展中国家日益认识到服务业与服务贸易对其经济发展的重要作用。面对服务贸易逆差的持续扩大,发展中国家一方面正在提升本国服务业发展水平,积极促进服务出口,另一方面努力加强对国内服务业的保护,采取谨慎自由化或具有保护倾向的服务贸易政策措施。

首先,完全的服务业开放会使发展中国家的众多处于幼稚产业阶段的服务业部门,比如金融、保险等直接暴露于发达国家的强大竞争优势面前,国内服务业发展容易被发达国家的跨国企业主导或控制,不利于自身服务业发展水平的提高以及对外服务贸易竞争力的培育。

其次,服务贸易自由化会从多方面影响发展中国家的就业,其不但迫使一部分劳动力从进口竞争服务业部门中转移出来,而且还会对其他相关行业带来影响。例如,若对电子设备密集型的电信服务业和金融业采取开放或贸易自由化措施,国内电子相关行业的就业会受到较大影响。

再次,对于多数发展中国家而言,发达国家进入本国影视文化、个人和娱乐服务业等领域,势必对本土社会和文化造成冲击,随之而来的正反影响具有很大不确定性。另外,数据处理服务的大量进口可能加深发展中国家对发达国家的依赖,甚至影响到本国的经济金融安全。

最后,发展中国家整体服务贸易连年逆差的状况尚无根本改观,特别在知识、技术密集型服务方面更是处于净进口的地位。这种局面使得许多发展中国家认为,目前较为不利的国际地位加之服务贸易自由化,国际收支状况必将遭受更严重的打击。

因此,管理对外服务贸易成为发展中国家的共识。为了维护本国服务业部门的正常发展并提高其国际竞争力,多数发展中国家对国内一些敏感和关键性行业都采取不同程度的保护措施。例如,金融、保险、教育和医疗等都受到政府的严格管制。总体来看,保护政策有利于保证发展中国家的长期利益且有效缓和了对外服务贸易逆差的扩大。

四、服务贸易发展对发展中国家的影响

在国际产业结构调整和转移的背景下,服务贸易自由化的浪潮不可阻挡,服务业开放与增长,以及服务贸易的迅速发展就像一把双刃剑,给发展中国家带来了巨大的影响,既有机遇又充满挑战。

(一)提高发展中国家的经济效率

由于外国服务提供者进入本国市场,发展中国家的企业能够有更多的机会选择质优价

廉的服务，提高企业的经济效率。并且，发展中国家可以借此机会进口其经济发展急需而本国却无法完全满足的生产性服务，从而有助于解决生产发展与服务业落后的矛盾。在此进程中，发展中国家倾向于发展自身具有竞争优势的服务业，优化资源的有效配置，并为发展中国家的服务出口创造机会。

（二）促进发展中国家的技术进步

（1）服务贸易本身就是国际技术转移的重要途径。由于技术进步往往最先出现在服务领域，发展中国家可以通过引进、咨询、培训及其他技术服务获取先进技术和信息。

（2）服务业外国直接投资通常伴随技术输出和引进，同时越发激烈的国际竞争也会迫使发展中国家主动加快服务业技术进步和提高竞争力，由此带动其他部门的技术创新和增长。

（三）加大发展中国家的就业压力

发展中国家的服务业劳动生产率较低、劳动密集度较高、劳动力素质较差，向其他产业部门转移较困难。所以，服务贸易自由化可能使本国服务业和与之相关的物质生产部门就业状况恶化，而且对发展中国家尚在襁褓中的高新技术服务产业造成损害，影响这些服务业部门的发展和就业。

（四）影响发展中国家的经济安全

国内服务业的市场开放将使发展中国家在一定程度上丧失部分经济自主权，而服务贸易自由化可能削弱发展中国家的经济独立性。金融、技术、计算机及信息等现代服务业的国际竞争还会抑制发展中国家相应的服务贸易发展，造成对发达国家的过度依赖。

重要概念

“金砖国家”　最不发达国家

思考题

1. 试阐述20世纪80年代以来美国服务贸易迅速发展的原因。

2. 对比欧盟和日本服务贸易的发展特点。

3. 从总体和行业两个方面衡量“金砖国家”的服务贸易竞争力。

4. 下表所示为2010年中国对外引进和输出版权的情况，请据此计算并回答下列问题。

（1）使用CAI指数计算并分析中国版权产业的比较优势，其中图书、录音、录像制品、电子制品、软件出版物和电视中，哪一类比较优势或者比较劣势最为明显？

（2）如何使用RCA指数衡量中国版权产业的国际竞争力？你还需要哪些数据？能够

通过哪些渠道查找？

（3）计算中国版权产业的MSI指数并对结果加以讨论。

2010年中国对外引进和输出版权贸易额(单位:项)

引进版权的来源地	总计	图书	录音	录像制品	电子制品	软件出版物	电视
世界	16 602	13 724	439	356	49	304	1 730
美国	5 284	4 549	22	284	9	40	380
英国	2 429	1 770	26	35	3	10	585
德国	739	726	2	1	2	8	0
法国	737	595	0	13	0	4	125
俄罗斯	58	57	0	1	0	0	0
加拿大	111	104	7	0	0	0	0
输出版权的目的地	总计	图书	录音	录像制品	电子制品	软件出版物	电视
世界	5 691	3 880	36	8	187	0	1 580
美国	1 147	244	0	5	139	0	759
英国	178	176	0	0	0	0	2
德国	120	89	14	0	0	0	17
法国	121	120	0	0	0	0	1
俄罗斯	11	11	0	0	0	0	0
加拿大	86	31	0	1	0	0	54

5. 总结服务贸易自由化对发展中国家的影响。

课后阅读材料

[1] 尹翔硕、申朴，论中印两国要素积累对服务贸易比较优势的影响，《复旦学报(社会科学版)》，2005年第5期。

[2] 韩玉军、陈华超，世界服务业和服务贸易发展趋势，《国际贸易》，2006年第10期。

[3] 陶明、邓竞魁，新兴市场服务贸易比较研究——以“金砖四国”为研究对象，《国际贸易问题》，2010年第3期。

[4] 成蓉、程惠芳，中印贸易关系：竞争或互补——基于商品贸易与服务贸易的全视角分析，《国际贸易问题》，2011年第6期。

第九章

国际服务外包

引导案例

在国内动漫市场日趋激烈的竞争中，重庆云视动画制作公司依靠外包站稳了脚跟，其制作的动画片已销往海外。意大利、法国、德国、西班牙等国家的小朋友都能看到重庆本土制作的动画片。2011年年底，这家成立没多久的微型企业平均月营业额达到4万余元，其中外包业务占到了一半以上。

公司总经理薛梅说，国际动漫市场起步早、发展快，动画制作部分形成代工需求，而北京、上海等地的大型动画公司，将更多的精力投入到原创或大型商业项目中，所以她看中并抓住了代工业务。首先，公司充分了解客户对产品的要求，争取一次成稿，以减少因反复修改投入过多成本；其次，合理收取加工片、转包业务和前期设计费用，目前每月都能接到一两单海外加工片、前期设计等业务，不到半年时间，公司就实现销售额近20万元。

重庆非常重视服务外包的发展。虽然起步较晚，但重庆的制造业基础较好，且服务外包公司可享受税收、示范区资助、技改研发资助、人才培训补贴、国际认证补贴等优惠和最高可达200万元的创意基金。此外，重庆还提出离岸外包和在岸外包"双引擎"发展路径，服务外包额由2008年的不足百万美元增长至2011年的4.2亿美元。

目前，世界服务外包的发展势头十分迅猛。根据专业从事信息技术研究咨询的高德纳公司对全球市场的分析预测，2012年全球服务外包市场规模可达9750亿美元，而据印度产业组织预计，未来全球服务外包增速将保持在30%—40%。

学习目标

- 掌握外包、离岸和服务外包的概念
- 了解国际服务外包的动因和效应
- 熟悉全球服务外包的发展现状、特点和趋势

第一节　服务外包的界定

一、外包的基本概念

外包(Outsourcing)一词最早出现在1982年《韦氏大辞典》中。1990年哈默尔和普拉哈勒德在《企业核心竞争力》一书中指出,外包是企业的一种商业活动,正式提出外包这一概念。外包在现代经济社会活动中随处可见,起初常见于欧洲的家具业,随后蔓延到其他行业,比如汽车、旅游、软件等。目前,学术界尚未形成对外包明确统一的定义。外包一词意为,一个企业将原先自己生产的中间产品和服务代之以向其他企业购买的行为。如果其他企业位于国内,那么这种行为是国内外包;如果其他企业位于国外,那么这种行为是国际外包。狭义的外包和垂直一体化是两种不同的活动,前者发生在不同企业之间,后者发生在同一企业之间。因此,狭义的国际外包和垂直一体化类型的国际直接投资是两种不同的活动。和外包相关的一个名称是离岸(off-shoring)。狭义而言,离岸活动是指一个企业将原先自己生产的中间产品和服务交给位于国外的子公司生产的活动,狭义的离岸活动就是垂直一体化类型的国际直接投资。

二、服务外包的界定

如果把较早出现的制造业外包看成外包发展的第一阶段,那么随着制造业外包的高速发展和规模的不断扩大,以及服务贸易自由化水平的持续提升,外包发展进入了第二阶段——服务外包。服务外包最早起源于信息技术(IT)行业。20世纪90年代,网络技术迅猛发展,通信成本大幅下降,IT行业外包应运而生。大量IT企业开始提供专业性IT服务,其中部分企业还将其作为主要业务。之后,服务外包逐渐由IT行业延伸至其他服务业,比如人力资源管理、债务托收、法律等。

虽然服务外包已经广泛存在且表现出良好的发展势头,但其自身概念和界定还未真正清晰。2006年10月,商务部发布了关于实施服务外包"千百十工程"的通知,其中明确了服

务外包的概念。服务外包系指发包商向客户的信息技术外包(ITO)和业务流程外包(BPO),包括业务改造外包、业务流程外包、应用管理和服务等商业应用外包、基础技术外包(IT、软件开发、技术研发、平台和管理整合)等。其中,信息技术外包(ITO)是指客户将全部或部分IT业务委托专业性企业完成的模式。客户可以整合利用外部最优秀的IT专业化资源,降低成本、提高效率,充分发挥自身核心竞争力和增强客户对外部环境的应变能力。业务流程外包(BPO)是指企业将部分非核心的、次要的或者辅助性的业务委托外部专业服务机构,提高企业整体效率和竞争力,同时专注于企业自身具有核心竞争力的业务。

有关服务外包,不同的组织或机构给出了各自的定义。学者从企业价值链的视角将其界定为:服务企业或制造业企业价值链中原本自我提供的部分服务流程或服务环节以合同方式委托给外部服务供应商完成的经济活动。委托方称为发包方,受托方称为承包商。[①]

与制造业外包相比,服务外包具有以下一些明显特点:① 服务外包的技术含量高于制造业外包。数据显示,相同贸易额中,服务外包对中国经济的贡献是制造业来料加工的20倍以上。② 更高的技术含量要求更高水平的人力投入,服务外包提出了经验和实践丰富的从业要求。③ 服务外包依赖信息技术的发展,即互联网和通信技术。④ 服务外包不受地理因素的制约,发包方可以和任一提供高水平服务的承包方合作。⑤ 服务外包不是物质生产,没有污染排放,不存在高能耗、高污染等问题。当然,服务外包较难度量,外包的成果难以量化评估。另外,服务外包合同在签订和执行过程中容易出现纠纷,其对文化背景、法律体系等提出了更高要求。

三、国际服务外包的内涵

服务外包跨越国界就是国际服务外包,也称为离岸服务外包。这是对服务外包概念的进一步细化,即要求承包方不在发包方境内。例如,2004年IBM公司将其PC部分业务出售给中国联想公司,意图转型为全球最大的信息技术和业务提供商,专门为其他国家的企业提供系统集成、信息解决方案等服务。如果消费服务的一方不在IBM公司所在国,那么该业务即为离岸服务外包。

在商务部的服务外包"千百十工程"中,"国际服务(离岸)外包"系指服务发包商向境外客户提供服务外包业务。联合国贸易与发展会议在2004年发布的《世界投资报告》中提到两种离岸服务方式:一是母公司在国外设立分公司,外包业务给其在其他国家设立的分公司或子公司;二是公司将服务外包业务发包给第三方服务提供者,即外国公司或本国企业在国

---

① 江小涓,《服务全球化与服务外包:现状、趋势及理论分析》,人民出版社,2008年。

外设立的子公司。该报告将后者定义为离岸服务外包。另外,世界贸易组织在2005年发布的《世界贸易报告》中提到,离岸外包有两种情形:附属离岸外包和非附属离岸外包。二者的区别在于当企业将相关业务外包给海外企业时,服务提供者与外包企业是否存在附属关系。

由上可知,目前对离岸服务外包的界定还比较模糊,没有形成一致看法。作为全球化的分工生产方式,服务外包的参与方大多是大型跨国服务业企业,自身全球化特征明显,本书将国际(离岸)服务外包定义为:公司将其生产过程中的原本自我提供的部分服务环节或流程以合同的方式交由外国服务供应商完成,该供应商可以是该公司设立的海外子公司或分公司,可以是独立的外国企业,也可以是本国其他公司在海外设立的分公司或子公司。

第二节　国际服务外包的动因与效应

一、国际服务外包的动因

随着国际服务外包的迅速发展,有关外包动因的理论分析也获得了长足的进步。学者们从不同的理论视角解释了国际服务外包存在及发展的原因。例如,资源基础理论、核心竞争力理论、价值链理论、交易成本理论、比较优势理论、规模经济理论、制度变迁理论等。按照学科类别划分,以下将主要从经济学和管理学的视角介绍国际服务外包的动因。

(一) 国际贸易理论的视角

事实上,国际服务外包是伴随服务进出口发生的。与一般货物贸易不同的是,服务贸易的产品是无形的,并且有时即使贸易发生了,也未必会被现有的统计体系记录下来。尽管如此,国际服务外包仍然是服务产品的跨境交易,仍然可以将其纳入国际贸易理论的研究视野。

按照比较优势理论,不同国家或地区存在劳动生产率的相对差异,即"两优相权取其重,两劣相权取其轻",该理论在解释发达国家和发展中国家之间的贸易模式时具有很强的说服力。同样的,其也能很好地解释发达国家和发展中国家之间的服务外包。具体而言,发展中国家较发达国家服务价格的差异可能引起发达国家将服务业务或流程发包给发展中国家,以降低成本、提高效率。

更进一步,现实中大量企业的国际服务外包并不是仅仅追求较低成本,比如一些发达国家的企业没有将业务流程发包给成本最低的国家。这是为什么呢?当然,这可能是因为具有最低成本的国家在技术水平、人力资本、基础设施等方面十分落后,无法满足发包方的要求。但更重要的是,这些国家或地区不能形成和发展承包的规模效应。在此,产业内贸易理论具有一定的解释力。承包的国家或地区通过不断的服务专业化逐渐形成规模经济,进而具有了其他国家或地区没有的竞争优势。如果该优势超过了较低成本带来的收益,发包方必然会选择这一国家或地区。另外,可能部分企业也没有按照产业内贸易理论描述的情形选择外包,那么是什么原因使其选择了其他国家或地区呢?一种可能是,企业认为信息成本的效益超过了规模经济的效益。应用新地理经济学,如果企业发现信息成本过高,进行贸易无利可图,就会选择信息成本较低的国家或地区,转而放弃规模经济效益。就国际服务外包而言,企业选择承包方的时候会考虑信息成本。当然,最理想的情况是承包方的信息成本低且具有规模经济效益。

(二) 交易成本理论的视角

交易成本理论是产权经济学的核心,该理论可以追溯到罗纳德·科斯。1937年,他在《企业的性质》中解释了为什么企业生产某些产品,而另外一些是通过合同的方式从其他企业获得,以及企业存在的原因。科斯认为,交易成本是获得准确市场信息需要的费用,以及谈判和经常性契约的费用。交易成本由信息搜寻成本、谈判成本、缔约成本、监督履约的成本和处理违约的成本构成。当企业决定是否生产某种产品时,市场价格并不是唯一因素,还要综合考虑上述费用之后再作决策。

交易成本理论认为,企业边界是由交易成本和管理成本的边际价值决定的。交易成本是指市场对资源进行配置的成本,管理成本是指企业对资源进行组织的成本。当市场运作的成本大于管理成本时,利润最大化要求企业替代市场,企业边界扩大;随着企业规模的扩大,管理成本上升、生产效率下降,市场替代企业。国际服务外包正是后一种情况的体现。由于交易成本过高,企业早期通过延长价值链、提高管理水平,在公司内部完成产品生产。20世纪90年代,技术进步和信息成本下降,企业内部管理成本上升,企业选择"市场替代企业",即将部分业务或流程外包出去。具体到国际服务外包,企业在权衡交易成本和管理成本后,认为市场更加有利可图,从而受利益驱使将其服务业务对外发包。

(三) 国际投资理论的视角

目前,国际服务外包的主体是跨国公司,它们可以选择在海外设立分公司或子公司,也可以通过合资公司承接它们的服务外包。这种行为便是国际投资,所以国际服务外包可以用国际投资理论加以解释。国际生产折中理论由约翰·邓宁在1976年发表的《贸易、经济活动的区位与跨国公司:折中理论探索》一文中得到阐述。他认为,所有权优势(企业拥有或能够获得的、国外企业没有或无法获得的资产及其所有权)、内部化优势(企业资产的内部使用效率超过外部使用效率时,内部化可以节约或消除交易成本)以及区位优势(在海外使用企业资产会比国内创造更多利益)是企业进行对外直接投资必须同时满足的三个基本条件。

国际生产折中理论对于国际服务外包仍然是适用的。所有权优势来源于技术垄断、规模经济、知识产权等方面;内部化优势来源于自身服务的了解和保证、知识产权的完整性、信息的安全性、减少和其他企业合作的风险等;区位优势在于服务是无形的,了解客户的特征和特殊需求才能提供更好的服务。

（四）企业竞争力理论的视角

企业竞争力理论最早能够追溯到亚当·斯密的分工理论。1776 年斯密在《国富论》中提出,企业内部分工的性质和程度是限制规模效益的重要因素,决定了企业成长的限度。1920 年马歇尔提出“企业内在成长论”,指出企业内部各部门之间、企业之间、产业之间存在着“差异分工”,这种分工与其各自的知识技能有关,可以认为这些就是企业竞争力的雏形。20 世纪 90 年代,企业竞争力理论得到空前的发展。哈默尔和普拉哈勒德在《企业核心竞争力》一文中正式提出了企业竞争力的概念。该理论认为,企业竞争力是企业内部集体学习的能力,特别是如何协调不同生产技能和整合多种技术的能力。这种能力是企业获得长期竞争优势的能力,是企业能在竞争中取得可持续发展的核心能力。企业应该将有限资源投入到具有核心竞争力的业务上,而将其他业务以合同的形式或非合同的形式交由外部承担。

国际服务外包与企业竞争力紧密相关。企业会权衡和取舍以确定核心和非核心业务,当企业把主要精力放在核心业务上,利用核心竞争力保持企业的可持续竞争优势,而将非核心业务外包出去的时候,国际服务外包便产生了。

（五）价值链理论的视角

1985 年迈克尔·波特提出,“每一个企业都是在设计、生产、销售、发送和辅助其产品的过程中进行种种活动的集合。所有这些活动可以用一个价值链来说明”。企业的价值创造过程是由一系列活动构成的,这些活动可分为基本活动和辅助活动。基本活动包括内部后勤、生产作业、外部后勤、市场和销售、服务等;辅助活动包括采购、技术开发、人力资源管理和基础设施等。这些互不相同但又相互关联的生产经营活动构成了价值创造的动态过程,即价值链。他同时指出,“如果企业按照价值链将业务发包出去,只要能够保证价值链中各个环节的连续性,无论是内部环节还是外包环节,都能配合企业自身战略发展,这个企业就会获得成功”。

国际服务外包的产生和发展,是企业基于外部环境和自身资源与能力,不断优化和调整价值链并最终实现价值链增值及其效益最大化的战略考虑。在一个企业众多的价值活动中,并不是每一个环节都能创造价值。企业创造的价值,实际上仅仅来自于企业价值链的某些特定环节,这些真正创造价值的活动就是企业价值链的战略环节。根据外部环境和自身资源与能力选择服务业务的承接方,专注于企业所擅长的业务,而将不擅长的业务交给更专业的企业,便产生了国际服务外包。

二、国际服务外包的效应

(一) 宏观经济效应

以美国为例,发包方每外包 1 美元服务业务,全球获益 1.47 美元,净收益为 47 美分。其中,印度获得 33 美分,美国获得剩下的 1.14 美元。同时,服务业跨国公司利润的增加除了有助于降低通货膨胀、提高生产率之外,还能刺激企业和消费者的支出,活跃美国经济,形成辐射效应。曼恩(2004)曾指出,美国的服务外包有利于降低成本和价格,总体上美国经济可以从服务外包中获益。如果没有 IT 业务的外包,1995—2002 年美国的 GDP 增长率每年将减少 0.3%。另外,由美国信息行业协会(ITAA)发起的外包市场调查得出结论:离岸外包不仅促进了美国 GDP 的增长,并且大大增加了包括 IT 部门在内的美国国内就业机会。IT 离岸外包带来的收益给美国带来了每年 336 亿美元的 GDP 增量,到 2008 年为止总计有 1 242 亿美元的 GDP 增加。

对承包方(发展中国家或地区)来说,国际服务外包的发展有助于自身服务业水平和竞争力的提升,而且还会促进承包方的服务出口,有利于出口导向型行业的发展。以印度为例,其软件外包及其相关的服务外包产业已经成为印度的支柱产业,对拉动经济增长、促进服务出口等都做出了很大贡献。当然,不能忽视的是,印度这样的发展中国家,在承接发达国家服务外包时大多是承包非核心技术服务,业务或流程处在价值链的低端。

(二) 贸易投资效应

作为服务产品的跨境交易,国际服务外包确实加深了全球化分工,扩大了服务进出口市场,一定程度上改变了国家间的传统贸易模式。国际服务外包的出现和迅速发展不仅促进了发包方的国际服务贸易,同时大大提升了承接国家或地区的服务贸易竞争力和发展水平。数据显示,2000—2005 年计算机及信息服务贸易增长 45% 以上,其他商业服务贸易增长超过 31%,均远远高于国际货物贸易的增长速度。

国际服务外包的投资效应主要体现在两个方面:① 就承包方而言,服务外包会吸引资本流入,进而推动和影响该国或地区的产业扩张。如果承包国或地区能够提供优质的投资服务和环境,那么跨国公司的进入对发展中国家,特别是服务业亟待发展的国家和地区来说是有益的。② 就发包方而言,发达国家跨国公司可以降低成本、提升效率,发展自身竞争力更强的核心业务。据统计,国际服务外包引发了更大规模的国际直接投资。市场调查机构加特纳在其报告中指出,2006 年离岸外包在全球信息技术服务业投资的比重占 3%,2008 年离岸外包在 IT 服务业投资的比重占 7%。

（三）就业收入效应

一般来说，多数学者认为承包方从国际服务外包中获得了正的就业效应，即国际服务外包增加了承包方的劳动力需求，为其提供了更多就业机会，尤其是在劳动密集型的外包领域中，比如餐饮业、物流业等。但关于国际服务外包如何影响发包方的就业则存在较大争议。尽管服务外包可能导致本国相应的工作岗位流失、收入水平下降，但没有数据表明发包方每创造一个外国就业机会，一定导致该国或地区损失一个就业机会。而且，国际服务外包可以提高发包方（跨国公司）的生产效率和核心竞争力，反过来促使企业购买新设备和扩大规模，从而增加就业机会。美国信息行业协会和劳伦斯·克莱因教授的研究指出，2003 年服务外包为美国创造了 9 万个净就业岗位，2008 年增加到 31.7 万个。

对于国际服务外包的收入效应，发包方对成本更低的国家或地区进行发包，生产成本的下降必然导致价格下降，发包方的消费者可以用更低的市场价格购买相同的服务，意味着其实际收入的增加；承包方的相应服务业吸纳了更多的就业，这些行业的收入通常高于其他行业，意味着提高了该行业的平均收入水平，当然也可能同时造成一国或地区内部收入差距的扩大。

（四）技术创新效应

国际服务外包刺激发包方进行服务创新。通常情形下，发包方只是将劳动密集型服务和高新技术服务中属于低技术密集型的部分对外发包，而在国内集中进行具有竞争力的技术创新和附加值更高的服务创新。

对于承包方来说，服务业和制造业最大的不同在于对有形产品的依赖，所以服务业的技术密集度一般表现在管理水平、组织模式等方面。现代网络信息技术的不断发展以及服务业的属性大大拓宽了服务业技术进行国际转移的种类和途径，发包方优质的技术和管理要素会通过诸多形式扩散到承包方，这无疑会加快承包国或地区的技术进步。另外，与制造业相比，服务业的技术外溢效应更大，虽然技术外溢的具体规模难以精确度量，但承包方的项目内容和发包方处于基本相同的分工水平，这种水平分工使得承包方容易学习发包方先进的技术和管理经验。从宏观层面来看，技术外溢必将推动承包国或地区的技术和产业升级，提高整个国家或地区的福利水平。

第三节 国际服务外包的发展现状与趋势

一、全球服务外包发展现状

作为国际服务贸易和国际投资领域的新现象，目前国际服务外包还没有统一的框架对其统计和分析，现有数据主要来源于联合国贸易与发展会议和部分咨询公司（加特纳、麦肯锡等）。

（一）全球服务外包市场规模

《2009 年全球服务外包发展报告》显示，世界服务外包市场的规模 2005 年为 6 000 多亿美元，2006 年达到 8 600 亿美元，2007 年为 1.2 万亿美元，2008 年达到 1.5 万亿美元。根据联合国贸易与发展会议的估计，未来几年全球服务外包市场每年将以 30%—40% 的速度增长。这些数据表明，相比一般贸易和投资，国际服务外包增长更快，正在逐渐成为世界经济的新浪潮。值得注意的是，当前服务外包业务正从"最基础的技术层面的外包业务"向"高层次的服务流程的外包业务"转变，业务流程外包继续保持高于信息技术外包的增速。

麦肯锡对全球服务外包发展规模的统计数据显示，2007 年服务离岸外包的市场规模达到 4 650 亿美元，2010 年市场规模超过 6 000 亿美元。毕博管理咨询在 2007 年发布的《2007 年中国服务外包产业发展战略报告》中指出，2006 年全球服务外包市场总额为 9 178 亿美元，其中 ITO 总额为 4 670 亿美元，平均增长 5.9%，2010 年接近 6 000 亿美元，而 BPO 总额为 4 227 亿美元，平均增长 10%，2010 年超过 6 000 亿美元，高于 ITO 市场。根据加特纳的分析，2004 年全球 ITO 市场规模为 1 928 亿美元，2008 年达到 2 442 亿美元，而 2004 年 BPO 市场为 1 113 亿美元，2005 年为 1 244 亿美元，2006 年为 1 347 亿美元，2008 年达到 1 575 亿美元，增长率为 41.5%。

很明显，尽管各个机构的数据和统计分析不尽相同，但是有关全球服务外包的发展现状和估计是相似的，即国际服务外包发展迅速，并且 BPO 市场的发展快于 ITO 市场。

（二）全球服务外包市场结构

从服务外包的市场分布来看，全球服务外包目前主要集中在北美、西欧、日本、亚太和拉美地区，其中美国服务外包市场发展最为成熟，亚太地区保持强劲增长，成为世界服务外包业务增长最快的地区之一。

1. 发包方市场分布

根据毕博管理咨询的《2007 年中国服务外包产业发展战略报告》，2006 年全球服务外包发包方主要为美国、西欧、日本和除日本以外的亚太地区，其规模分别占世界市场总额的 42%、34%、8% 和 7%，而其他国家和地区仅占 9%。2009 年，美欧日转移的服务外包总量约占全球的 95%。从 BPO 发包方的地区分布来看，2009 年北美 BPO 市场占据主导地位，英国 BPO 市场显现出较快发展，亚太地区作为新兴 BPO 市场增长最快，这一地区的 BPO 已经逐步从分散业务流程转向全面业务流程，部分企业的业务流程管理水平接近美国和西欧的跨国公司。其中，美国是当前世界最大的软件生产国和出口国，具有完整的相关产业链，成为国际软件产业中心。美国软件产业年增长率为18%，软件公司占据世界2/3以上的软件市场，软件服务发包规模占全球市场的大约64%。

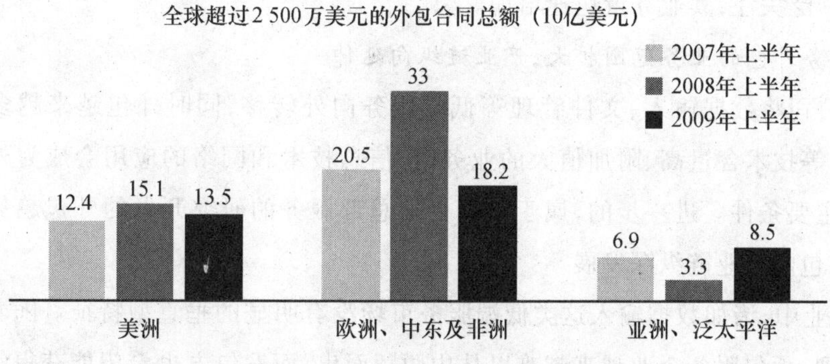

图9-1　全球服务外包市场结构

资料来源：《2009年全球服务外包发展报告》。

2．承包方市场分布

目前，发展中国家和部分发达国家共同参与了承接服务外包的国际竞争。按照服务外包承接方竞争力的强弱，可以分为三个层次：优先承接方为加拿大、印度、爱尔兰、俄罗斯、菲律宾；第二承接方为澳大利亚、新西兰、中国、马来西亚、墨西哥、西班牙；第三承接方为中欧、印度尼西亚、以色列、泰国、巴西、埃及、巴基斯坦、南非。

在这些承包的国家和地区中，印度最具有代表性，当前最具竞争实力。世界前20位ITO和BPO供应商中，印度公司占了7家。根据麦肯锡的数据，2010年印度的BPO和ITO总额分别达到1 500亿美元。除印度以外，世界其他国家和地区也正积极发展服务外包的承接业务。汉密尔顿发布的研究报告显示，2006年印度占全球服务外包市场规模的43%，其后的中国约占12%，同时19%的受访者认为中国是进行产品研发的理想离岸地，29%的受访者认为中国是采购服务的理想离岸地。据估计，在产品研发和采购等对英语水平要求较低的领域，中国的服务供应商地位将持续上升。

二、全球服务外包发展特点

（一）服务外包领域日益拓展，业务种类不断增加

20世纪90年代以前，发达国家的外包主要集中于制造业，之后的20年间发达国家跨国公司的发包业务逐渐从传统制造业转向知识密集型、高附加值的业务领域，外包种类显著增加。与此同时，外包的业务范围拓展到服务业，比如软件开发、金融、物流、电信、医疗等。伴随服务外包总量的扩大，服务外包的内容不断丰富。特别是近年来信息技术和网络的发展，促进了全球知识密集型服务外包的兴起，许多跨国公司不仅将低端服务转移出去，而且还将

风险管理、金融分析、研究开发等技术含量高、附加值较高的业务对外发包。所以，国际服务外包的业务种类伴随其领域的扩大而不断增加，ITO 不再占据市场的绝对份额，BPO 逐渐引起发包方的广泛关注，其业务量快速增加。

（二）服务外包的业务范围扩大，产业链纵向延伸

当跨国公司将数据输入、文件管理等低端服务向外转移，同时外包越来越多的风险管理、金融分析等技术含量高、附加值大的业务时，信息技术和网络的应用会成为外包市场发展的基础和主要条件。进一步的，属于跨国公司总部服务的研究开发的外包趋势得以不断加强，服务外包向产业链纵深发展。

在 IT 行业中，诸如数据输入这类低端服务市场没有明显的垂直型特征。随着外包市场竞争日趋激烈，承包服务企业越来越难以从中脱颖而出，而发包方也希望能获得符合自身需求的外包服务。近年来，服务承包企业逐渐掌握了纵向产业链所需的专业技术，从而切入其他服务流程，能够对不同行业 IT 服务外包承担风险的规模和实力，进而对客户的不同需求提供针对性服务，这已成为 IT 服务外包企业最重视的问题。例如，从 20 世纪 90 年代开始，美国和印度企业间的服务外包活动主要集中在信息技术和软件领域，但近些年来美印之间的业务流程外包扩展到金融、保险、医疗、人力资源、抵押、客服和研发等。

（三）信息技术和金融服务外包仍为主要外包领域

IT 外包服务，是指企业将内部信息化业务委托专业化服务企业，替代各部门和人员承担企业 IT 系统或系统基础上的业务流程的运营、维护和支持。对于发包企业来说，IT 服务外包可以极大地节约成本、提高效率。当前，IT 服务外包包括 IT 系统外包和业务流程外包两大类，具体有信息化咨询、网络系统建设、网络维护和升级、应用软件开发等。2006 年，英国外包协会（National Outsourcing Association）进行的一项研究显示，服务外包使企业节省 9% 的成本，而能力与质量则上升了 15%。2006 年世界财富 500 强公司中，80% 全部或部分外包了其信息管理业务，内容主要集中于信息技术领域。

金融服务外包，是将某项业务（或业务的一部分）由金融企业委托给服务提供商，或由服务提供商进一步转移给另一服务提供商（转包）。金融服务外包开始于 20 世纪 70 年代的欧美，起初一些金融机构为节约成本，把部分准事务性业务（打印和存储记录等）转出给专业性服务公司。经济全球化使专业化分工和规模经济越发深入，金融企业内部整合及其外部衔接的特征越来越明显。金融服务部门大规模地在银行数据、保险理赔、股票交易、金融分析等方面从事外包活动。值得一提的是，由于金融服务业已经是知识和信息技术密集型行业，其当然成为 IT 服务外包市场中最大的需求方之一。IT 与金融服务业的融合使得金融企业由服务外包获得的利益大大提高，金融服务外包同时成为国际服务外包的主体。

（四）外包的行业部门增加，涉及行业的变化显著

一般认为，承包方所在的海外市场具有低廉成本，许多跨国公司将其业务发包给教育水平较高、工资水平较低的国家或地区。其中，离岸服务外包大量流向爱尔兰、加拿大等发达国家，而在发展中国家，印度成为服务外包首选地和主要承接国。中国、俄罗斯、巴西等新兴市场国家逐渐成为日益重要的外包承接国。南非、加纳、越南、柬埔寨等也相继加入承接服务外包的行列。

表 9-1 2006 年离岸服务外包涉及的 100 强行业

排　名	行业分布	所占比例(%)
1	金融	69
2	电信	47
3	软件	41
4	制造	33
5	健康护理	28
6	零售与消费	21
7	其他	17
8	政府服务	15
9	基础设施	6
10	物流	5
11	休闲娱乐	4
12	石油、天然气	3

注：转引自姜荣春，《国际服务外包浪潮：理论、实证与中国战略研究》，对外经济贸易大学出版社，2009 年，第 115 页。

2009 年上半年，许多行业缩减了外包业务规模，其中包括受金融危机影响最大的银行业。与此同时，石油和天然气、食品饮料以及耐用消费品等行业也在 2009 年进一步减少了外包业务。然而，金融、运输、零售和电信服务部门却越来越多地在全球范围内开展外包活动。例如，2009 年 1—6 月运输企业签署的外包合同达到 26 个，同比增长 44%。电信企业签署的外包合同数量没有明显变化，合同总额及年均合同金额均比上年同期翻了一番。上述四部门签署的合同数量和总额占整个服务外包市场的 37% 和 47%。可以看出，成本因素在离岸外包的选择中发挥着重要作用，跨国公司正是根据成本收益调整外包业务。

（五）中国和印度日益成为全球两大服务外包基地

20 世纪 90 年代以来，发达国家或地区是服务外包的主要发包方，美国约占全球服务发包总额的 2/3，欧盟和日本占近 1/3。发展中国家或地区是主要的承包方，亚洲是承接服务外包最多的地区，约占全球总额的 45%。中国、印度、爱尔兰、菲律宾和俄罗斯等 20 多个国家是服务外包市场的主要竞争者。随着服务外包市场的日益发展和完善，中国和印度逐渐

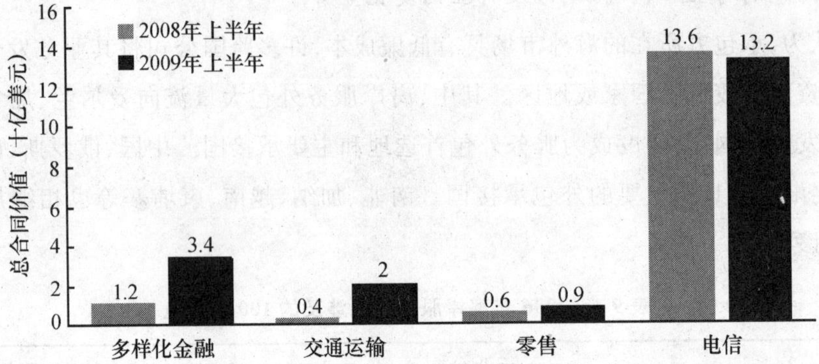

图 9-2　2009 年上半年服务外包增长最快的四个部门

资料来源:《2009 年全球服务外包发展报告》。

成为吸引发达国家制造业和服务业外包的主要国家。

以占中国总体服务外包收入比重大约 70% 的 ITO 为例,2005—2007 年中国 ITO 一直保持 30% 以上的同比增长率。其中,2006 年 ITO 规模高达 14.3 亿美元,同比增长 55.4%。2010 年我国 ITO 规模达到 50 亿美元,占全球 ITO 市场的 8.4%。具体而言,2006 年中国成为最大的对日服务外包东道国,中国的软件公司成为日本软件产业外包的主要合作对象。印度是发展中国家中服务外包发展最成功的国家,印度高素质、低成本的人力资源,数量众多的教育机构,健全的知识产权保护体系,强大有效的行业协会等对印度成功发展服务外包都起到了至关重要的作用。表 9-2 是 2007 年科尼尔全球服务外包目的地指数排名。[①]

表 9-2　2007 年科尼尔全球服务外包目的地指数排名

国　家	总排名	财务优势	人员技能	商务环境	总　分
印度	1	3.2	2.3	1.4	6.9
中国	2	2.9	2.3	1.4	6.6
马来西亚	3	2.8	1.3	2	6.1
泰国	4	3.2	1.2	1.6	6
巴西	5	2.6	1.8	1.5	5.9
印度尼西亚	6	3.3	1.5	1.1	5.9
智利	7	2.7	1.2	1.9	5.8
菲律宾	8	3.3	1.2	1.3	5.8
保加利亚	9	3.2	1	1.6	5.8

资料来源:Walker 和 Cott(2007)。

① 科尼尔公司全球服务外包目的地指数(Global Services Location Index,GSLI)是通过对全球前 50 大离岸外包供应商所在地区的财务吸引力(0—4 分)、人力资源和技能(0—3 分)以及商业环境(0—3 分)综合评分,并对其得分进行排名而得到的。

三、全球服务外包发展趋势

服务外包是经济全球化的必然产物,作为一种崭新的生产组织方式,外包由制造业发展到服务业,由本土外包发展到离岸生产,这些都是经济全球化不断深入的表现。随着国家和地区间经贸关系的进一步加强,国际服务外包将迎来新一轮的快速发展,同时也必须面对前进道路上的一些阻力和挑战。

(一) 全球服务外包市场长期潜力仍然很大

国际服务外包的发展是当今世界经济发展和全球产业结构调整过程中不可逆转的必然趋势,因此服务外包长期市场潜力巨大。众所周知,世界制造业的发展历程可以描述为从欧洲向美国、从美国向日本和韩国、从日韩向中国台湾地区和东南亚以及20世纪90年代开始向中国内地的转移,其实全球服务外包也经历着相似的过程。对此,2007年麦肯锡的研究报告估计,今后5年内美国白领工作岗位的离岸外包将达30%。根据加特纳的计算,2010年发达国家中25%的传统工作岗位流向印度、中国和俄罗斯。在全球1 000强企业中,仅有1/3参与了离岸服务外包,这给未来国际服务外包市场的持续发展提供了广阔的空间。

(二) 全球服务外包市场短期机遇挑战并存

2008年金融危机引发的市场动荡远未消除,美国、欧洲及日本经济一次又一次陷入低谷,全球通货膨胀压力急剧增加,世界经济短期走势的不确定性一定程度上抑制了经济活动。自然地,国际服务外包市场短期内也面临很大挑战。不过,应对危机中的部分企业同时进行着调整和适度扩张,特别是一直从事外包活动的企业正在利用产业重整的有利时机进行有效的低成本扩张。例如,2008年10月,印度塔塔公司(Tata Consultancy Services,TCS)以5.05亿美元对价收购花旗旗下的总部位于印度的BPO分支机构——花旗全球服务公司(Citigroup Global Services Limited,CGSL)。该公司在印度的员工人数超过12 000名,2008年获得了约2.78亿美元的营业收入。

(三) 发包方与承包方地域分布仍比较集中

现阶段,国际服务外包主要有两种方式:其一是以美国的离岸方式为特征,选择印度、中国、菲律宾等距离较远、成本低廉、人力资源丰裕的国家或地区;其二是以欧洲和日本的离岸方式为特征,选择距离较近、文化接近的国家或地区,比如日本外包业务的40%在中国进行。当然,今后相当长的时期内全球服务外包市场的发包方仍将集中在美、欧、日等发达国家和地区,而中国、印度、爱尔兰、菲律宾和俄罗斯等发展中国家仍将成为全球服务外包市场的主要承包方。受到2008年金融危机的影响,跨国公司会更注重节约运营成本,更大量地将内部非核心业务对外发包,这也进一步巩固了上述既定的发包方和承包方格局。

（四）服务外包承接方国际竞争将越发激烈

随着国际服务外包的快速发展，很多国家和地区意识到离岸服务外包存在的巨大市场规模和价值及其对经济发展的促进作用，特别是在跨国公司外包规模不断扩大的背景下，离岸服务外包的承包方千方百计挖掘自身竞争优势进入该领域，力争成为承接外包的首选地。一般而言，承包方或多或少都具备独特的价值定位和优势：爱尔兰、东欧与欧盟国家具有地域接近性；印度、中国、菲律宾拥有大量低成本人力资源；澳大利亚等具备与发包方的语言文化联系以及大规模可利用的基础设施等。因此，当这些国家和地区将服务外包确定为本国战略发展重点时，其必将利用自身优势参与竞争，使得承接服务外包的国际竞争越来越激烈。

（五）服务外包的行业结构将出现一定调整

对于未来国际服务外包的行业结构演变，各方所持观点各异。但是，2010 年外包产业中最受关注的行业或领域是医疗账单外包、医疗编码外包和信息技术外包。2010 年，外包企业不仅开展了医疗账单外包和医疗编码外包，同时还启动了制药外包和研发外包业务。另外，2011 年金融服务外包和招聘流程外包成为新的关注对象。外包供应商在金融服务业上的收益猛增让金融服务外包的发展前景十分乐观。然而，IT 外包仍将占据服务外包的主导地位。近些年来，IT 外包供应商又在医疗保健和电信等不同领域大显身手，比如惠普公司在 2011 年与德国公用事业公司签订了 15 亿美元的合同以及与 BP 签订了 4 000 万美元的合同。

专栏 9-1　中国服务外包发展现状

中国服务外包的历史可以追溯到 1985 年中国科学院向日本派遣软件研修生和 1988 年 IBM 公司委托给中国的系统软件的汉化工作。2000 年以后，中国服务外包开始形成规模，被政府和社会广泛认知，由此进入高速成长期。

近些年来，印度出现人力资源供给瓶颈，欧洲和北美的服务外包买家逐渐意识到，能够超越印度提供更强大人力资源支持的只有中国。2003 年之后，离岸服务开始向中国加速转移。中国服务外包领军企业，比如中软国际、中讯集团、文思创新、博彦科技、软通动力、药明康德、东南融通、浙大网新等迅速成长。这些在 2003 年还仅有三五百人的小企业，2010 年已发展至 5 000 到 10 000 人，并陆续在纽交所、纳斯达克、中国香港和中国内地上市。“十一五”期间，政府推动服务外包发展的政策逐步实施，特别是全国 21 个服务外包示范城市配套政策的出台，中国服务外包产业进入了全新的发展阶段。截至 2010 年年底，我国已登记的服务外包企业超过 10 000 家，其中有离岸结汇记录的企业超过 3 000 家。2010 年，我国在岸服务外包收入为2381.2亿元，同比增长36.1%。离岸服务外包保持高速增长，全年离岸服务外包收入144.5亿美元，同比增长43%。

值得一提的是，2008年金融危机影响下中国承接离岸服务外包逆势上扬，业务类型和国别出现多元化态势，美国、日本、欧盟和中国香港地区成为中国服务外包的主要市场。从全球离岸业务承接量看，中国已成为全球第二大离岸外包目的地。截至2010年年底，服务外包企业共获得六类国际资质认证2810个（CMMI、CMM、PCMM、ISO2001、SAS70、ISO27001），涌现出一批员工超万人、营业额超亿美元的大型企业。中国离岸服务外包逐步由低端服务向价值链高端延伸，咨询、解决方案、软件与信息系统、研究开发等高附加值、高技术含量的业务比重不断上升。2010年，工程研发服务外包（KPO）的合同执行金额达20.2亿美元，同比增长254.2%。为顺应离岸服务买家对服务模式创新的需求，依靠自主创新的扶持政策，中国服务外包企业加大基础研发投入，组建高素质的研发团队，大幅提升了自主创新能力，服务外包企业软件著作权数、申请专利数大幅增加。截至2010年年底，全国经认定的技术先进型服务企业近800家。

与此同时，中国服务外包占服务出口的比重不断提高，离岸服务外包吸收外资规模和水平进一步提升。21个服务外包示范城市建设取得明显成效，在市场导向和政府推动的共同作用下，要素集聚和规模经济效应显现。长三角、珠三角、环渤海等地区初步形成了以示范城市为核心的国际服务外包产业带，对中西部地区的辐射效应凸显，促进我国整体服务外包产业快速发展。

但不容回避的是，中国服务外包产业仍处于起步阶段和学习期，还在不断探索其发展模式和规律，中国服务外包企业和先进国家相比还存在较大差距：产业分工仍处于全球服务供应链的相对低端，整合全球资源的能力不足，“中国服务”尚未被外国买家认可，国际话语权较弱；符合发展需要的创新型、实用型、复合型人力资源供给存在缺口，地区之间存在产业同质化现象；制约中国在岸服务市场发展的体制机制障碍依然较多，综合发展环境有待进一步改善。因此，必须科学判断和准确把握发展趋势，充分利用有利条件，加快解决突出矛盾和问题，集中力量推进服务外包产业纵深发展。

（转引自：曲玲年，中国服务外包产业现状与展望，《国际商报》，2011年6月21日。）

重要概念

Outsourcing　Off-shoring　ITO　BPO　服务链　国际服务外包

思考题

1. 试从经济学视角阐释国际服务外包的动因。

2. 国际服务外包通常会对一国经济发展带来哪些影响?

3. 试述20世纪90年代以来全球服务外包的发展特点。

课后阅读材料

[1] 卢锋,《服务外包的经济学分析:产品内分工视角》,北京大学出版社,2007年。

[2] 中国服务外包研究中心、中国国际投资促进会、中欧国际工商学院,《中国服务外包发展报告(2009)》,上海交通大学出版社,2010年。

[3] 姚战琪,工业和服务外包对中国工业生产率的影响,《经济研究》,2010年第7期。

[4] 孟雪,反向服务外包对我国生产率的影响——生产性服务业的实证分析,《国际贸易问题》,2011年第7期。

[5] 吕延方、赵进文,中国承接服务外包影响因素分析——基于多国面板数据的实证检验,《财贸经济》,2010年第7期。

[6] 苏秦、杨青青,各国吸引离岸服务外包的有效性研究——基于DEA的对比分析,《国际经贸探索》,2010年第8期。

[7] 于立新、陈昭、江皎,中国服务外包产业竞争力研究——基于部分试点城市的分析,《财贸经济》,2010年第9期。

第十章

中国服务贸易

引导案例

2009年,美国电影《阿凡达》一个月的票房收入是21亿美元,而中国宝钢集团2009年的利润是145亿元人民币,两者基本相当。

2011年9月27日,商务部会同全国33个部门联合发布了《服务贸易发展“十二五”规划纲要》,就今后一个时期中国服务贸易发展的总体目标、战略任务、重点领域等做了全面部署,并提出了明确的政策措施和保障。2011年11月,中国国际贸易促进委员会联合国内外的多家行业企业协会,在北京和成都举办了“2011中外服务贸易企业洽谈会”,邀请国内外的服务贸易企业和机构进行展览、展示和对接。2012年1月,“首届中国服务贸易发展趋势报告会”在北京隆重举行,会议对中国服务贸易发展的现状及趋势进行了研判。2012年2月,香港与内地正式签订《内地与香港关于建立更紧密经贸关系的安排》(CEPA)第八份补充协议,涉及32项优惠措施,主要涵盖货物、服务、金融领域合作及贸易投资便利化,具体包括16个服务领域的23项开放措施。2012年5月28日,全球唯一的综合性服务贸易交易平台——中国(北京)国际服务贸易交易会将在北京举行,“京交会”涵盖所有服务业领域,自2012年起每年举行一届。

以上事实充分表明,我国需要并且重视服务贸易的发展,而近年来蓬勃发展的对外服务贸易的确对我国经济增长做出了显著贡献。本章我们将在把握中国服务贸易发展概况的基础上,研判中国服务贸易的未来。

学习目标

- 熟悉中国服务贸易的发展现状、特点和问题
- 掌握中国服务贸易领域的入世承诺
- 了解中国发展服务贸易的条件、政策和战略

第一节　中国服务贸易发展现状与趋势

近十余年来,全球竞争的焦点从制造业向服务业转移,提升服务业发展水平和服务贸易国际竞争力成为各国共同面对的紧要问题。改革开放以来,中国国内服务业和对外服务贸易获得了前所未有的快速发展,日益成为国民经济的重要组成部分。根据商务部统计,中国服务贸易额从1982年的44亿美元增长至2008年的3 045亿美元,27年间增加了60多倍,占世界服务贸易总额的比重也由0.6%提升到4.2%。虽然2009年受到全球性金融危机的影响,世界服务贸易增长放缓,但从世界贸易组织发布的数据看,中国服务进出口额占全球服务贸易总额的比重不仅没有降低,还从4.2%上升到4.4%。与此同时,中国服务业开放领域得到进一步拓宽,现阶段基本覆盖了《服务贸易总协定》160多个服务部门中的100多个。当然,由于中国服务业发展起步晚、底子薄,国内服务业水平相对滞后于其他产业,尤其与发达国家相比还有很大差距,因此我国对外服务贸易也尚处于初级阶段,规模、质量和结构等方面存在的问题十分突出,提升服务贸易发展水平仍然有相当广阔的空间。

一、中国服务贸易发展现状

从服务贸易绝对额看,中国对外服务贸易的总体规模持续扩大。1982年中国服务进出口总额仅为44亿美元(占世界比重的0.6%),其中出口25亿美元(占世界比重的0.7%),进口19亿美元(占世界比重的0.5%),2008年这一数字已达3 045亿美元,其中出口1 465亿美元(占世界比重的3.9%),进口1 580亿美元(占世界比重的4.6%)。2009年服务进出口总额共2 868亿美元,较上年有所减少,但占世界的比重提高了0.2个百分点,这主要是2008年全球金融危机的影响所致。

表 10-1　中国历年服务进出口状况

单位:亿美元

年份	中国出口额	世界出口额	中国出口占世界比重(%)	中国进口额	世界进口额	中国进口占世界比重(%)	中国进出口总额	世界进出口总额	中国进出口占世界比重(%)
1982	25	3 646	0.7	19	4 028	0.5	44	7 674	0.6
1983	25	3 543	0.7	18	3 829	0.5	43	7 372	0.6
1984	28	3 656	0.8	26	3 963	0.7	54	7 619	0.7
1985	29	3 816	0.8	23	4 011	0.6	52	7 827	0.7
1986	36	4 478	0.8	20	4 580	0.4	56	9 058	0.6
1987	42	5 314	0.8	23	5 439	0.4	65	10 753	0.6
1988	47	6 003	0.8	33	6 257	0.5	80	12 260	0.7
1989	45	6 566	0.7	36	6 855	0.5	81	13 421	0.6
1990	57	7 805	0.7	41	8 206	0.5	98	16 011	0.6
1991	69	8 244	0.8	39	8 510	0.5	108	16 754	0.6
1992	91	9 238	1.0	92	9 471	1.0	183	18 709	1.0
1993	110	9 413	1.2	116	9 596	1.2	226	19 009	1.2
1994	164	10 332	1.6	158	10 438	1.5	322	20 770	1.6
1995	184	11 849	1.6	246	12 015	2.0	430	23 864	1.8
1996	206	12 710	1.6	224	12 697	1.8	430	25 407	1.7
1997	245	13 203	1.9	277	13 056	2.1	522	26 259	2.0
1998	239	13 503	1.8	265	13 350	2.0	504	26 853	1.9
1999	262	14 056	1.9	310	13 883	2.2	572	27 939	2.0
2000	301	14 922	2.0	359	14 796	2.4	660	29 718	2.2
2001	329	14 945	2.2	390	14 941	2.6	719	29 886	2.4
2002	394	16 014	2.5	461	15 793	2.9	855	31 807	2.7
2003	464	18 340	2.5	549	18 023	3.0	1 013	36 363	2.8
2004	621	21 795	2.8	716	21 328	3.4	1 337	43 123	3.1
2005	739	24 147	3.1	832	23 613	3.5	1 571	47 760	3.3
2006	914	27 108	3.4	1 003	26 196	3.8	1 917	53 304	3.6
2007	1 216	32 572	3.7	1 293	30 591	4.2	2 509	63 163	4.0
2008	1 465	37 313	3.9	1 580	34 690	4.6	3 045	72 003	4.2
2009	1 286	33 500	3.8	1 582	31 450	5.0	2 868	64 950	4.4

资料来源:中国服务贸易网,2009 年世界服务贸易数据来自世界贸易组织《2010 年国际贸易统计》。

从服务贸易绝对额的增速看,中国服务贸易发展尤其迅速。20 世纪 80 年代以来,除个别年份外,中国服务出口增速一直高于同期世界平均增速和世界服务贸易主要出口国家(地区)增速,同时中国服务出口增速变化与全球变化趋势基本一致。20 世纪 80—90 年代,中国服务贸易总额年均增长速度分别为 10.8% 和 20.9%,服务出口增速分别为 11.1% 和 18%。进入 21 世纪后,2001—2009 年中国服务出口年均增速为 16.35%,而同期世界平均水平仅为 9.4%,中国是世界平均水平的两倍左右(图 10-1)。

中国服务出口世界排名由 1982 年的第 28 位上升到 2009 年的第 5 位,进口世界排名由

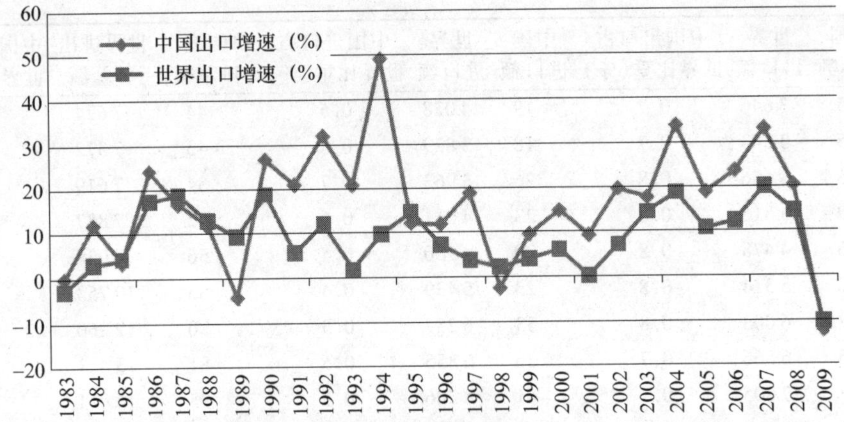

图 10-1　1983—2009 年中国服务出口与全球增速对比

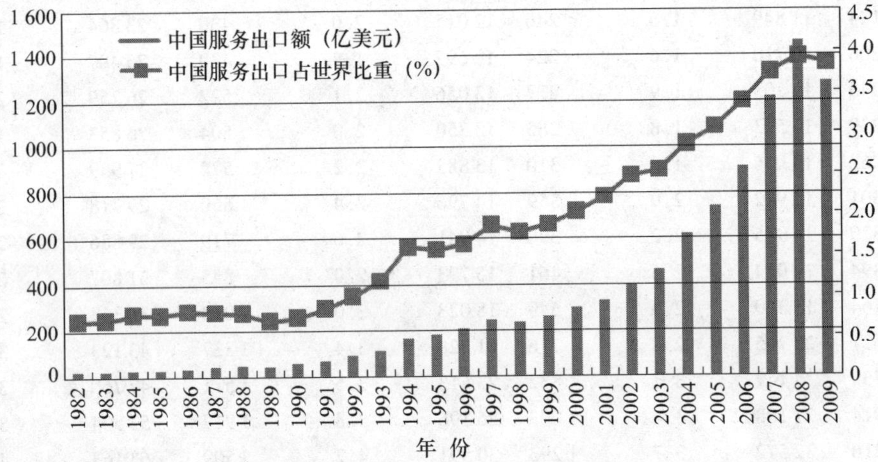

图 10-2　1982—2009 年中国服务出口状况

第 40 位上升到第 4 位，其实无论从进出口的绝对额、增速还是占比来看，中国对外服务贸易都获得了极大的提升，但不容回避的是由发达国家主导的世界服务贸易发展格局仍未改变。如表 10-2 所示，2009 年世界服务出口排名前五位的分别是美国、英国、德国、法国和中国，其中美国占比 14.1%，遥遥领先。服务进口排名前五位的分别是美国、德国、英国、中国和日本。很明显，当前国际服务贸易主要集中在欧洲、北美和东亚，其中欧盟服务贸易总额占比最大。根据世界贸易组织统计，2009 年欧盟 27 国服务进出口占世界的比重为 49.3%。虽然新兴经济体的服务贸易规模也在不断扩大，但现阶段发达国家主导的服务贸易发展格局短期内很难改变。

表 10-2　2009 年世界主要服务贸易国家　　单位:亿美元

排名	国家	出口额	占比(%)	增长率(%)	排名	国家	进口额	占比(%)	增长率(%)
1	美国	474	14.1	-9	1	美国	331	10.5	-9
2	英国	233	7.0	-18	2	德国	253	8.1	-13
3	德国	227	6.8	-12	3	英国	161	5.1	-18
4	法国	143	4.3	-14	4	中国	158	5.0	0
5	中国	129	3.8	-12	5	日本	147	4.7	-10
6	日本	126	3.8	-14	6	法国	126	4.0	-10
7	西班牙	122	3.6	-14	7	意大利	115	3.6	-10
8	意大利	101	3.0	-14	8	爱尔兰	103	3.3	-5
9	爱尔兰	97	2.9	-5	9	西班牙	87	2.8	-17
10	荷兰	91	2.7	-12	10	荷兰	85	2.7	-8

资料来源:世界贸易组织《2010 年国际贸易统计》。

二、中国服务贸易发展特点

(一) 以传统服务贸易为主,现代服务贸易加快发展

如表 10-3 所示,传统服务业部门占中国对外服务贸易的比重较大,现代服务贸易比重较小。传统服务贸易中旅游、运输服务贸易一直居于主导地位,二者总和 2001—2009 年占比均超 50%,但比重逐年下降,2009 年下降到最低点(53.6%)。现代服务贸易中,金融、保险、咨询、计算机及信息服务等所占比重较低,其中金融服务贸易占比有所下降,保险、咨询和计算机及信息服务比重逐渐上升。

表 10-3　2001—2009 年中国服务贸易分部门状况

年份	2001	2002	2003	2004	2005	2006	2007	2008	2009
运输	22.2	22.6	25.8	27.4	27.9	28.9	29.7	29.2	24.5
旅游	44.1	41.9	32.2	33.6	32.5	30.4	26.7	25.3	29.1
通讯	0.8	1.2	1.1	0.7	0.7	0.8	0.9	1.0	0.8
建筑	2.3	2.6	2.4	2.1	2.7	2.5	3.3	4.8	5.4
保险	4.1	4.0	4.8	4.9	4.9	4.9	4.6	4.6	4.5
金融	0.2	0.2	0.4	0.2	0.2	0.5	0.3	0.3	0.4
计算机及信息	1.1	2.1	2.1	2.2	2.2	2.4	2.6	3.1	3.4
专利权使用费和特许费	2.8	3.8	3.6	3.5	3.5	3.6	3.4	3.6	4.0
咨询	3.3	4.6	5.3	5.9	7.3	8.5	8.9	10.4	11.2
广告宣传	0.7	0.9	0.9	1.2	1.1	1.3	1.3	1.4	1.5
电影音像	0.1	0.1	0.1	0.2	0.2	0.1	0.2	0.2	0.1
其他商业服务	18.1	16.0	21.3	18.3	16.7	16.1	18.0	16.1	15.2

资料来源:中国服务贸易网,2009 年世界服务贸易数据来自世界贸易组织《2010 年国际贸易统计》。

(二) 服务贸易进出口结构不断优化

1. 服务贸易出口结构

中国服务出口近些年来有较大幅度的增长,其中所占比重逐渐提升的有运输、建筑、计算机及信息、咨询等;旅游、其他商业服务出口占比有所下降,比如旅游服务出口从2001年的54.1%下降到2009年的30.9%,减少约25个百分点;通讯、保险和金融服务出口占比基本不变(表10-4)。

表10-4　2001—2009年中国服务贸易出口结构

年　份	2001	2002	2003	2004	2005	2006	2007	2008	2009
运输	14.1	14.5	17.0	19.4	20.9	23.0	25.7	26.2	18.4
旅游	54.1	51.8	37.5	41.5	39.6	37.1	30.6	27.9	30.9
通讯	0.8	1.4	1.4	0.7	0.7	0.8	1.0	1.1	0.9
建筑	2.5	3.2	2.8	2.4	3.5	3.0	4.4	7.1	7.4
保险	0.7	0.5	0.7	0.6	0.7	0.6	0.7	0.9	1.2
金融	0.3	0.1	0.3	0.2	0.2	0.2	0.2	0.2	0.3
计算机及信息	1.4	1.6	2.4	2.6	2.5	3.2	3.6	4.3	5.1
专利权使用费和特许费	0.3	0.3	0.2	0.4	0.2	0.2	0.3	0.4	0.3
咨询	2.7	3.3	4.1	5.1	7.2	8.6	9.5	12.4	14.5
广告宣传	0.8	0.9	1.0	1.4	1.5	1.6	1.6	1.5	1.8
电影音像	0.1	0.1	0.1	0.1	0.2	0.1	0.3	0.3	0.1
其他商业服务	22.1	22.2	32.5	25.7	22.8	21.5	22.1	17.8	19.2

资料来源:中国服务贸易网,2009年世界服务贸易数据来自世界贸易组织《2010年国际贸易统计》。

(1) 服务出口仍以传统服务部门为主。2009年,传统服务业如运输、旅游的对外服务贸易仍然占据中国服务贸易的最大比重。运输、旅游服务出口分别为236亿美元和397亿美元,是1997年的8倍和3倍。2008年,运输服务出口占比上升到26.2%,比1997年增加了14.1个百分点,但2009年该数值下降至18.4%;2009年,旅游服务出口占比为30.9%,比1997年下降23.2个百分点。不过,两者合计总额仍然超过服务总出口的50%。

(2) 部分现代服务贸易部门增长较快。1997—2009年,中国服务出口总额年均增长14.8%。其中,计算机及信息服务出口年均增长43.7%,咨询服务出口年均增长39.4%,建筑服务出口年均增长26.1%,这些成为增长最快的服务业部门。另外,金融服务出口年均增长25.1%,电影、音像服务出口年均增长21.1%,广告宣传服务出口年均增长20.8%,保险服务出口年均增长20.2%,这些服务业部门表现为中等增速状态。运输服务出口年均增长18.9%,专利权使用费和特许费出口年均增长18%,通讯服务出口年均增长13.2%,旅游服务和其他商业服务出口各增长10%,属于缓慢增长的服务业部门。

2. 服务贸易进口结构

中国服务进口近些年来也有较大幅度的增长,其中所占比重逐渐上升的有运输、建筑、计算机及信息、专利权使用费和特许费、咨询、广告宣传等；旅游、其他商业服务进口占比有所下降，比如旅游服务进口从2001年的35.4%下降到2009年的27.6%，下降近10个百分点；通讯、保险、金融服务进口占比基本不变(表10-5)。

表10-5　2001—2009年中国服务贸易进口结构

年　份	2001	2002	2003	2004	2005	2006	2007	2008	2009
运输	28.8	29.3	33	34.3	34.2	34.3	33.5	31.9	29.5
旅游	35.4	33.1	27.5	26.7	26.2	24.2	23.0	22.9	27.6
通讯	0.8	1.0	0.8	0.7	0.7	0.8	0.8	1.0	0.8
建筑	2.2	2.1	2.1	1.9	1.9	2.0	2.3	2.8	3.7
保险	6.9	7.0	8.3	8.6	8.7	8.8	8.3	8.1	7.1
金融	0.2	0.2	0.4	0.2	0.2	0.9	0.4	0.4	0.4
计算机及信息	0.9	2.4	1.9	1.7	2	1.7	1.7	2.0	2.0
专利权使用费和特许费	4.9	6.7	6.4	6.3	6.4	6.6	6.3	6.5	7.0
咨询	3.8	5.7	6.2	6.6	7.4	8.4	8.4	8.6	8.5
广告宣传	0.6	0.9	0.8	1.0	0.9	1.0	1.0	1.2	1.3
电影音像	0.1	0.2	0.1	0.2	0.2	0.1	0.1	0.2	0.2
其他商业服务	14.6	10.6	11.7	11.8	11.3	11.2	14.1	14.6	11.9

资料来源：中国服务贸易网，2009年世界服务贸易数据来自世界贸易组织《2010年国际贸易统计》。

(1) 传统服务业部门进口规模仍然较大。旅游、运输、其他商业服务进口占服务总进口的近70%。究其原因，目前中国服务业市场对外开放程度较低，不过近些年来服务贸易开放水平也在不断提高。如果以服务进出口占国内生产总值的比重来衡量服务贸易开放度(Open Degree in Services)，1985年该数值为1.7%，2001年入世时为5.4%，2009年已经达到7%。然而，与同期发达国家服务贸易开放度相比，中国这一数值依然偏小。

(2) 现代服务业部门进口出现较快增长。保险、专利权使用费和特许费、计算机及信息、咨询服务进口比重增长较快，分别较2001年增加了0.2、2.1、1.1和4.7个百分点。而且，这些服务部门进口所占比重较高，比如2009年保险、咨询服务进口占服务总进口的比重为7.1%和8.5%。这在一定程度上反映出服务进口结构正在优化，随着中国服务业进一步开放，金融、咨询等仍处于劣势的现代服务业进口将持续扩大。

(三) 服务贸易发展不平衡

1. 服务贸易市场结构不平衡

服务贸易市场结构是指服务贸易的国别构成，即一定时期其他国家或地区在本国对外服务贸易中的地位，通常以各自进口额、出口额、进出口总额在该国进口额、出口额、进出口总额中的比重加以衡量。根据商务部统计，2008年中国服务进出口集中于中国香港地区、美国、欧盟、日本和东盟，共实现服务贸易进出口额2 082亿美元，占中国服务贸易总额的

68.4%。其中,中国香港地区位居第一,进出口总额为681.8亿美元,占比22.4%,其次是美国、欧盟、日本和东盟,占比分别为15.2%、14.7%、8.2%和7.7%。由此看出,我国服务进出口市场主要集中在发达国家和地区。

2. 服务贸易地区结构不平衡

地区结构不平衡主要表现为中国服务进出口集中于沿海发达地区,地区分布很不平衡。根据商务部统计,2007年上海、北京和广东的服务贸易总额分别以610.9亿美元、503.1亿美元和407.4亿美元位居全国前三位,共实现服务进出口占服务贸易总额的60.6%。由于这些地区具有优越的地理条件和较发达的现代服务业,其在运输、保险、计算机及信息、咨询服务等领域具有明显的竞争优势。

三、中国服务贸易存在的问题

在全球服务贸易自由化进程加快的背景下,中国服务贸易无论是发展速度还是发展规模都取得了不小的成绩,然而目前对外服务贸易依然存在整体水平不高、贸易逆差较大、国际竞争力较弱、管理体制滞后等诸多问题。

(一) 服务贸易发展落后于货物贸易,但发展速度较快

目前,中国服务贸易规模继续扩大,但总体发展水平落后于货物贸易,这一情况与世界多数国家基本一致。如表10-6所示,服务贸易占比最小的是中国(10.6%),低于世界平均水平7.5个百分点。不过,占比最大的不是美国和英国等发达国家,而是印度,2008年其服务贸易占贸易总额的35.2%,高于世界平均水平17.1个百分点。

表10-6 2008年世界主要国家(地区)服务贸易与货物贸易状况 单位:亿美元

国家/地区	对外贸易总额	服务贸易		货物贸易	
		金额	占比(%)	金额	占比(%)
美国	43 530	8 860	20.4	34 670	79.6
德国	31 910	5 200	16.3	26 710	83.7
日本	18 540	3 100	16.7	15 440	83.3
英国	15 720	4 820	30.7	10 900	69.3
法国	16 060	2 900	18.1	13 160	81.9
意大利	13 510	2 550	18.9	10 960	81.1
中国	28 660	3 040	10.6	25 620	89.7
西班牙	9 210	2 510	27.3	6 700	72.7
荷兰	14 020	1 940	13.8	12 080	86.2
印度	5 590	1 970	35.2	3 620	64.8
欧盟	154 350	32 540	21.1	121 810	78.9
世界	397 420	72 000	18.1	32 542	81.9

资料来源:世界贸易组织《2009年国际贸易统计》。

虽然中国服务贸易总体发展水平落后于货物贸易,但在增速上却快于货物贸易。图10-3 显示了 1991—2009 年服务贸易和货物贸易的增速对比,整体上服务贸易增速高于货物贸易,而且即使受到金融危机的影响,货物贸易的下降幅度也要显著高于服务贸易,货物贸易受到的负面影响明显大于服务贸易。

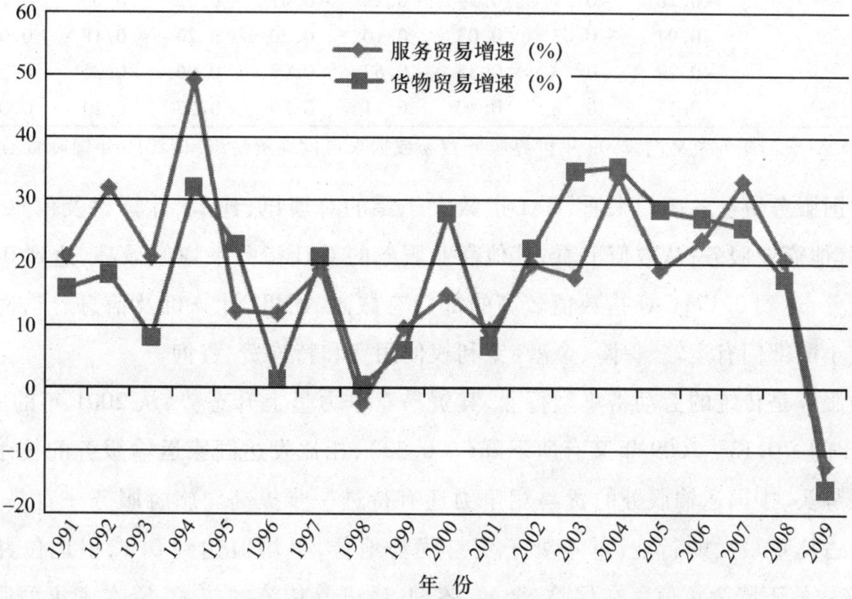

图 10-3 1991—2009 年中国服务贸易和货物贸易增速比较

(二) 服务贸易整体竞争力不强,部门竞争力差异较大

由表 10-7 可知,2001—2009 年中国服务贸易一直呈现逆差,CAI 指数均小于零。其中,2001—2004 年该指数绝对值在 0.07—0.09 之间,2004 年以后服务贸易总体竞争力处于上升态势,然而受到金融危机的影响,服务净出口差额有所扩大,导致 2009 年该指数进一步下降到最低点——0.10。这反映出我国服务贸易虽然保持了较高的增长速度,但总体竞争力不强,服务贸易较货物贸易处于比较劣势地位。

表 10-7 2001—2009 年中国服务贸易各部门 CAI 指数

年 份	2001	2002	2003	2004	2005	2006	2007	2008	2009
总体	-0.09	-0.09	-0.08	-0.07	-0.06	-0.05	-0.03	-0.04	-0.10
运输	-0.42	-0.41	-0.40	-0.34	-0.30	-0.24	-0.16	-0.13	-0.33
旅游	0.12	0.14	0.07	0.15	0.15	0.17	0.11	0.06	-0.05
通讯	-0.09	0.08	0.20	-0.03	-0.11	-0.02	0.04	0.02	0.00
建筑	-0.01	0.13	0.04	0.05	0.23	0.15	0.30	0.41	0.23
保险	-0.85	-0.88	-0.87	-0.88	-0.86	-0.88	-0.84	-0.80	-0.75

（续 表）

年 份	2001	2002	2003	2004	2005	2006	2007	2008	2009
金融	0.12	-0.28	-0.21	-0.19	-0.05	-0.72	-0.41	-0.30	-0.27
计算机及信息	0.14	-0.28	0.03	0.13	0.06	0.26	0.33	0.33	0.34
专利权使用费和特许费	-0.89	-0.92	-0.94	-0.90	-0.94	-0.94	-0.92	-0.90	-0.93
咨询	-0.26	-0.34	-0.29	-0.20	-0.07	-0.03	0.03	0.15	0.16
广告宣传	0.04	-0.03	0.03	0.10	0.20	0.20	0.18	0.06	0.07
电影音像	-0.29	-0.53	-0.35	-0.62	-0.07	0.06	0.35	0.25	-0.50
其他商业服务	0.12	0.28	0.40	0.31	0.29	0.27	0.19	0.06	0.14

资料来源：中国服务贸易网，2009年世界服务贸易数据来自世界贸易组织《2010年国际贸易统计》。

从中国服务贸易各部门来看，CAI指数大于零的有通讯、建筑、计算机及信息、咨询、广告宣传、其他商业服务；从数值上看，其他商业服务的CAI指数平均值最高，达到0.23，其次是建筑服务，达到0.17；CAI指数值较高的部门有旅游、通讯、计算机及信息、广告宣传；CAI指数值较小的部门有运输、保险、金融、专利权使用费和特许费、咨询。

运输服务是传统的劳动密集型行业，其贸易竞争力呈上升态势，从2001年的-0.42增至2008年的-0.13。2009年又有所下降（-0.33），相比发达国家运输服务的技术、资本密集型发展势头，中国运输服务的贸易竞争力还有待进一步提高。旅游服务一直是我国服务贸易中所占比重最大的行业，基本处于贸易优势地位，平均值达到0.1，但地位并不牢固，2009年该数值下降为负值。在保险、金融、咨询、通讯等传统的技术、资本密集型服务业中，我国都处于比较劣势，尤其是专利权使用费和特许费，2001—2009年CAI指数值分别为-0.89、-0.92、-0.94、-0.90、-0.94、-0.94、-0.92、-0.90、-0.93，平均值为-0.92，这表明近些年来该服务部门几乎只有进口没有出口。因此，现代服务业的出口规模虽然有所提高，但相对其他国家贸易竞争力仍然较弱。

（三）服务贸易长期逆差，并有进一步扩大的趋势

表10-8显示，2009年中国服务贸易逆差296亿美元，达到历史最高点。1982—1991年，中国服务进出口基本平衡，并有少量顺差。自1992年中国服务贸易首现逆差后，除个别年份（1994年）外，逆差一直存在。

表10-8 中国服务贸易差额 单位：亿美元

年 份	1994	1995	2000	2005	2006	2007	2008	2009
服务贸易差额	6	-62	-58	-93	-89	-77	-115	-296

资料来源：中国服务贸易网，2009年世界服务贸易数据来自世界贸易组织《2010年国际贸易统计》。

近些年来，中国服务贸易逆差出现不断扩大的态势。2000年逆差达到58亿美元，2007年逆差为77亿美元，而2009年逆差较2007年增加了近3倍。

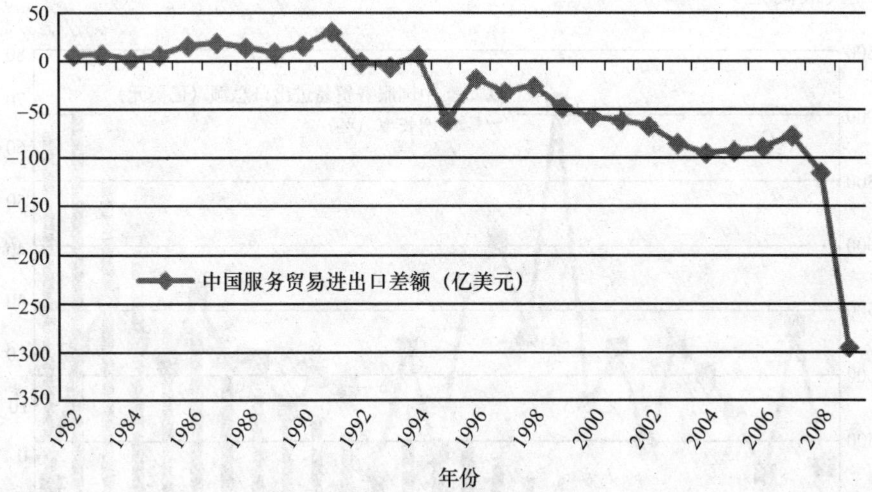

图 10-4　1982—2009 年中国服务贸易差额变化

（四）服务贸易管理体制滞后、法律法规不健全

目前，中国服务贸易管理方面存在许多缺陷，宏观管理机构、部门协调机制、政策环境、法律体系、统计制度等仍有很大改革空间。此外，中央和地方政府在服务业和服务贸易的政策制定上存在差异，缺乏统一的促进服务贸易发展的协调管理机制和部门。目前，各个相关部门在服务贸易领域实行多头管理，容易造成责任不明确、交叉和条块分割、经营秩序混乱以及行业垄断，进而阻碍服务贸易的健康发展。

在服务贸易法律法规方面，虽然已陆续颁布了一批涉及国际服务贸易的重要文件，比如《海商法》《保险法》《中央银行法》《商业银行法》《广告法》《建筑法》和《律师法》等，但与服务贸易发展所需要的法律法规相比仍存在较大差距。我国至今尚未形成有关服务业的一般性规章，较多领域仍处于法律空白状态，已有规定主要表现为各职能部门的内部文件，不符合国际通行惯例，不仅立法层次低，而且缺乏协调，从而影响我国服务贸易管理的统一性和透明度。

四、中国服务贸易发展趋势

（一）服务贸易的进出口规模将继续扩大

随着服务贸易在世界经济中的地位不断提升，各国积极推进多边服务贸易自由化进程，特别是发达经济体利用服务业发展的领先优势，通过谈判开放服务业市场和促进服务进出口。另外，区域贸易自由化的蓬勃发展使其服务贸易自由化水平超过了 GATS。多边和区域贸易自由化背景下，中国服务贸易必将进入快速发展的通道。如图 10-5 所示，1983—2009 年，除个别年份服务进出口下降外，服务贸易规模基本保持持续增长态势，且绝大多数年份增长率为正,最高达到70%。

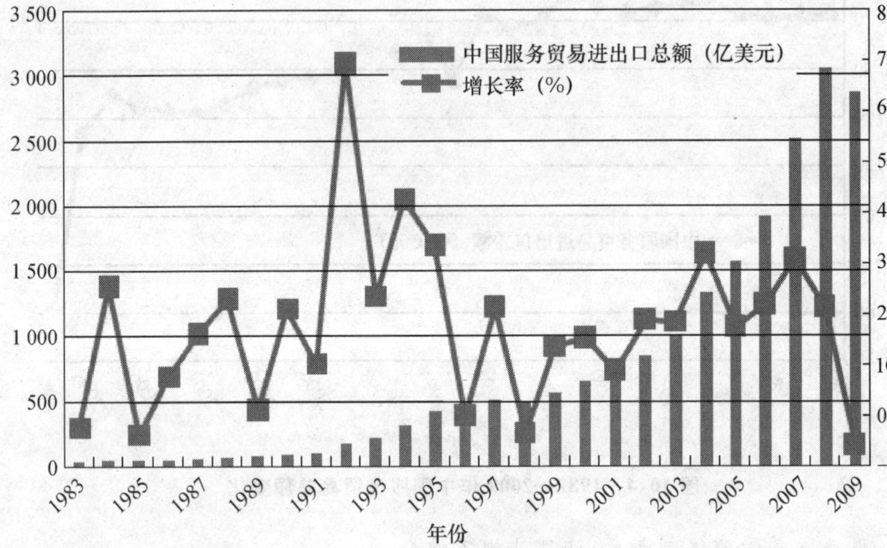

图 10-5 1983—2009 年中国服务贸易进出口规模变动

(二)商业存在形式的服务贸易稳定增长

2009 年,非金融领域新批准外商直接投资企业 23 435 家,比上年减少 14.8%。实际利用外商直接投资金额 900 亿美元,同比下降 2.6%。同时,外商直接投资加速流向服务业,如表 10-9 所示:卫生、社会保障和社会福利领域的外商直接投资项目数增长 80%、金额增长 127%;水利、环境和公共设施管理领域的外商直接投资项目数增长 32.6%、金额增长 63.4%;居民服务和其他服务行业的外商直接投资项目数增长 1%、金额增长 178.3%;科学研究、技术服务和地质勘查业的外商直接投资项目数下降 42%、金额增长 11.2%;租赁和商业服务业的外商直接投资金额增长 20.2%;文化、体育和娱乐业的外商直接投资金额增长 38.7%。

表 10-9 2009 年中国外商直接投资分行业状况

行 业	企业数(家)	比上年增长%	实际利用金额(亿美元)	比上年增长%
总计	23 435	-14.8	900.3	-2.6
农、林、牧、渔业	896	-2.3	14.3	20.0
采矿业	99	-33.6	5.0	-12.6
制造业	9 767	-15.6	467.7	-6.3
电力、燃气及水的生产和供应业	238	-25.6	21.1	24.5
建筑业	220	-16.0	6.9	-36.7
交通运输、仓储和邮政业	395	-24.5	25.3	-11.4
信息传输、计算机服务和软件业	1 081	-15.9	22.5	-19.0
批发和零售业	5 100	-12.9	53.9	21.6

（续　表）

行　业	企业数(家)	比上年增长%	实际利用金额(亿美元)	比上年增长%
住宿和餐饮业	502	-20.7	8.4	-10.1
金融业	52	108.0	4.6	-20.3
房地产业	569	25.9	168.0	-9.7
租赁和商务服务业	2 864	-8.7	60.8	20.2
科学研究、技术服务和地质勘查业	1 066	-42.0	16.7	11.2
水利、环境和公共设施管理业	183	32.6	5.6	63.4
居民服务和其他服务业	207	1.0	15.9	178.3
教育	20	-16.7	0.1	-63.0
卫生、社会保障和社会福利业	18	80.0	0.4	127.0
文化、体育和娱乐业	158	-7.1	3.2	23.0
公共管理和社会组织	—	—	—	—
国际组织	—	—	—	—

资料来源：国家统计局《2009 年国民经济和社会发展统计公报》。

（三）服务外包是服务贸易的新一轮增长点

在生产客服化、服务流程数字化和模块化以及国际竞争日趋激烈等因素的共同推动下，国际服务外包迅速发展。跨国服务转移的内容十分丰富，包括后台服务、信息技术、人力资源管理和培训、采购、客户服务、物流、研究开发等。美国 *CIO Insight* 杂志公布的《2005 年全球外包发展报告》综合考虑外包东道国的成本和风险后指出，2005 年全球外包指数印度名列第一、中国位列第二，同时预测 2015 年全球外包指数中国将名列榜首，成为世界上最具吸引力的外包业务提供商。

第二节　多边和区域服务贸易自由化中的中国

服务业和服务贸易发展水平是一国经济发展水平的重要标志，日益成为影响各国内外经济政策制定的重要因素。随着世界经济发展和新一轮国际产业结构调整，服务业和服务贸易在各国经济中的地位还将不断上升，服务贸易整体发展将继续趋于活跃。为顺应这一形势，各国纷纷将加快发展服务贸易作为自身对外经济战略的指向，并成立了服务贸易管理和促进的专门机构。此外，区域和多边贸易安排也都加强了对服务贸易有关问题的关注，并将其列为主要谈判议题。在此背景下，中国积极参与多边和区域服务贸易自由化进程，在逐步开放服务业和服务贸易的进程中趋利避害。

一、中国有关服务贸易的入世承诺

自乌拉圭回合开始，服务贸易就被正式纳入多边贸易谈判框架，而《服务贸易总协定》的签署更是使多边服务贸易自由化步入高速发展的轨道。中国加入世界贸易组织后,有关服务贸易的开放承诺主要遵循2001年《入世议定书》(以下简称“议定书”)附件9《服务贸易具体承诺减让表》,承诺表由两个部分构成,水平承诺①(适用于减让表中所有服务部门)和具体承诺(针对特定服务部门)。

根据盛斌(2002)的研究,在149个服务分部门中,中国对其中82个部门做出了约束性承诺(占比55%),如果排除视听、邮政、速递、基础电信、金融、运输服务等46个敏感部门,我国的承诺比例将上升到63%。以总体减让水平与WTO中的发达经济体(25国)、发展中经济体(77国)和转型经济体(4国)相比,我国有关服务贸易开放承诺的数量略高于转型经济体,略低于发达经济体,远远高于发展中经济体,是WTO中做出减让最多的发展中国家(表10-10)。

表10-10 中国与WTO不同类型经济体开放承诺的比较 单位:%

类型 \ 百分比	对149个服务分部门的承诺	对除视听、邮政、速递、基础电信、金融、运输服务外149个服务分部门的承诺
中国	55	63
发达经济体	64	82
发展中经济体	16	19
转型经济体	52	66

资料来源:盛斌,中国加入WTO服务贸易自由化的评估与分析,《世界经济》,2002年第8期。

附件9同时对11大类服务部门的市场准入和国民待遇的具体承诺进行了规定。比如在市场准入承诺上,金融服务部门的证券服务业的市场准入承诺主要针对商业存在:自加入时起,外国证券机构在中国的代表处可以成为所有中国证券交易所的特别会员;自加入时起,允许外国服务提供者设立合资公司,从事国内证券投资基金管理业务,外资占比最多可达33%。中国入世后3年内,外资占比应增加至49%。中国入世后3年内,将允许外国证券公司设立合资公司,外资拥有不超过1/3的少数股权,合资公司可从事(不通过中方中介)A股的承销、B股和H股及政府和公司债券的承销和交易、基金的发起。此外,附件9还具体规定了商业、通讯、建筑、分销、教育、环境、金融、健康、旅游、娱乐、运输等服务部门的市场准入和国民待遇。

在服务部门的市场准入方面,中国对分销、建筑、教育、环境服务部门做出了较大的承诺,简单平均承诺比例为75%—90%,平均覆盖率均超过50%。在敏感服务部门中,中国对通讯、金融服务也做出了较大的减让,简单平均承诺比例和平均覆盖率均超过了2/3。商业

① 在附件9水平承诺的部分,我国主要限制商业存在和自然人移动两大提供方式的服务贸易。

和旅游服务部门承诺了一半的减让，而运输服务部门的承诺较低，平均覆盖率不足20%，健康和娱乐服务部门未做任何承诺。国民待遇的部门承诺结构与市场准入十分相似。

二、多边和区域服务贸易自由化对中国的影响

毫无疑问，多边和区域服务贸易自由化将对中国服务贸易发展产生正反两方面的影响。一方面，服务贸易自由化有利于中国服务提供者获得更加广阔的市场；另一方面，服务贸易自由化导致外国服务提供者进入中国，从而加剧服务业和服务贸易竞争。

（一）积极影响

1. 促进竞争、提高效率

服务贸易自由化的必然要求之一就是有条件地开放国内服务业市场，这将导致大量外国服务企业进入我国，加剧企业间的竞争，促使国内服务业企业为应对国际竞争而转变经营机制、改善经营作风，加快技术进步和创新，强化企业的竞争意识、市场意识和人才意识，增进企业对人才和人力资本投资的重视，提高服务部门技术标准化、服务综合化和专业化水平。在此基础上，服务贸易自由化带动经济效率的提升主要体现在以下几个方面：① 由于外国服务提供者进入，中国企业有更多机会选择质优价廉的服务，提高了企业的整体经济效益；② 中国能够进口更多经济发展急需、本国不能满足的生产性服务，有利于解决生产发展与服务业落后的矛盾；③ 有助于中国发展自身具有比较优势的服务业，进口暂不具优势的服务，促进资源的有效配置，为服务出口创造更多机会。

2. 加快服务业技术进步

由于服务产品不同于有形商品，具有无形性、不可储存性等特点，服务贸易经常通过外国直接投资完成，而伴随国内服务业开放程度的加深和服务贸易自由化水平的提升，外国服务提供者大量涌入国内，必将引进外国先进的资金、技术和管理经验，进而推动国内服务业的升级和创新。此外，由于服务业外国直接投资往往伴随国际技术转移，在服务竞争不断加剧的同时，国内服务业通过技术引进，缩短技术创新的前期成本，不断提高核心竞争力，由此带动其他相关部门的技术进步。

3. 促进服务企业走出去

外国服务业企业的进入为国内同领域的服务提供者提供了难得的学习机会，二者在竞争的同时，也能为国内了解其他国家有关服务业的立法和管理措施，快速获取全球服务贸易市场状况创造机会。此时，国内服务业优势得到进一步增强，尤其是在具有传统优势的服务部门，比如国际工程承包、海洋运输服务、旅游服务等方面形成较强的竞争能力。随着各国服务业的开放和服务贸易的发展，国内优势服务提供商的出口会进一步增加，未来极具潜力

的服务部门将获得更多机会。

4. 协调服务业均衡增长

在不断开放的国内服务业市场中,先进的外国企业和大量国内企业并存的局面增加了服务业竞争压力,促使服务业扩大投资,创造出更多的就业机会。当然,服务经济规模扩大的同时也有助于优化三次产业结构。值得一提的是,外国的服务提供商较高的技术水平和管理能力有助于打破国内服务业的垄断,弥补国内缺乏竞争优势的服务部门的出口实绩,使国内的生产能力和资源得到充分利用,从而提高服务业和服务贸易发展的质量以及服务经济在国民经济中的比重。

(二) 消极影响

1. 阻碍国内服务业发展

外国服务提供商因服务业开放而不断抢占国内服务市场,我国服务业企业不得不面对更加激烈的竞争,其正常发展会遭遇较大冲击。况且,当前国内服务业在基础设施、人员素质、管理水平、信息交流等方面都较国外处于劣势,将难逃在竞争中被淘汰的命运。对于那些劳动密集程度较高的服务部门,服务市场的进一步开放和服务贸易自由化尤其会对其造成不利影响。

2. 扩大服务进出口逆差

外国技术、资本密集型服务业跨国公司凭借其在组织规模、管理水平及营销技术上的竞争优势,利用服务业开放和服务贸易自由化的契机夺取我国服务业企业的原有市场份额。这种状况的延续将使服务贸易逆差出现加剧态势。因为现代服务业多以技术、资本密集型为主,其所占比重远远高于劳动、资源密集型服务,而我国现在以传统服务业为主、技术资本密集型服务业落后的局面可能迫使服务出口的扩大低于进口。

3. 加剧服务业发展失衡

随着入世承诺的完全兑现,中国不仅已经取消服务贸易的地域限制,而且在服务贸易行业领域和部门上的限制也逐步取消。不过,现阶段外商直接投资普遍集中在回报率较高的沿海地区和部门,一定程度上加剧了我国服务业发展的不平衡。其一,从服务行业上看,投资集中于高附加值的部门,比如基础电信、金融、保险等;其二,从地区分布上看,投资集中于经济比较发达的东南沿海和中心城市,在发展相对滞后的中西部地区和广大农村,投资仍然很小。所以,服务业开放和服务贸易自由化可能造成中东西部差距和城乡差距有所扩大。

4. 影响经济安全和风险

服务产品的特定属性决定了服务业的国际化必然依靠直接投资而非商品进出口,开放的国内服务业市场会引起直接投资形式和大量外国法人实体的进入,在一定程度上影响了国内对于重要服务业的控制力。并且,不充分竞争会抑制国内现代服务业的发展,使部分高新技术产业形成对发达国家的较高依赖。此外,在服务业深入开放的进程中,不可避免地伴有外国文化的流入,无论是通过新闻、影视、音像、娱乐、教育哪种服务部门,这些都将对我国传统的道德规范、意识形态和价值观念发生潜移默化的作用,可能带来消极影响。

三、发展服务贸易自由化对中国的意义

首先,多边和区域服务贸易自由化有利于为国内经济发展提供稳定的外部环境。多边和区域服务贸易自由化已然成为当前全球服务贸易发展的主流。虽然理论界对于多边和区域服务贸易自由化存在分歧,但从实践中可以看出,越来越多的国家逃避多边谈判的困境,转而通过寻求区域贸易安排来发展对外服务贸易。例如,中国政府较以往更加重视发展多边和区域服务贸易,"十二五"规划建议明确提出"要引导和推动区域合作进程,加快实施自贸区战略"。为配合自贸区战略,商务部提出在2011年积极推进自贸区建设,除了推动现有的自贸区谈判,还将启动新的自贸区谈判。

其次,中国加入多边和区域服务贸易自由化进程将有效保持对外贸易的平稳较快增长,削弱金融危机的冲击。2008年金融危机后,国内货物进出口和贸易顺差规模都所有下降,致使出口的经济拉动作用一度降低。然而,根据商务部统计,2010年1—9月,中国与10个自贸伙伴(东盟、巴基斯坦、智利、新加坡、新西兰、秘鲁、哥斯达黎加、中国香港、中国澳门、中国台湾)的双边贸易额达到5 213亿美元,已占外贸总额的24%。剔除港澳台地区,与7个自贸伙伴的双边贸易额达到2 511亿美元,同比增长43.7%,高于同期外贸总额37.9%的增速。其中,与东盟、智利、秘鲁、新西兰的贸易增速分别高出同期外贸总额增速5.8、12.3、9和3.7个百分点。

再次,多边和区域服务贸易自由化有利于促进中国与其他国家的合作与交流。中国签署的自由贸易协定中的服务贸易部分对中国服务进出口规模的扩大和质量的提升将起关键作用,而且能在有效保护本国重点服务业的前提下,通过对话和开放式谈判,为政府和国内企业在服务贸易领域的信息交流、技术转让等提供机会,从而在客观上推动本国服务业和服务贸易的发展。

最后,多边和区域服务贸易自由化为更多国内服务业企业的发展壮大提供了契机,很多企业也因此走出国门。一方面,外国服务提供商的进入能帮助国内企业了解其他国家有关服务立法和管理措施;另一方面,服务贸易市场准入和国民待遇的相关条款可以有效地促进国内服务企业走出去,在公平、开放的环境中参与国际竞争。

第三节 中国服务贸易政策与发展战略

对外服务贸易发展是服务业进步的标志,扩大服务出口,不仅有利于改善贸易收支、优化中国外贸出口的整体结构,而且对于提升中国的国际分工地位、促进中国产业结构调整,都具有重要的现实意义。中国政府十分重视服务业和服务贸易发展,已经将其上升为国家层面的政策选择和战略。胡锦涛总书记在十七大报告中提出"大力发展服务贸易",温家宝总理也明确指出"努力扩大服务出口"。商务部、国家统计局、海关总署相继出台了旨在促进服务业发展的一系列政策措施。例如,《关于加快发展服务业的若干意见》把发展服务业提升到贯彻落实科学发展观和构建社会主义和谐社会的战略高度,也为服务贸易的发展创造了基础条件。尽管2009年中国服务贸易总额相比2008年有所回落,但"十一五"规划提出的"到2010年服务贸易总额达到4 000亿美元"的目标仍然顺利实现。

一、中国发展服务贸易的潜力和制约因素

(一) 中国发展服务贸易的潜力

1. 服务业的发展潜力较大

服务业是服务贸易的基础。长期以来,中国服务业发展的严重滞后影响了服务贸易的发展。2009年,中国第三产业增加值占国内生产总值的比重为42.6%,远远低于发达国家的水平,甚至低于发展中国家50%的平均水平。近些年来,中国服务业快速发展,年均增速高于中国经济的平均增速,服务业在GDP中的比重呈现上升态势。此外,世界经济发展逐渐形成以服务经济为高端、以服务贸易为重点、以服务业转移重组为特点的新形势。结合国内巨大的服务提供能力和国际产业转移的良好机遇,中国服务业和服务贸易将持续快速增长。

2. 服务业FDI大幅增长

2005年,中国服务贸易领域新批准设立外商投资企业7 445家,实际利用外资金额116.8亿美元,仅占同期全国吸收外商直接投资实际利用金额的19.4%。2009年,新批准设立外商直接投资企业23 435家,较2005年增加2倍多,实际利用外商直接投资金额900亿美元,较2005年增加了近7倍。这主要是因为外商直接投资看重中国服务业开放进程,未来服务业领域的外商投资比重还将逐步增加。当前,发达国家已经完成从制造业经济为主向服务经济为主的转变,其投资进入其他国家服务业市场的动力更强,外国投资在服务贸易领域势必展开服务外包和承接服务外包的竞争。

3. 服务贸易进口持续增长

中国货物贸易保持快速增长,直接拉动与其密切相关的运输、保险等服务贸易部门的进口增长,而且随着经济全球化的深入和我国对外开放水平的进一步提高,金融、保险、会计、法律、教育、咨询等国内服务业需求将继续扩大,通过国际市场和外国在华附属机构将实现更大规模的服务进口。

4. 服务出口增长后劲十足

目前,与外国企业在华设立大量公司形成鲜明对比的是,中国企业在境外设立保险、分销、运输等服务业公司还十分少见。随着"走出去"战略的深入实施,更多的中国企业将在境外设立分支机构。同时,以服务外包为特征的新一轮国际产业转移也为服务出口提供了又一途径。另外,中国已经形成一批优势产业,在旅游、建筑、其他商业服务、运输等部门的国际市场排名都比较靠前。特别地,中国持续高速的货物贸易增长对与货物贸易相关的服务出口产生了极大的带动作用。

(二) 中国服务贸易发展的制约因素

1. 服务业发展严重滞后

一国服务业发展水平可以用服务业产值占 GDP 的比重来衡量。1998 年中国的这一数字为 32.1%,不仅远远落后于发达国家 60%—80% 的平均水平,而且低于发展中国家 45%—55% 的平均水平。2009 年,中国第三产业增加值占国内生产总值的比重为 42.6%,依然低于发展中国家 50% 的平均水平。服务业总体上供给不足,服务水平低;传统服务业仍处于粗放式、低附加值的发展阶段;现代服务业起步较晚、竞争力较弱。总之,与发达国家和世界整体水平相比,中国服务业发展存在很大差距。

2. 服务贸易总体水平低,出口结构不合理

根据世界贸易组织的统计,2008 年中国服务出口额占世界服务出口总额的 3.9%,较上年增长 20%,居世界第 5 位;进口额占比 4.6%,较上年增长 22.6%,居世界排名与出口一致。虽然我国服务贸易发展已经取得相当进展,然而和世界服务贸易的平均发展水平相比,明显存在总体水平较低、出口结构不合理等问题。例如,运输、旅游服务一直都是我国服务贸易的支柱部门,放眼全球甚至发展中国家,这些劳动、资源密集型服务部门早已被金融、保险、咨询等技术、资本密集型服务部门超越。

3. 服务贸易法律法规不健全,管理相对落后

我国已先后颁布了《海商法》《商业银行法》《保险法》《广告法》等一批涉及服务贸易的重要法律法规,但同发达国家成熟的服务贸易法律体系相比,差距依然很大。当前,中国服务贸易立法在不少领域存在空白,而且已经颁布的有关服务贸易的法律法规与通行的国际

经贸规则在操作上还存在一定距离。此外,中国服务贸易管理也相对落后,主要体现在中央和地方政府在服务业政策规定方面的差别性,服务业各有关部门责权不明确,行业垄断等。当然,中国对服务业的界定、统计范围以及划分标准等与发达国家及国际惯例有些许出入,也可能增加了管理对外服务贸易的难度。

4. 服务贸易领域人才匮乏

国内服务业企业无论在组织规模、管理水平、经营效率和营销手段上都与同领域的外国企业存在较大差距,更重要的是国内服务贸易行业的人才极其匮乏。根据中国社会科学院2007年发布的财经蓝皮书《中国服务业发展报告——中国服务业体制改革与创新》提供的数据,2005年我国服务业劳动就业率仅有30%,远低于国际平均水平,且大部分集中在劳动密集型行业,以知识技术为基础的现代服务业发展滞后。在绝大多数国家和地区,第三产业被认为最能吸纳劳动力就业,而我国第三产业就业还未表现出明显增长,这固然与我国正处于工业化中后期、工业化进程迅速、第二产业的市场化程度较高有关,但还是衬托出我国服务业发展相对滞后的现实。如果不能改变服务贸易行业人才匮乏的现状,将严重影响我国分享服务贸易自由化的应有收益。

二、中国发展服务贸易的政策选择

《关于加快发展服务业的若干意见》明确了我国服务贸易发展的总体目标。在当前全球服务业加快转移重组和国内大力发展服务业和服务贸易的背景下,中国服务贸易发展同时面临机遇和挑战。面对来自发达国家、新兴经济体和发展中国家日趋激烈的竞争,加之自身总体发展水平较低、统计体系不健全、管理体制落后、部门结构不平衡、地区分布过于集中等诸多问题,中国发展服务贸易应在充分利用各方面有利因素的基础上,抓住机遇、用好政策,推动中国服务贸易快速、健康和可持续发展。

(一)完善管理体制机制,促进行业组织发展

首先,要明确对外服务贸易的管理机构,加强服务业和服务贸易各管理部门间的协调,建立以服务贸易主管部门为核心,各有关部门密切配合的部际联系工作机制。主管部门应根据需要,抓紧完善服务贸易发展指导目录,进一步明确行业发展重点及支持方向。其次,要遵循市场经济规律,加快培育社会化、专业化、规范化的全国性服务贸易管理组织,整合行业资源、加强对外宣传、提升行业形象,充当政府和企业之间沟通的桥梁。对服务业的管理并非通过政府经济或行政手段直接干预服务业市场,而是在相关政策引导下进行法制化管理,利用半官方和非官方的行业协会或同业组织引导进行自我约束和管理。与此同时,还应根据不同地区服务贸易的发展特点和优势,以长三角、珠三角、环渤海地区和中西部地区重

点城市为依托，建设国家级“服务贸易示范区”，培育服务出口主体和增长带，借其辐射作用引导和促进中国服务贸易快速发展。

（二）健全服务贸易统计，构建出口促进体系

是否具备符合国际通行准则的服务贸易统计体系，进而科学有效地开展服务贸易统计，是服务贸易政策效果能否显现的重要条件。第一，应该加快建立统一、全面、协调的服务贸易统计调查制度和信息管理制度，完善服务贸易统计调查方法和指标体系，构建政府统计、行业统计、企业统计和社会抽样调查互为补充的服务贸易统计调查体系，健全服务贸易统计信息发布制度。第二，应该加强对服务贸易结构变化及其对国民经济影响的分析，不定期发布服务进出口报告、行业报告和国别市场报告等。与此同时，政府应构建服务出口促进体系。例如，政府应及时发布政策法规、行业资讯、企业动向、市场动态、贸易机会、统计数据、研究分析等信息，也可以通过设立服务出口促进机构、举办国内服务业综合性展会、加强与境外服务贸易促进机构的合作等，积极推动国内服务业企业“走出去”。

（三）加快服务业立法和服务贸易的法规建设

加快服务业立法，建立系统的服务贸易法规体系至少涉及以下几方面的内容：① 建立健全既符合本国经济发展目标又不违背国际通行准则的法律法规。② 在立法方面为涉外服务经济提供透明、便利和公平的法律环境，比如提高政法服务水平、提升办事效率、简化审批环节、转变政府职能、强化对商会及行业协会的管理等。③ 立法应为服务预警和防范安全提供保障，比如建立情报监测系统、完善反不正当竞争法和反垄断法等。④ 在立法上保障服务业海外投资的权益，使企业快速“走出去”并获得收益。⑤ 以法律法规对服务市场准入、服务贸易税收、服务业投资等相关领域形成条款，增加服务贸易管理的透明度。

（四）注重服务人才培养，加速企业自主创新

首先，需要造就一批精通业务、熟悉规则、掌握外语、涉外工作能力强的服务贸易复合型人才。在人才培养方面，应鼓励和引导高等院校建立与发展服务贸易相适应的学科专业，支持高等院校、职业院校、科研院所和有条件的服务业企业建立服务贸易实习实训基地，鼓励创建服务人才培养基地。可以考虑对符合条件的服务出口企业聘用的中国籍人员，按规定给予商务赴港澳、赴国外的便利。其次，通过对现有人员的短期培训，使之尽快熟悉《服务贸易总协定》及中国发展服务贸易面临的挑战和机遇。再次，鼓励教育、科技、人事和劳动保障等部门按照服务贸易发展需要，调整、完善以及规范职业资格和职称制度，设置相应的职业资格和职称。最后，应落实各项吸引和培养服务出口人才的政策措施，建立健全激励机制，加大力度引进金融、保险、信息、中介等行业急需人才。与此同时，还应为服务业企业进行自主创新给予扶持，增加服务业研发和基础设施的投入。政府应积极引导企业参与全球服务

业竞争，继续开放服务业市场，有效利用外资，有序承接现代服务业转移，改进外汇与资本流动管理，支持服务业企业到境外投资。

（五）夯实服务业基础，提升服务业发展水平

对外服务贸易的基础是国内服务业，各国服务贸易的竞争实际上是服务业的竞争，服务业发展对服务贸易竞争力具有决定性作用。随着服务业在各国国民经济中逐渐取代其他经济部门而居于主导地位，国际服务贸易顺势蓬勃发展起来。当然，发展服务贸易反过来又会推动国内服务业进步。服务业和服务贸易相互影响、协同发展。服务业发展对国民经济的拉动作用越来越明显，比如服务业对就业的影响不仅表现在增加就业岗位上，而且能够提升就业质量、改善就业结构。近些年来，服务业在吸纳一二产业劳动力转移上发挥了突出作用，服务业增加值占 GDP 的比重每增加 1 个百分点，可以为 48.2 万人提供就业机会。

（六）提升服务贸易内外开放水平，兑现承诺

一般而言，服务贸易对内全面开放，自由化有利于国内服务提供商短时间内迅速发展起来，而对于外国服务提供商应有条件兑现承诺并适当加以限制。当前贸易自由化趋势使制定和实施促进服务业发展政策的空间越来越小，但政府仍可在许多方面影响服务业发展，比如税收和市场准入管制、基础设施规划和管理、服务提供和购买限制等。坚持服务业开放和服务贸易自由化并不是无条件的，应注重在开放中逐步培育和增强自身竞争力。在此过程中，需要坚持服务贸易政策透明，同时运用多种手段和渠道为国内服务出口企业和海外进口商提供全方位的信息服务。

（七）出台配套支持服务贸易发展的政策措施

第一，借鉴高新技术产业税收优惠政策，采取适用于服务贸易的税收鼓励措施，比如可将企业实际发生的研究开发费用按有关规定享受所得税抵扣优惠。第二，实行有利于服务业发展的土地政策，在制定城市和土地规划时，应给予服务贸易发展以政策偏向，比如在年度土地供应上适当考虑服务贸易发展需求等。第三，鼓励各类金融机构在不影响信贷风险的前提下，利用金融支持手段帮助服务贸易企业，比如保险公司可在国家出口信用保险政策范围内为服务出口项目提供保险支持等。第四，整合服务领域的财政扶持资金，综合运用贷款贴息、经费补助和奖励等多种方式促进服务贸易发展，比如鼓励外国资本、民间资本和社会资本进入服务贸易领域，拓宽服务业企业融资渠道，多方筹集服务贸易发展资金。第五，刺激服务业企业的技术创新，推动有竞争力的企业形成一批拥有自主知识产权并具有较强竞争力的大型服务贸易企业或企业集团。

三、中国发展服务贸易的战略思考

在世界经济向服务经济转型的浪潮中，各国服务贸易竞争日益激烈，服务贸易逐渐成为

全球经济发展的新动力。中国如何抓住机遇,加快发展服务贸易,对于中国从经济大国迈向经济强国、从贸易大国走向贸易强国、从制造经济转向服务经济无疑具有重大的战略意义。

（一）研究制定高水平的全国和地方服务贸易发展规划

《服务贸易发展“十一五”规划纲要》提出了“十一五”期间中国发展服务贸易的总体目标、发展重点和政策措施,为了适应加快服务贸易发展的迫切要求,“十二五”时期服务贸易发展规划已经出台,新规划把进一步优化服务贸易的方向和结构,提高现代服务业在服务贸易中的比重作为政策关注点。同时,各地根据国家服务业发展的总体规划,研究制定地区服务业发展规划。经济发达地区可以适当提高服务贸易发展目标,有条件的大中城市加快形成以服务经济为主的经济结构,实现服务贸易的优先发展。

（二）对外服务贸易渐进开放,对内服务业适度保护

国内服务贸易提供商加快实施“走出去”战略,推动以商业存在提供方式为主的服务贸易发展。第一,主动构建境外服务贸易集群或合作区,发展贸易分销、物流航运、研究开发、远洋运输、现代物流、金融保险、法律服务、知识产权服务、信息咨询、人力资源、休闲旅游等服务。第二,有序扩大自然人移动提供方式下的服务出口,发挥中国劳动力资源优势,密切跟踪国际市场动态,鼓励中医药、汉语教育、文化、体育、工程承包等领域的企业和专业人才“走出去”。第三,提升现代服务业企业的服务提供能力,顺应技术进步和全球产业结构调整趋势,稳步增加相应部门的服务出口,增设境外经营和分支机构,获得品牌授权、先进技术以及营销网络,增强服务贸易的国际竞争力。第四,促进优势企业和大型服务业集团到境外设立机构,鼓励从事银行、保险、证券、期货、基金、信息、旅游、教育、文化传媒和中介服务。第五,在严格控制风险的基础上,主动支持国内有条件的金融企业开展跨国经营,为中国企业进入外国市场和参与国际竞争提供金融保障。

加入世界贸易组织至今,中国已经主动或被动地加快了服务业开放的步伐,开放领域延伸至当今各个服务行业。但是,结合中国实际国情,在对外服务贸易渐进开放的同时对内服务业采取适度保护十分必要。

首先,开放中的适度保护是维护国家经济利益和安全的必要举措。所谓开放中的适度保护,是指在国家宏观调控下,服务业企业积极参与国际分工和竞争,拓展国际服务市场,实施“走出去”战略。按照世界贸易组织和《服务贸易总协定》的灵活性原则采取适度保护是合法的,而为提高服务经济市场化程度,维护中国服务业的初期发展,采取适度保护是合理且可取的。

其次,根据服务贸易自由化理论,中国并无现行的可参照的开放模式。中国服务贸易自由化进程应把握好基本步骤和顺序:① 货物贸易与服务贸易相配合,只要逐步实现本国货

物贸易自由化,便更容易推动服务贸易自由化;② 放松本国服务业管制应该适度,由于国内服务业市场化水平不如制造业,应渐进推动服务贸易自由化;③ 部分实现服务要素自由流动,逐步开放本国运输、建筑和旅游等服务部门,最终完全开放国内服务业市场。

最后,保护只是保证本国服务业健康发展的手段,提高本国服务业的国际竞争力才是根本目的。一方面,我国应尽快研究与实际情况相适应、最有利于国民经济发展的服务业开放路径及合理的限制措施,使现阶段因扩大服务业开放造成的损害减少到最低;另一方面,我国应打破不合理的服务业和服务贸易管理体制,提高服务经济竞争力,壮大服务经济规模,实现中国服务贸易平稳、健康和可持续发展。

专栏 10-1　中印服务贸易竞争力比较

20 世纪 80 年代,世界经济重心开始转向服务业。服务经济成为经济增长的主要动力,服务贸易竞争力逐渐成为衡量一国国际竞争力的重要指标。根据《2006—2007 年全球竞争力报告》,印度国际竞争力首次超过中国。比较中印服务业和服务贸易发展,能够为提升我国国际竞争力提供启示。

1997 年,中国服务贸易总额为 526 亿美元,印度为 215 亿美元,2007 年分别上升至 2 510 亿美元和 1 669 亿美元,总量都呈上升态势。中国服务出口额由 1997 年的 245 亿美元上升到 2007 年的 1 217 亿美元,占世界服务出口的 3.7%,由世界第 16 位跃居到世界第 7 位。中国服务进口额由 1997 年的 301 亿美元上升到 2007 年的 1 293 亿美元,占世界服务进口的 4.2%,由世界排名第 10 位提高至第 5 位。印度服务出口由 1997 年的 91 亿美元上升到 2007 年的 897 亿美元,占世界服务出口的 2.7%,居世界第 9 位;服务进口额由 1997 年的 124 亿美元上升到 2007 年的 772 亿美元,占世界服务进口的 2.5%,世界排名第 13 位。1997—2007 年,中国服务贸易绝对额高于印度,但从年增长率来看,印度为 88.6%,中国只有 40%。

运输、旅游和其他商业服务是我国服务贸易的三大部门,1997—2006 年这些部门服务出口一直占我国服务出口总额的 90%,2006 年占我国服务出口总额的 91.23%。印度这三个部门服务出口的比重从 1997 年开始持续下降,2006 年为 52.8%,计算机及信息服务贸易所占比重却增长至近 50%。如今,印度的服务出口结构基本上以知识、技术密集型为主,而我国服务出口仍然以劳动、资源密集型为主。表 10-11 给出了 1997—2007 年中、印两国服务贸易的 CAI 指数和 RCA 指数。

表 10-11 中印服务贸易竞争力比较

年份		1997	1998	1999	2000	2001	2002	2003	2004	2005	2006	2007
CAI指数	中	-0.065	-0.055	-0.092	-0.084	-0.082	-0.079	-0.084	-0.072	-0.059	-0.046	-0.025
	印	-0.155	-0.109	-0.087	-0.07	-0.074	-0.039	-0.02	0.036	0.076	0.085	0.277
RCA指数	中	0.6	0.568	0.589	0.569	0.561	0.538	0.48	0.478	0.456	0.457	0.451
	印	1.045	1.28	1.435	1.477	1.439	1.38	1.436	1.672	1.842	2.027	1.892

如表 10-11 所示,总体来看,我国服务贸易 CAI 指数波动不大,1997—1999 年出现下降,入世以后指数值不断回升,2007 年与 1997 年相比 CAI 指数增加了 62%,但依然处于比较劣势;印度的服务贸易 CAI 指数一直在改善,2007 年指数值达到 0.277,与 1997 年相比上升了 2.8 倍。1999 年,印度国际竞争力开始超过中国,且发展速度很快。从两国 RCA 指数的变化来看,1997—2007 年印度服务贸易的显性比较优势指数不断上升,2006 年比 1997 年提升了 94%,国际竞争力很强;中国服务贸易的 RCA 指数缓慢下降,但波动不大,2007 年与 1997 年相比下降了 25%,国际竞争力较弱。

(转引自:黄庐进、王晶晶,中国和印度服务贸易国际竞争力的比较研究,《财贸经济》,2010 年第 1 期。)

重要概念

水平承诺 具体承诺

思考题

1. 试述当前中国对外服务贸易的发展特点。
2. 中国服务贸易发展的现有问题及未来趋势是什么?
3. 简述中国入世的服务贸易承诺及其产生的影响。
4. 中国发展服务贸易会面对哪些有利和不利因素?

课后阅读材料

[1] 赵景峰、陈策,中国服务贸易:总量和结构分析,《世界经济》,2006 年第 8 期。

[2] 蒙英华、蔡洁,服务业对外开放与服务贸易政策体系构筑,《国际贸易问题》,2007 年第 2 期。

[3] 许统生、黄静,中国服务贸易的出口潜力估计及国际比较——基于截面数据引力模型的实证分析,《南开经济研究》,2010 年第 6 期。

[4] 孙立行,探讨“后危机时代”中国的服务贸易发展策略,《世界经济研究》,2011 年第 6 期。

[5] 姜义茂,服务贸易发展的基本规律和我国的战略抉择,《财贸经济》,2007 年第 7 期。

[6] 卢现祥、马凌远,中国服务贸易出口潜力研究,《中国软科学》,2009 年第 9 期。

[7] 周念利,基于引力模型的中国双边服务贸易流量与出口潜力研究,《数量经济技术经济研究》,2010 年第 12 期。

[8] 王珏,分层次:发展我国服务贸易的一种思路,《经济管理》,2009 年第 11 期。

教师反馈及教辅申请表

北京大学出版社以“教材优先、学术为本、创建一流”为目标，主要为广大高等院校师生服务。为更有针对性地为广大教师服务，提升教学质量，在您确认将本书作为指定教材后，请您填好以下表格并经系主任签字盖章后寄回，我们将免费向您提供相应教辅资料。

<table>
<tr><td>书号/书名/作者</td><td colspan="4"></td></tr>
<tr><td>您的姓名</td><td colspan="4"></td></tr>
<tr><td>校/院/系</td><td colspan="4"></td></tr>
<tr><td>您所讲授的课程名称</td><td colspan="4"></td></tr>
<tr><td>每学期学生人数</td><td colspan="2">______ 人　　　_____年级</td><td>学时</td><td></td></tr>
<tr><td>您准备何时用此书授课</td><td colspan="4"></td></tr>
<tr><td>您的联系地址</td><td colspan="4"></td></tr>
<tr><td>邮政编码</td><td></td><td>联系电话
（必填）</td><td colspan="2"></td></tr>
<tr><td>E-mail（必填）</td><td colspan="4"></td></tr>
<tr><td colspan="3">您对本书的建议：</td><td colspan="2">系主任签字

盖章</td></tr>
</table>

我们的联系方式：

北京大学出版社经济与管理图书事业部

北京市海淀区成府路 205 号，100871

联 系 人：徐　冰

电　　话：010-62767312 / 62757146

传　　真：010-62556201

电子邮件：xubingjn@yahoo.com.cn　em@pup.cn

网　　址：http://www.pup.cn